사회복지행정론

김기상 · 박상우 · 김석건 · 남궁걸 · 박길준 · 이현희 · 김미영 공저

도서출판 진영사

사회복지행정론

김기상 · 박상우 · 김석건 · 남궁걸 · 박길준 · 이현희 · 김미영 공저

2025년 2월 20일 초판 인쇄
2025년 2월 25일 초판 발행

발행인 박 진 영
발행처 도서출판 진영사
인천광역시 부평구 주부토로 236번지 인천테크노밸리 U1 지식산업센터 B동 1507호
전화 : 032)505-4207
팩스 : 032)505-4206
E-mail : 0183734207@hanmail.net
신고번호 : 제2007-000001호

ISBN 978-89-6541-706-4 93330
값 25,000원

제1부 사회복지행정론 기초

제2부 사회복지행정의 핵심 기능

제3부 사회복지행정의 실천과 적용

제4부 사회복지행정의 미래와 도전

인사말

안녕하세요.
사회복지행정의 기초부터 실천, 그리고 미래의 방향까지 체계적으로 정리한 「사회복지행정론」을 선보이게 되어 기쁘게 생각합니다. 현대사회에서 사회복지행정은 단순한 조직 운영을 넘어 정책결정, 자원관리, 서비스전달 체계구축, 성과평가 등 복지서비스의 효과성과 지속가능성을 결정짓는 중요한 역할을 수행하고 있습니다. 본서는 사회복지행정의 전반적인 이론을 정리하고, 실무에 적용할 수 있도록 다양한 사례를 균형 있게 담고자 노력했습니다.

본서는 사회복지행정의 기초, 핵심기능, 실천과 적용, 미래와 도전, 국제적 평가의 다섯 개 부(部)로 구성하였습니다.
먼저 제1부에서는 사회복지행정의 개념과 역사적 발전을 조망하며, 현대사회복지행정이 나아가야 할 방향을 제시합니다. 제2부에서는 사회복지조직의 관리, 인사·재정운영, 공리주의와 복지주의 등의 이론적 배경을 다루며, 효율적인 행정 수행을 위한 전략적 접근을 설명합니다. 제3부에서는 사회복지 조직의 마케팅과 홍보, 리더십과 의사결정 등의 실천적 요소를 구체적으로 분석하였고, 제4부에서는 사회복지행정의 윤리적 과제와 서비스 전달체계, 커뮤니케이션 전략을 제시하였습니다. 마지막으로 제5부에서는 사회복지행정의 연구와 평가, 정보기술의 활용을 통해 사회복지행정의 디지털 전환과 국제적 동향을 살펴보았습니다.

특히, 현대 사회복지 환경은 빠르게 변화하고 있으며, 공공과 민간의 협력, 지역사회 기반복지, 성과평가, IT기술의 도입이 필수적인 요소로 자리 잡고 있습니다. 이에 본서는 사회복지행정의 최신동향을 반영하고, 조직운영 및 관리에 실질적인 도움을 줄 수 있는 내용을 담아 실무자와 연구자, 그리고 사회복지를 공부하는 학생들에게 의미 있는 자료가 될 수 있도록 집필하였습니다.

이번 책이 더욱 뜻 깊은 이유는, 각 분야에서 활발하게 연구와 실천을 이어가고 계신 박상우 교수님, 김석건 교수님, 남궁걸 교수님, 박길준 교수님, 이현희 교수님, 그리고 김미영 교수님과 함께 집필할 수 있었기 때문입니다. 각 교수님들께서는 사회복지행정의 다양한 주제에 대한 깊이 있는 연구와 경험을 바탕으로 실무적 통찰을 더해주셨습니다.

김기상 교수인 저는 사회복지행정의 기본원리와 정책적방향성을 제시하며, 사회복지조직이 효과적으로 운영될 수 있는 핵심요소를 분석하였고,

박상우 교수님께서는 사회복지정책과 행정의 연계성, 공공복지 행정의 변화에 대한 심도 있는 논의를 더해주셨습니다.
김석건 교수님께서는 사회복지 조직의 운영과 관리, 리더십, 그리고 조직문화에 대한 체계적인 분석을 통해 실천 현장에서 적용 가능한 통찰을 제시해 주셨습니다.
남궁걸 교수님께서는 사회복지재정 및 예산관리, 성과 평가의 중요성을 강조하며 사회복지 기관이 지속 가능성을 확보할 수 있는 방안을 제시해 주셨습니다.
박길준 교수님께서는 사회복지 정보화와 디지털 행정의 역할, 사회복지 거버넌스 및 민관협력의 방향성에 대해 현대적 관점을 반영한 연구를 공유해 주셨습니다.
이현희 교수님께서는 사회복지조직의 경영전략과 혁신방안, 그리고 지속 가능한 복지행정을 위한 정책적 제언을 통해 본서의 실무적 가치를 더욱 높여주셨습니다.
김미영 교수님께서는 사회복지행정의 인사관리와 조직 개발, 그리고 복지조직 내에서의 다양성과 포용성을 증진시키는 방안에 대해 연구 성과를 반영해 주셨으며, 실제 현장에서 적용 가능한 인사전략과 조직문화 개선 방향을 제시해 주셨습니다.

이 책이 사회복지행정을 연구하고 실천하는 많은 분들께 유용한 길잡이가 되기를 바라며, 궁극적으로 더 나은 복지사회를 실현하는 데 기여할 수 있기를 희망합니다.

끝으로, 본서를 집필하고 출간하는 과정에서 많은 분들의 도움과 지원이 있었습니다. 출판을 위해 애써주신 관계자 여러분께 깊이 감사드리며, 이 책을 읽어주시는 모든 분들께도 감사의 인사를 전합니다. 앞으로도 사회복지행정의 발전을 위해 연구와 실천을 지속하며 더욱 가치 있는 내용을 담을 수 있도록 노력하겠습니다.

감사합니다.

저자 일동

제1부

사회복지행정론 기초

제1장 사회복지행정의 개념과 필요성

사회복지행정은 사회복지정책과 프로그램을 효율적으로 운영하고 관리하는 과정을 의미하며, 사회복지행정의 목적과 개념을 이해하기 위해서는 사회복지의 개념과 일반 행정의 개념을 명확히 규정하여야 한다. 왜냐하면 사회복지행정은 사회복지와 행정이 결합된 복합어이기 때문이다. 따라서 사회복지와 일반 행정의 개념을 각각 규명하여 이를 기초로 사회복지행정의 개념을 살펴보면, 일반 행정과 사회복지행정의 공통점과 차이점을 밝힘으로써 사회복지행정의 고유한 특성을 알아야 한다.

사회복지행정의 목적은 사회복지 서비스를 필요한 사람들에게 적시에 제공하고, 자원을 효과적으로 활용하여 사회복지의 목표를 달성하는 것이며, 이 과정에서 다양한 사회복지행정 이론과 사회복지공공행정에 대한 이론들이 적용된다.

1 사회복지행정의 개념

사회복지행정은 사회복지와 행정의 합성어로서 사회복지를 행정, 관리한다는 뜻이며 이 개념은 인간이 지니고 있는 다양한 욕구를 개인 스스로가 아닌 사회적, 집합적영역과 정책, 행정, 실천으로 구분된다.

사회복지행정은 인적, 물적, 사회적 자원을 동원하여 클라이언트를 위한 프로그램을 개발하고 실행하며, 지역사회와의 관계를 정립하고 사회복지 조직의 전 모든 활동과정을 평가하고 혁신시키는 일을 가리키며 노력으로 충족시키는 것이다. 그러기 때문에 행정의 개념은 공동의 목적을 성취하기 위한 사람들의 노력을 의미하며 가족단위에서부터 정부조직에 이르기까지의 집단적 활동을 모두 행정과 관련성을 가진다.

사회복지서비스를 효율적으로 계획, 조직, 실행, 평가하는 과정을 의미한다. 사회복지행정은 사회복지 정책과 프로그램을 실행하기 위한 관리적, 운영적 과정으로, 사회적 약자나 취약 계층에게 필요한 복지 서비스를 제공하고, 이들을 지원하기 위한 다양한 자원을 적절하게 배분하는 역할을 하기위해서는 사회복지 서비스를 효과적이고 효율적으로 제공하기 위해 필요한 계획, 조직, 지휘, 조정, 통제 등의 과정을 포함하는 실천적이고 관리적인 활동을 의미한다. 따라서 사회복지의 목표를 달성하기 위한 조직 내외의 자원을 동원하고, 이를 체계적으로 관리함으로써 개인, 가족, 지역사회가 직면한 다양한 사회적 문제를 해결하고 복지를 증진하는 데 목적을 말한다.

결론적으로, 사회복지행정은 사회복지의 목표를 달성하기 위해 조직 내외의 자원을 체계적으로 관리하여, 개인, 가족, 지역사회가 직면한 다양한 사회적 문제를 해결하고 복지를 증진하는 데 목적을 두고 있다. 이를 통해 사회 구성원들의 삶의 질을 향상시키고, 사회적 약자들에게 실질적인 지원을 제공하기 위한 필수적인 관리적 활동이라 할 수 있다.

2 사회복지행정의 정의

사회복지행정은 사회복지기관 및 조직이 목표를 효과적으로 달성할 수 있도록 구조와 절차를 체계적으로 설계·운영하는 과정으로, 인적·물적·재정적 자원을 효율적으로 배분하고 활용하여 지속 가능성을 확보하며, 대상자의 욕구를 면밀히 분석하여 맞춤형 복지서비스를 기획·제공함으로써 삶의 질을 향상시키는 것을 목표로 한다. 또한, 한정된 자원을 활용하여 최대의 성과를 달성하는 효율성과 효과성을 중시하며, 공공 및 민간 부문, 지역사회, 자원봉사자 등 다양한 이해관계자와의 협력과 네트워크를 강화하여 복잡한 사회문제를 해결하고 포괄적이고 통합적인 복지서비스를 제공한다. 더불어, 사회복지 정책과 제도를 지속적으로 분석·개선하여 복지 환경 변화에 적응하고, 체계적인 평가 및 환류 시스템을 구축하여 서비스의 질을 향상시키며, 이를 통해 조직의 책임성을 강화하고 지속 가능한 복지 체계를 확립하는 데 기여한다.

〈학자들의 정의〉

펠드만(Feldman): 사회복지행정은 복지조직에서 인간의 욕구를 충족시키기 시키기 위해 계획, 조직, 인사, 조정 및 통제를 포함하는 과정이라고 정의하였다.

리치먼(Richmond): 사회복지행정을 사회복지사업의 목표를 달성하기 위해 자원을 조직하고 통합하며 조정하는 기술적 과정이라고 설명하였다.

트레커(Trecker): 사회복지행정을 개인과 지역사회의 요구를 충족 시키기 위해 프로그램과 서비스를 계획하고 실행하는 체계적 과정 이라고 보았다.

1) 사회복지행정의 구성요서

사회복지행정의 실질적 예로는 복지관 운영, 취약계층 지원 프로그램 관리, 공공복지정책 실행 등 이 있으며, 이를 통해 개별적 필요에 맞는 복지 서비스를 제공하고, 사회전반의 복지 수준을 향상 시키는 역할을 한다.

1) 목표 설정: 사회복지조직의 사명과 비전을 기반으로 명확한 목표를 설정.
2) 자원 관리: 인적, 물적, 재정적 자원을 효율적으로 배분하고 활용.
3) 서비스 제공: 서비스의 질적 수준과 접근성을 보장하며, 이용자 중심의 서비스를 제공.
4) 조직 관리: 조직 내 업무 분담, 의사소통, 리더십 등을 통해 조직의 역량을 극대화.
5) 평가와 피드백: 서비스 제공 후 효과성을 평가하고, 개선점을 찾아 반영.

2) 사회복지행정의 핵심요소

가. 계획(Planning):사회복지행정의 첫 번째 단계는 복지 서비스의 필요성과 목표를 파악하고, 이를 실현하기 위한 계획을 세우는 것과 계획은 예산 수립, 서비스 대상자 선정, 제공방볍 등을 포함한다.

나. 조직(Organizing):복지 서비스를 제공하기 위한 조직 구조와 역할을 명확히 설정하며, 여기에는 인력 배치, 책임 분담, 자원 관리 등이 포함된다.

다. 실행(Implementing):계획에 따라 복지프로그램을 실제로 운영하고, 필요한 서비스를 수혜자에게 제공하며, 이 단계에서는 인력, 예산, 시간등 을 효율적으로 관리해야 한다.

라. 평가(Evaluation): 서비스제공 후, 그 효과성과 효율성을 평가하여 문제점 발견과 개선하며, 이를 통해 서비스를 지속적으로 개선할 수 있다.

3 사회복지행정의 역할과 중요성

사회복지행정은 사회복지 서비스를 효과적으로 제공하고, 사회적 문제를 해결하기 위한 조직적이고 체계적인 활동을 통해 중요한 역할을 수행한다. 이는 정부나 지방자치단체에서 수립한 사회복지 정책을 현장에서 구체적으로 실행하는 핵심적인 역할을 담당하며, 정책의 목표를 실질적인 서비스로 전환하여 수혜자들에게 직접적으로 전달하는 기능을 한다. 예를 들어, 아동수당 지급, 기초생활보장제도 운영, 장애인 지원 사업 실행 등은 모두 사회복지행정을 통해 이루어지는 주요 활동들이다.

사회복지행정은 단순히 서비스를 제공하는 데 그치지 않고, 사회복지 정책의 효과성을 극대화하기 위해 다양한 자원을 효율적으로 배분하고 활용하는 역할을 한다. 이를 통해 사회복지 서비스의 질을 높이고, 사회적 약자들에게 필요한 지원이 적시에, 그리고 적절한 방식으로 제공되도록 한다. 특히, 사회적 약자나 취약 계층의 생활 안정과 권리 보장을 도모하며, 사회적 불평등이나 빈곤과 같은 구조적 문제를 완화하고 예방하는 데 기여한다.

또한, 사회복지행정은 복지 서비스를 제공하는 과정에서 다양한 이해관계자와의 협력을 통해 공동체의 요구를 반영하고, 지속가능한 복지체계를 구축하는 데 중요한 역할을 한다. 이는 정부 기관뿐만 아니라 비영리단체, 지역사회 조직, 민간 부문 등 여러 주체들과의 협력과 조정을 통해 이루어진다. 예를 들어, 민관 협력을 통한 복지사업 추진, 지역사회의 요구를 반영한 맞춤형 복지서비스 제공 등은 이러한 협력의 구체적인 사례라고 할 수 있다.

사회복지행정은 또한 사회적 문제를 해결하고 사회적 통합을 도모하는 과정에서 중추적인 역할을 한다. 이는 단순히 물질적 지원을 제공하는 것을 넘어, 심리적, 정서적, 사회적 지원을 포함한 전인적 접근을 통해 이루어진다. 이를 통해 개인의 삶의 질을 높이고, 나아가 사회 전체의 복지 증진과 통합에 기여한다.

궁극적으로 사회복지행정은 복지국가 실현의 중요한 기반으로 작용한다. 지속적으로 변화하는 사회 환경과 복잡해지는 사회적 요구에 대응하기 위해, 사회복지행정은 끊임없는 개선과 혁신을 통해 서비스의 전문성과 효과성을 제고해야 한다. 이를 통해 보다 공정하고 포괄적인 복지 시스템을 구축함으로써, 모든 구성원이 함께 번영할 수 있는 사회를 만들어가는 데 기여한다.

1) 사회복지 정책의 실행

정부나 지방자치단체에서 수립한 사회복지 정책을 현장에서 구체적으로 실행하는 데 핵심적인 역할을 하며 정책의 목표를 실질적인 서비스로 전환하여 수혜자(예: 아동수당 지급, 기초생활보장제도 운영, 장애인 지원 사업 실행.)에게 전달한다.

항목	1. 자원의 유형별 관리	2. 효율적 배분 전략	3. 효율성 극대화 방법	4. 예시	5. 사회적 영향
인적자원	사회복지사, 자원봉사자, 전문가 등의 역량을 파악하고 적재적소에 배치하여 업무 효율성 극대화. 예: 특정 분야 전문 인력을 해당 서비스에 배치.	우선순위 설정: 지역사회 및 대상자의 필요에 따라 우선순위를 설정. 예: 취약계층의 긴급 지원 우선.	평가 및 피드백: 서비스 제공 후 자원 사용 평가 및 계획 수정·보완.	예산 제한 상황: 주요 프로그램(예: 노인 급식 서비스)에 우선 예산 배정 후 여유 자원을 교육 프로그램, 문화 활동 등에 할당.	효과적인 자원 관리와 배분은 지역사회 신뢰 형성에 기여.
물적자원	시설, 장비, 물품 등을 관리 · 유지하여 낭비를 최소화하고 지속 가능한 자원 활용 가능.	데이터 기반 결정: 지역사회 조사, 수요 분석, 서비스 이용 데이터를 활용하여 자원 배분 결정.	혁신적 자원 활용: 디지털 기술 및 공유경제 플랫폼 활용으로 자원의 한계를 극복하고 서비스 확대.	자원 보완 방안: 지역 자원봉사자 모집 및 물품 기부 캠페인을 통한 부족한 물적 자원 충당.	자원의 효율적 관리는 복지 시스템의 지속 가능성 향상에 기여.
재정적자원	예산을 체계적으로 계획·집행하며, 정기적인 모니터링 및 평가를 통해 필요한 서비스와 프로그램에 효과적으로 배분.	예산을 체계적으로 계획·집행하며, 정기적인 모니터링 및 평가를 통해 필요한 서비스와 프로그램에 효과적으로 배분.	협력과 네트워킹: 지역 내 기관, 비영리단체, 기업과 협력해 중복 배분 방지 및 부족한 자원 보충.	교육과 훈련: 관련 인력에 지속적인 교육 · 훈련 제공으로 문제 발생 감소.	자원의 효율적 인 관리와 지역 사회 내. 신뢰형성, 복지서비스 향상, 공동체 발전에 기여

가. 자원 관리와 배분

한정된 사회복지자원(인적, 물적, 재정적)을 효과적으로 관리하고, 필요한 곳에 적절히 배분(복지관 예산관리, 복지서비스제공을 위한 인력 배치)하며 자원 활용의 효율성을 극대화하여 더 많은 사람들에게 서비스를 제공할 수 있도록 지원하며, 자원조달 및 배분과정에서의 투명성을 강화하고, 수혜자들의 욕구를 반영한 합리적인 의사결정을 추진한다. 또한, 민간 및 공공부문의 협력을 통해 지속가능한 자원 확보 방안을 모색하고, 자원의 중복사용을 방지하며 사회적 효과를 극대화할 수 있도록 체계적인 모니터링과 평가 시스템을 운영한다.

특히, 지역사회 내 자원연계 네트워크를 활성화하여 공공기관, 기업, 비영리 단체(NGO), 자원봉사자 등이 유기적으로 협력할 수 있는 기반을 마련하고, 다양한 복지수요를 반영한 맞춤형자원 배분이 이루어질 수 있도록 한다.

나. 자원 관리의 의미

한정된 자원의 특성의 사회복지 자원은 제한적이기 때문에 모든 수요를 충족하기 어렵다. 따라서 자원의 효율적 관리는 필수적이며, 관리 대상의 인적자원 은 사회복지사, 자원봉사자, 전문인력 과 물적에 대한 자원은 복지시설, 장비, 물품 등으로 나뉘고 재정자원은 정부예산, 민간기부금, 후원금 등이고, 따라서 관리과정은 자원파악, 확보, 배분, 평가 등으로, 체계적인 절차를 통해 낭비를 줄이고 최적의 결과를 나타낸다.

다. 자원의 적절한 배분

자원의 적절한 배분에 대한 필요성 평가는 서비스 대상자(수혜자)의 상황과 요구를 면밀히 분석하여 제한된 자원을 가장 효과적으로 활용할 수 있도록 우선순위를 설정하는 과정이며, 자원이 가장 필요한 곳에 우선적으로 배치되고, 사회적 형평성과 효율성을 동시에 고려할 수 있어야한다. 따라서, 자원의 배분 과정에서는 서비스 대상자의 상황과 요구를 평가하여 긴급하게 지원이 필요한 곳에 우선적으로 자원을 배치하는 것이 중요하다. 예를 들어, 저소득층, 장애인, 노인 등 취약 계층에게 우선적으로 서비스를 제공함으로써 사회적 불평등을 완화할 수 있다. 그러나 이러한 지원이 특정 지역이나 특정 계층에 과도하게 집중되지 않도록 공정성과 형평성을 유지하는 것도 중요하다. 이를 위해 객관적인 데이터와 분석을 바탕으로 자원을 평가하고 배분하는 체계적인 접근이 필요하다.

또한, 자원을 배분할 때는 우선순위를 설정하는 것이 필수적이다. 긴급한 도움이 필요한 대상자, 예를 들어 자연재해 피해자와 같은 긴급 상황에 처한 사람들에게 신속하게 지원을 제공한 후, 이후 장기적인 지원 방안을 마련하여 지속적인 도움이 이루어질 수 있도록 해야 한다. 이러한 과정에서 자원의 효율성을 극대화하기 위해 지원 방식(현금 지원, 서비스 제공 등)을 최적화하고, 중복 지원을 방지하는 전략이 필요하다.

효과적인 자원배분을 위해서는 데이터기반 평가가 필수적이며, 이를 통해 대상자의 요구를 정확하게 파악하고 자원의 배분이 보다 체계적으로 이루어질 수 있다. 또한, 정부, 비영리 단체, 민간 부문 간의 협력을 강화하여 중복 지원을 방지하고, 자원의 활용도를 높여야 한다. 단기적인 지원뿐만 아니라 장기적으로 자립을 돕는 프로그램(예: 직업 훈련, 교육 지원 등)을 함께 제공함으로써 지속 가능한 지원 체계를 구축하는 것이 필요하다.

이와 같은 원칙과 전략을 기반으로 자원의 적절한 배분이 이루어진다면, 사회적 형평성을 확보하고 도움이 절실한 사람들에게 보다 효과적으로 지원을 제공할 수 있을 것이다.

라. 효율성 극대화

효율성 극대화는 통합적 접근법은 자원을 분산하지 않고 통합적으로 관리하여 중복되는 서비스 제공을 줄이고 시너지 효과를 낸다.

〈복지관, 병원, 지역 커뮤니티 간 협력을 통해 자원 공유.〉

기술 활용은 디지털 화 및 데이터 기반 관리를 통해 자원 사용 현황을 정확히 파악하고, 필요한 곳에 신속히 전달한다.

〈복지 대상자 관리 시스템, 온라인 자원봉사 플랫폼 활용.〉

지속 가능성에 대한 것은 자원의 낭비를 줄이고 장기적으로 안정적인 서비스 제공을 가능하게 한다. 〈재활용 가능한 물적 자원 활용, 기부 문화 조성〉

2) 서비스의 질적 향상

서비스의 질을 보장하고 개선하기 위해 표준화된 절차와 관리 체계를 도입하며, 서비스(예: 품질 평가, 복지 종사자 교육 및 훈련) 이용자의 요구와 만족도를 지속적으로 모니터링하고 피드백을 반영하는 것이 중요하다. 서비스의 질적 향상은 이용자에게 보다 나은 경험을 제공하고 만족도를 높이기 위한 체계적이고 지속적인 노력이 필요하다. 이를 위해 다음과 같은 세부 전략을 실행하였다. 먼저, 표준화된 서비스 품질 관리 체계를 구축하여 서비스 제공 과정에서 일관성을 유지하고 체계적인 운영이 가능하도록 하였다. 이를 위해 서비스 절차를 명확히 정의하고, 서비스 품질 평가 지표를 개발하여 정기적으로 점검 및 개선하는 것이 필요하다. Parasuraman, Zeithaml &Berry(1988) 파라수라마, 자이스멀, 베리가 제시한 SERVQUAL 모델에 따르면, 서비스 품질은 신뢰성(Reliability), 응답성(Responsiveness), 확신성 (Assurance), 공감성(Empathy), 유형성(Tangibles)이라는 다섯가지 차원에서 측정될 수 있다. 이러한 개념을 바탕으로 품질평가 시스템을 구축하고 지속적 인 개선을 수행하는 것이 중요하며, 서비스평가 와 피드백 반영 시스템을 운영하여 이용자의 의견을 적극적으로 수렴하고 개선에 반영 할 수 있다. Oliver(1980) 올리버의 기대-일치 이론(Expectation-Confirmation Theory) 에 따르면, 이용자의 기대와 실제 서비스경험이 일치할 때 높은 만족도가 형성 되며, 반대로 기대에 미치지 못할 경우 불만족으로 이어집니다. 따라서 정기적 인 만족도 조사를 실시하고, 실시간 피드백을 수집할 수 있는 시스템(앱, 설문 조사, VOC 등)을 구축하며, 이를 서비스 개선에 반영하는 것이 필수적이다. 이를 통해 이용자 중심의 서비스 개선이 이루어질 수 있으며, 신뢰도 또한 높아진다. 따라서 복지종사자의 교육 및 전문성을 강화하여 서비스 제공자의 역량을 지속적으로 향상시키는 것도 필수적이다. Kolb(1984) 콜브의 경험학습 이론(Experiential Learning Theory)에 따르면, 학습자는 경험을 통해 지식을 형성하며, 이를 반성적 사고를 통해 내재화한다. 따라서 종사자의 역량 강화를 위해 정기적인 교육 및 훈련 프로그램을 운영하며, 최신트렌드 및 서비스 혁신 사례를 반영한 맞춤형 교육을 제공해야 하며, 이를 통해 종사자들은 보다 전문적인 지식과 기술을 갖추게 되며, 서비스 품질의 전반적인 향상으로 이어 질 수 있다. 또한, 종사자의 윤리 의식과 이용자 중심 서비스 마인드를 함양 하여, 보다 인간적인 접근방식으로 서비스가 제공될 수 있도록 유도해야 한다.

또한, 서비스 혁신 및 디지털 기술을 적극 활용하여 보다 효율적이고 향상된 서비스를 제공할 수 있다. Rogers(1995) 로저스의 혁신 확산 이론(Diffusion of Innovations Theory)에 따르면, 새로운 기술이나 혁신적인 아이디어는 점진적으로 사회에 확산되며, 초기 도입자의 역할이 중요하다. 이를 반영하여 인공지능(AI), 빅데이터 등의 최신기술을 활용하여 서비스품질을 분석하고, 데이터 기반의 맞춤형 서비스제공이 가능하도록 한다. 예를 들어, 이용자의 데이터를 분석하여 개별 맞춤형 서비스를 제공하거나, 챗봇 및 온라인 상담과 같은 비대면 서비스를 도입하여 접근성을 높이는 등의 전략이 있다. 이러한 기술적 도입은 서비스의 신속성과 편의성을 높이는 데 기여할 수 있다.

마지막으로, 협력 네트워크 구축 및 서비스 연계를 강화하여 보다 포괄적이고 통합적인 서비스 제공이 가능하도록 한다. Putnam(2000) 퍼트넘이 제시한 사회적 자본(Social Capital) 개념에 따르면, 신뢰와 협력 네트워크는 조직의 성과와 서비스품질을 향상하는 중요한 요소입니다. 이에 따라 타 기관 및 전문가와 협력하여 서비스의 질을 높이고, 지역사회 및 공공기관과 연계하여 이용자들에게 더 많은 지원을 제공할 수 있도록 한다. 또한, 서비스 제공 기관 간 우수 사례를 공유하고 벤치마킹을 활성화하여 서로의 강점을 극대화하는 것이 매우 중요하다.

이러한 전략들을 종합적으로 실행함으로써, 서비스의 질적 향상을 실현하고 이용자 중심의 맞춤형 서비스를 제공할 수 있다. 이를 통해 이용자의 만족도를 지속적으로 높이고, 신뢰받는 서비스 환경을 구축할 수 있을 것이다.

3) 조직 내부 관리

사회복지기관 내 조직원들의 업무를 조정하고, 조직의 목표 달성을 위해 팀워크와 리더십을 강화하며, 조직 내 의사소통을 원활히 하고 업무 효율성(**예: 업무 분담 조정, 인력 개발 계획 수립**)을 높이기 위한 환경을 조성한다.

〈업무 분담 조정과 인력 개발 계획 수립〉

조직의 목표를 효과적으로 달성하기 위해서는 업무를 적절히 분배하고, 구성원의 역량을 지속적으로 개발하는 것이 필수적이다. 업무 분담 조정은 조직 내 자원을 효율적으로 활용하여 생산성을 극대화하고, 인력 개발 계획 수립은 직원 개개인의 역량을 강화함으로써 조직의 장기적인 성장과 경쟁력을 확보하는 역할을 한다. 두 가지 과정은 서로 밀접하게 연결되어 있으며, 전략적으로 접근할 때 조직의 효율성을 극대화할 수 있다.

먼저, 업무 분담 조정은 조직 내에서 각 업무의 특성과 직원 개개인의 역량을 고려하여 적절한 역할을 배분하는 과정이다. 이를 위해 업무의 난이도와 중요도를 평가하고, 직원들의 기술과 경험을 분석하여 최적의 조합을 찾아야 한다. 또한, 중복된 업무를 제거하고 협업이 원활하게 이루어질 수 있도록 조정하는 것이 중요하다. 효과적인 업무 분배가 이루어지면 불필요한 시간 낭비를 줄이고, 직원들이 자신의 강점을 발휘할 수 있어 업무 만족도와 생산성이 동시에 향상된다.

그러나 업무를 분배하는 것만으로는 조직의 지속적인 발전을 보장할 수 없다. 조직이 변화하고 성장하기 위해서는 인력 개발 계획이 필수적이다. 인력 개발은 직원들이 현재 맡고 있는 업무뿐만 아니라 향후 조직이 요구하는 역량을 습득할 수 있도록 지원하는 과정이다. 이를 위해 조직의 목표에 맞춰 필요한 역량을 분석하고, 교육 및 훈련 프로그램을 마련해야 한다. 예를 들어, 내부 교육을 통해 조직의 핵심 역량을 강화하고, 외부 교육과 실무 중심의 학습을 병행함으로써 직원들의 성장 기회를 확대할 수 있다.

특히, 경력 개발과 승진 경로를 명확히 설정하는 것은 직원들의 동기 부여에 중요한 역할을 한다. 조직 내에서 성과를 내고 역량을 발전시킨 직원들이 적절한 보상을 받을 수 있도록 공정한 평가 체계를 구축하는 것이 필요하다. 이를 통해 직원들은 자신의 경력 성장과 조직의 목표 달성에 더욱 적극적으로 참여하게 된다.

업무 분담 조정과 인력 개발 계획은 독립적인 요소가 아니라 상호 보완적인 과정이다. 적절한 업무 배분을 통해 직원들이 자신의 역량을 발휘할 수 있는 기회를 제공하고, 지속적인 교육과 개발을 통해 조직이 요구하는 핵심 인재로 성장할 수 있도록 지원해야 한다. 또한, 변화하는 경영 환경에 맞춰 업무 조정과 인력 개발 계획을 지속적으로 평가하고 개선해야 한다. 이를 통해 조직은 더욱 유연하고 효율적으로 운영될 수 있으며, 장기적으로 지속 가능한 성장을 이루어낼 수 있다.

4 사회복지행정의 목적과 기능

사회복지행정의 목적은 사회복지 서비스를 효율적이고 효과적으로 제공하여, 사회적 약자와 취약 계층의 삶의 질을 향상시키고, 공정하고 지속 가능한 사회적 안전망을 구축하는 데 있다. 이를 위해 사회복지행정은 여러 가지 주요 목적과 기능이 유기적으로 연결되어 있으며, 이를 통해 사회복지서비스의 효과적이고 체계적인 운영을 가능하게 하며, 목적을 달성하기 위해 전문적이고 체계적인 방법을 활용하며, 사회복지정책과 프로그램을 실행하는데 있어 중요한 역할을 한다.

구 분	내 용
사회복지행정의 목적	
사회복지 서비스 제공	다양한 사회적 문제 해결과 개인 및 집단의 복지 증진을 위한 서비스 제공
형평성과 평등 증진	자원의 공평한 분배와 모든 계층에 동등한 기회 보장
사회적 통합과 안정	사회적 갈등 완화 및 취약계층의 사회적 참여 확대를 통해 사회 통합 증진
효율적 자원 관리	제한된 자원을 효율적으로 활용하여 최대의 효과 창출
복지 정책 실행 및 평가	국가 및 지방정부의 복지 정책을 실행하며 그 결과를 평가 및 개선
사회복지행정의 기능	
계획 기능	복지 프로그램 및 서비스 설계와 목표 설정, 문제 및 필요 분석
조직화 기능	복지기관 및 인적·물적 자원을 체계적으로 구성하여 목표 달성 지원
인사관리 기능	복지 전문인력의 채용, 교육, 평가, 관리를 통해 인적 자원의 질 유지 및 향상
재정 관리 기능	복지 서비스 운영에 필요한 재정 확보, 예산 편성 및 관리
조정 및 협력 기능	이해관계자(정부, 비영리단체, 민간기업 등) 간 협력 강화 및 서비스 연계
통제 및 평가 기능	목표 달성 여부 점검 및 서비스의 질과 효과성 평가, 개선 방향 모색
옹호와 자원 동원 기능	취약계층 권리 옹호 및 추가 자원 확보를 위한 노력

사회복지 서비스 제공은 개인, 가족, 또는 지역사회가 직면한 사회적, 경제적, 심리적

문제를 해결하고, 복지와 삶의 질을 향상시키기 위해 이루어지는 다양한 활동과 프로그램을 의미를 말하며, 이러한 서비스는 공공 및 민간 부문에서 제공된다,

1) 사회복지 서비스의 목적

개인, 가족의 기본욕구충족: 의식주, 건강관리, 안전등의 기본적인필요를 지원.
사회적 기능향상: 개인, 집단이 사회 속에서 자립할 수 있도록 돕는 역할.
문제해결 및 예방: 빈곤, 실업, 노인문제, 아동학대 등 사회적 문제를 해결.

〈제공 주체〉

공공 부문: 정부기관 및 지방자치단체가 주요주체로, 법적 기반을 바탕으로 제도화된 서비스를 제공. 예: 국민 기초 생활보장제도, 노인 돌봄 서비스.

민간 부문: 비영리단체, 종교기관, 시민단체 등 참여하며 공공서비스의 역할보완 역할.

서비스 제공 방식

사례관리: 라이언트의 문제를 종합적으로 분석하고, 맞춤형 서비스를 제공.
직접 서비스: 상담, 돌봄, 심리치료 등 직접적인 상호작용을 통해 제공.
지역사회 중심 서비스: 주민 참여와 지역 자원을 활용하여 문제를 해결.

주요 서비스 유형

현금 지원 서비스: 생계 보장, 주거 지원, 교육비 지원 등 경제적 도움.
현물 지원 서비스: 의약품, 식료품, 주거 공간 제공.
상담 및 심리적 지원: 정신건강 상담, 가족 문제 상담.
사회적 돌봄: 노인, 장애인, 아동에 대한 돌봄 서비스.
교육 및 재활 프로그램: 직업 교육, 재활 훈련.

사회복지 서비스의 과제

서비스접근성: 서비스가 필요한사람들에게 공정하고 효과적 전달되는지 여부.
재정적 지속 가능성: 예산 부족 문제 해결.
서비스 품질 관리: 표준화된 지침과 지속적 평가를 통한 질 향상.
다양성 수용: 다문화 사회 및 특수 집단의 필요를 반영한 서비스 제공.

사회복지 서비스는 개인과 공동체의 건강과 안전을 보장하고, 사회적 연대와 통합을 강화하는 데 중요한 역할을 하며, 효율적이고 효과적인 서비스 제공을 위해 지속적인 연구와 개선 노력이 필요하다.

사회복지행정의 목적

사회복지행정의 목적은 사회복지서비스를 효과적이고 효율적으로 제공하여 사회적 약자의 삶의 질을 향상시키고 사회적 문제를 해결하는 데 있다. 이를 통해 사회적 평등과 정의를 실현하고, 전체 사회의 안정을 도모한다. 구체적으로는 다음과 같은 목적이 있다

사회적 약자와 취약계층 보호

사회복지행정은 장애인, 노인, 아동, 빈곤층 등 사회적 약자들에게 필요한 서비스와 지원을 제공함으로써 그들의 기본적인 삶의 질을 보장한다.

사회적 문제 해결 및 예방

빈곤, 실업, 가정 폭력, 노인 돌봄 부족 등 다양한 사회적 문제를 해결하고 이를 예방하기 위한 정책과 프로그램을 설계하고 실행한다.

자원의 효율적 관리

제한된 자원을 효과적으로 배분하여 최대한 많은 사람들이 혜택을 받을 수 있도록 한다. 이를 위해계획, 조직, 실행, 평가 과정을 체계적으로 관리한다.

사회적 통합과 안정 도모

다양한 계층과 집단 간의 갈등을 줄이고 상호 협력을 촉진하여 사회적 통합과 안정성을 유지하는 데 기여한다.

사회정의와 평등 실현

모든 사람들이 동등한 기회를 누리고 불평등이 해소될 수 있도록 공정한 서비스를 제공하며, 복지제도를 통해 사회적불평등을 줄이는 데 중점을 둔다.

지역사회 역량 강화

지역사회의 자원과 역량을 활용하여 주민들의 자립을 돕고, 공동체의 문제를 해결할 수 있는 기반을 구축한다.

복지 수요 변화 대응

인구고령화, 가족구조변화, 새로운 사회적 위험 등 환경변화에 맞추어 정책과 서비스를 유연하게 조정한다.

※ 사회복지행정은 목적을 달성하기위해 전문적이고 체계적인 방법을 활용하며, 사회복지 정책과 프로그램을 실행하는데 있어 중요한 역할을 한다.※

사회복지행정의 기능

사회복지행정은 사회복지 서비스를 효과적이고 효율적으로 제공하기 위해 조직 내에서 이루어지는 다양한 활동을 포함한다.

사회복지행정의 주요 기능

기획(Planning): 사회복지 서비스 제공을 위해 목표를 설정하고, 이를 달성하기 위한 구체적인계획을 수립하는 단계이며, 지역사회의 복지요구를 조사하고, 이를 반영한 사업 계획 및 프로그램 개발이 포함된다.

조직화(Organizing): 계획한 목표를 실행하기 위해 필요한 자원(인력, 재정, 시설 등)을 조직화하고 배치하는 과정이며, 조직의 구조를 설계하고 역할 및 책임을 명확히 하는 것이 중요하다.

인사관리(Staffing): 사회복지 서비스를 효과적으로 수행하기 위해 적합한 인력을 채용, 배치, 교육, 훈련하는 활동을 말하며, 인사관리는 조직의 성과와 직결되며, 직원의 동기부여와 전문성 개발도 포함된다.

지도 및 지휘(Directing): 조직의 구성원이 목표를 효과적으로 달성할 수 있도록 지시하고 동기를 부여하는 과정이며, 팀워크를 조성하고, 구성원의 의사소통과 협력을 촉진한다.

조정 및 통합(Coordinating): 조직내외의 다양한활동과 자원을 효과적으로 연결하여 통합적으로 운영되도록 관리하며, 중복되거나 비효율적인 부분을 최소화하여 자원을 최적화한다.

예산 및 재정 관리(Budgeting and Financial Management): 사회복지 프로그램과서

비스에 필요한 재정을 계획하고, 자금을 효과적으로 관리하며, 투명성과 책임성을 유지하며, 비용 효율성을 고려해야 한다.

평가(Evaluating): 사회복지 서비스와 프로그램의 성과를 평가하여 개선점을 도출하며, 목표 달성 여부를 분석하고, 결과에 따라 새로운 계획을 수립하거나 기존 프로그램을 수정합니다.

옹호 및 옹호활동(Advocacy): 사회적 약자와 소외된 집단의 권리를 보호하고, 그들의 목소리를 대변하는 역할을 하며, 정책 변화와 사회적 인식 개선을 위해 노력한다.

〈요점요약〉

사회복지행정은 기획, 조직화, 인사관리, 지도, 조정, 예산 관리, 평가, 옹호 등 다양한 기능을 통해 사회복지 서비스를 체계적으로 제공하고, 조직의 목표를 효과적으로 달성하도록 돕는 활동을 말한다.

사회복지행정은 사회복지서비스를 배분하고 효율적으로 제공함으로써 자원을 관리하여 사회복지 서비스가 필요한 사람들에게 적시에 제공되도록 하며, 이를 통해 각종 사회적 요구에 맞는 서비스를 제공할 수 있으며, 사회적 안전망 구축 등으로 취약 계층, 장애인, 노인 등 사회적 약자에게 적절한 지원을 제공 하며 이들이 삶의 질을 향상시킬 수 있도록 돕고 사회적 약자와 취약계층에게 필요한 지원을 통해 사회적 불평등을 줄이고, 모든 시민이 기본적인 삶의 조건을 보장받을 수 있도록 한다. 정부의 사회복지 정책을 구체화하고 현장에서 실행하는 역할을 하며, 정책이 실제로 효과적으로 이루어질 수 있도록 하며, 다양한 사회복지 자원을 효과적으로 조직 하고 관리하여, 다양한 프로그램이 원활하게 운영되도록 한다. 장기적인 관점에서 지속 가능한 사회 복지시스템을 만들기 위해 노력하며, 이를 위해 재정적 자원을 관리하고, 사회 복지 프로그램의 효과성을 평가하며 개선할 수 있는 방법을 모색한다. 이와 같은 목적을 통해 사회복지행정은 사회의 공정성과 복지를 높이는 데 중요한 역할을 한다.

정책 개발 (Policy Development)

사회복지 행정에서 정책 개발은 중요한 역할을 한다. 사회복지 정책은 공공의 복지를 향상시키기 위한 법적, 경제적, 사회적 기준을 설정하며, 정책 개발 과정에서 지역사회의 요구, 정치적 요구, 경제적 여건 등을 고려하여 실질적인 사회복지 서비스가 제공될 수 있도록 방향을 설정한다.

조직 관리 (Organization Management)

사회복지기관이나 부서의 목표 달성을 위해 효율적인 조직 관리가 필요하며 인력 배치, 자원 관리, 조직의 구조와 절차 설계 등이 포함된다. 관리자는 조직의 비전과 목표에 맞는 전략을 수립하고, 이를 실현하기 위해 리더십을 발휘한다.

자원 관리 (Resource Management)

사회복지행정에서 자원 관리란 재정적 자원, 인적 자원, 물리적 자원 등을 효율적으로 관리하는 것을 의미하며, 예산 계획, 인력 배치, 물리적 시설 관리 등이 자원 관리의 핵심이며, 적절한 자원 배분은 서비스 제공의 질을 높이고, 효과적인 운영을 가능하게 한다.

서비스 제공 (Service Delivery)

사회복지행정의 핵심은 실제로 서비스를 제공하는 것이다. 이는 대상자에게 필요한 지원을 효과적이고 적시에 제공하는 것을 말하는 것이며 서비스 제공 과정에서 중요한 요소는 서비스의 질, 대상자와의 관계, 그리고 피드백 시스템이다.

평가 및 피드백 (Evaluation and Feedback)

사회복지행정에서 제공하는 서비스와 프로그램의 효과성을 평가하는 과정이 필요하다. 이를 통해 프로그램의 성과를 측정하고, 개선점을 도출하여 다음 단계에서 더 나은 서비스를 제공할 수 있으며, 평가는 서비스 품질 향상뿐만 아니라 자원의 적정한 사용을 보장하는 데도 중요한 역할을 한다.

법과 윤리 (Law and Ethics)

사회복지행정에서는 관련 법규와 윤리적 원칙을 준수하는 것이 필수적이며, 법적 요구사항을 이해하고 이를 준수하며, 윤리적 기준에 따라 업무를 수행해야 한다. 이 과정에서 공정성, 투명성, 비밀 보호 등이 중요한 윤리적 고려사항으로 다뤄야한다.

사회적 책임 (Social Responsibility)

사회복지 행정은 사회적 약자와 취약계층을 위한 서비스를 제공하는 역할을 하기 때문에 사회적 책임을 지는 것이 매우 중요하며, 이를 통해 공공의 복지를 증진시키고, 사회적 불평등을 해소하는 데 기여한다.

이 요소들은 서로 긴밀하게 연결되어 있으며, 사회복지행정의 목표인 복지 서비스를 효율적이고 지속 가능하게 제공하기 위한 기반을 마련한다.

번호	요 소	요 약
1	정책 개발 (Policy Development)	지역사회의 요구, 정치적 요구, 경제적 여건을 고려하여 공공 복지를 향상시키기 위한 법적, 경제적, 사회적 기준을 설정하고 방향을 설정한다.
2	조직관리 (Organization Management)	조직의 목표 달성을 위해 인력 배치, 자원 관리, 조직 구조 설계 등을 수행하며, 비전과 목표에 맞는 전략을 수립하고 리더십을 발휘한다.
3	자원 관리 (Resource Management)	재정적, 인적, 물리적 자원을 효율적으로 관리하며 예산 계획, 인력 배치, 시설 관리를 통해 서비스 제공의 질을 높이고 운영 효율성을 확보한다.
4	서비스 제공 (Service Delivery)	대상자에게 필요한 지원을 효과적이고 적시에 제공하며, 서비스의 질, 대상자와의 관계, 피드백 시스템이 중요한 역할을 한다.
5	평가 및 피드백 (Evaluation and Feedback)	서비스와 프로그램의 효과성을 평가하여 성과를 측정하고, 개선점을 도출하여 서비스 품질 향상과 자원의 적절한 사용을 보장한다.
6	법과 윤리 (Law and Ethics)	법적 요구 사항과 윤리적 기준을 준수하며 공정성, 투명성, 비밀 보호 등을 고려하여 업무를 수행한다.
7	사회적 책임 (Social Responsibility)	사회적 약자와 취약계층을 지원하여 공공복지를 증진시키고, 사회적 불평등을 해소하기 위한 책임을 다 한다.

2) 사회복지의 실천적의 정의

사회복지는 인간의 복지와 사회적 안전망을 증진하기 위한 체계적인 노력으로, 사회 구성원이 기본적인 삶의 질을 유지하고 향상시킬 수 있도록 지원한다. 이는 개인의 경제적, 사회적, 심리적 안녕을 보장하며, 특히 취약 계층에 대한 보호와 지원에 중점을 둔다.

사회복지라는 용어는 현대 산업사회의 발전과 더불어 함께 발전해온 여러 사회문제와 관련하여 사용하게 되었다. 현대사회가 발전함에 따라 산업화, 도시화, 사회적 기반으로 변화됨에 따라 사회복지에 대한 관심은 더욱 높아져 가고 있으며, 이에 대한 욕구도 증가되며, 사회복지란 시대적, 국가적 에 따라 조금씩 차이를 보이고 있지만 그 의미의 뜻은 크게 다르지 않기 때문에 사회복지에 대한 이해하는 데는 크게 어려움이 없다고 볼 수 있다.

사회복지의 영어로는 'socisl welfare'의 사전적 의미를 살펴보면, social의 의미는 '사회적인'사회구조 속에서 같이 지낸다'는 뜻을 가지고 있다.

경제적 어려움에 처한 사람들에게 **기본적 생활보장**과 생계 지원을 통해 최소한의 생활수준을 유지할 수 있도록 도와주며, **사회적 통합과 평등**으로 모든 사람이 사회에서 차별받지 않고 평등하게 참여할 수 있도록 하며, 다양한 사회적 배경을 가진 사람들이 함께 조화롭게 살 수 있는 환경을 조성하도록 한다. 또한 **복지증진으로** 개인과 가정, 지역사회, 그리고 사회 전체의 복지 수준을 향상시키기 위한 다양한 정책과 서비스를 제공하면서, **사회적 안전망 구축** 실직, 질병, 장애, 노후 등 예상치 못한 위기 상황에 대응할 수 있도록 사회적 지원 체계를 마련한다.

사회복지는 다양한 분야에서 이루어지며, 주요 영역으로는 경제적 지원, 의료 복지, 교육 지원, 심리적 상담, 노인 복지, 아동 복지, 장애인 복지 등이 포함됩니다. 각 분야에서 제공되는 서비스들은 사회적 약자나 취약 계층이 자립할 수 있도록 돕고, 사회적 불평등을 해소하는 데 중요한 역할을 한다. 사회복지는 사람들이 존엄성을 가지고 안전하고 건강한 삶을 살 수 있도록 돕는 중요한 사회적 시스템이다.

※ 1. 기본적 생활보장 2. 사회적 통합과 평등 3. 복지증진 4. 사회적 안전망 구축 ※

사회복지의 실천적 정의 표

항목	내용
정의	인간의 복지와 사회적 안전망을 증진하기 위한 체계적인 노력으로, 개인의 경제적, 사회적, 심리적 안녕을 보장하며 특히 취약 계층에 대한 보호와 지원에 중점.
배경	현대 산업사회의 발전과 함께 등장한 사회문제 해결을 위한 개념으로, 산업화와 도시화 등 사회적 변화와 함께 발전.
영어 의미	'Social welfare'에서 social은 '사회적인' 또는 '사회구조 속에서 같이 지낸다'는 뜻을 내포.
주요 목표	- 기본 생활보장 및 생계 지원 - 사회적 통합과 평등 보장 - 조화로운 사회 환경 조성 - 복지 수준 향상을 위한 다양한 정책과 서비스 제공 - 사회적 안전망 구축
주요 영역	- 경제적 지원 - 의료 복지 - 교육 지원 - 심리적 상담

항목	내용
	- 노인 복지 - 아동 복지 - 장애인 복지
주요 역할	- 최소한의 생활수준 유지 지원 - 사회적 약자 및 취약 계층의 자립 지원 - 사회적 불평등 해소 - 위기 상황 대응을 위한 지원 체계 마련
의의	사람들이 존엄성을 가지고 안전하고 건강한 삶을 살 수 있도록 돕는 중요한 사회적 시스템.

가. 사회복지행정의 필요성

사회복지행정은 사회복지 서비스를 체계적이고 효율적으로 제공하기 위한 관리와 조정 활동을 포함하며, 그 필요성은 매우 크다. 사회복지행정의 필요성은 여러 가지 측면에서 살펴보면, **사회적 요구 충족, 효율적 자원 배분과 관리, 서비스 제공의 품질 향상, 법적 요구와 윤리적 기준 준수, 사회적 평등과 정의 실현, 정책 개발 및 개선, 사회복지의 지속 가능성 확보, 복잡한 사회복지 시스템의 조정이다.** 사회복지 행정의 가장 중요한 필요성은 사회적 요구를 충족시키는 것이다. 현대 사회에서 다양한 사회적 문제(빈곤, 실업, 노인 복지, 아동 보호 등)가 증가하고 있으며, 이에 대한 체계적인 대응이 필요하다. 사회복지행정은 이러한 요구를 파악하고, 적절한 정책을 수립하여 실질적인 서비스가 제공될 수 있도록 하는 중요한 역할을 하며, 한정된 자원을 효율적으로 배분하고 관리하는 것은 사회복지 서비스의 성공적인 운영을 위해 필수적이다. 사회복지행정은 예산, 인력, 물리적 자원 등을 효과적으로 관리하여 서비스의 질을 높이고, 필요한 대상자에게 신속하고 적절한 서비스를 제공할 수 있도록 하여야한다. 또한, 자원의 낭비를 방지하고, 최적의 자원 활용을 보장하는 역할을 한다. 사회복지행정은 서비스 제공의 품질을 관리하고 향상시키는 데 중요한 역할을 한다. 체계적인 평가와 피드백 시스템을 통해 서비스의 질을 점검하고 개선점을 찾아내어, 지속적으로 더 나은 서비스를 제공할 수 있다. 이를 통해 대상자들의 만족도를 높이고, 더 나은 삶의 질을 향상시킬 수 있으며, 사회복지행정은 법과 윤리적 기준을 준수하는 것을 중요한 원칙으로 삼는다. 사회복지 서비스를 제공하는 과정에서 법적 요구 사항을 충족시키고, 공정하고 윤리적인 방식으로 서비스를 운영하는 것이 중요하다. 이를 통해 법적 책임을 다하고, 공정성을 유지하며, 대상자들의 신뢰를 얻을 수 있다. 사회복지행정은 사회적 약자와 취약계층을 보호하고 지원하는 중요한 역할을 합니다. 이를 통해 사회적 불평등을 해소하고, 모든 시민이 기본적인 생활수준을 유지할 수 있도록 지원한다. 사회복지 행정은 평등과 정의를 실현하는 중요한 수단이 된다.

사회복지행정은 사회복지 정책을 개발하고 실행하는 데 중요한 역할을 하다. 정책 개발은 사회적 문제에 대한 대응 방안을 마련하고, 필요한 서비스를 정확히 제공할 수 있도록 한다. 또한, 정책 실행 후 평가를 통해 개선이 필요한 부분을 수정하여 더욱 효율적이고 효과적인 서비스를 제공한다. 사회복지행정은 사회복지 프로그램과 서비스가 지속적으로 제공될 수 있도록 하는 시스템을 구축하는 데 필요합니다. 이는 장기적인 관점에서 복지 서비스를 운영하고, 변화하는 사회적 요구에 맞게 프로그램을 조정하는 역할을 한다. 사회복지행정은 복지 정책의 지속 가능성을 보장하고, 미래 세대에도 필요한 복지 서비스가 제공될 수 있도록 한다.

사회복지 서비스는 다양한 분야와 여러 기관에서 제공된다. 이를 효과적으로 조정하고 통합하여 중복되거나 비효율적인 부분을 제거하고, 자원의 낭비를 최소화하는 것이 사회복지행정의 핵심이며, 사회복지행정은 다양한 서비스를 하나의 통합된 시스템으로 조정하여 보다 효과적인 서비스를 제공한다.

결론적으로, 사회복지행정은 사회복지 서비스가 효과적이고 지속 가능하게 제공되도록 관리하고 조정하는 중요한 역할을 한다. 이를 통해 사회적 요구를 충족시키고, 서비스의 품질을 향상시키며, 사회적 평등과 정의를 실현할 수 있다.

나. 사회복지행정의 이념

사회복지행정의 이념은 사회복지의 목적을 달성하기 위해 행정적 측면에서 중요한 원칙과 가치를 규명하는 것이다. 단순히 사회복지 프로그램을 운영하는 것에 그치지 않고, 인간의 존엄성과 평등, 공공의 이익을 증진하는 방향으로 운영되어야 한다.

사회복지행정은 모든 사람의 기본적인 인간존엄성(Human Dignity)을 존중하는 것을 핵심 원칙으로 삼는다. 인간존엄성(Human Dignity)의 이념은 각 개인의 권리와 자유를 보호하고, 사람들의 사회적, 경제적, 문화적 배경에 상관없이 평등한 기회를 제공하는 것을 목표로 삼으며 이를 통해 사회복지 서비스는 개인이 자신을 존중받으며 살아갈 수 있는 조건을 마련하며

사회적 약자와 취약계층이 공정한 대우를 받도록 보장하는 원칙을 중요시하고 자원의 배분과 서비스 제공에서 불평등을 해소하려는 노력으로 나타낸다. 모든 사람에게 동등한 기회를 **평등과 공정 (Equality and Fairness)으로** 제공하면서 각자의 필요에 맞춘 서비스를 제공하는 것이 목표로 한다. 사회 구성원들이 서로 도움을 주고받는 사회적연대(Social Solidarity)의 정신을 강조하며 사회적 불평등을 해결하고, 공동체의 문제를 해결

하기 위해 공동체 의식을 강화하는 방향으로 작용한다. 각자가 자신만의 책임을 다하고, 더불어 살아가는 사회를 만들기 위해 협력하는 것이 중요하다.

사회복지행정의 이념 중 하나는 제한된 자원 안에서 최대의 효과를 내는 것입니다. 효율성(Efficiency)은 자원을 낭비하지 않고, 필요한 사람들에게 필요한 서비스를 적시에 제공하는 데 중점을 두고 이를 위해 관리와 운영 측면에서 최적화된 절차와 방법을 사용해야 한다.

사회복지행정은 공공의 자원과 기금을 효율적이고 책임과 투명성(Accountability and Transparency)있게 관리해야 한다. 행정기관과 사회복지 기관은 그들의 서비스 제공과 자원 배분에 대해 명확한 책임을 지고, 결과를 사회에 보고하고 이를 통해 사회복지 서비스가 신뢰받고 지속 가능하게 운영될 수 있다.

사회복지행정은 서비스 이용자와 관련된 다양한 이해 관계자들의 참여와 협력(Participation and Collaboration)을 촉진하여야한다. 사회복지 정책과 프로그램 개발 및 평가에 시민들이 적극적으로 참여하도록 유도하여, 정책의 현실성을 높이고 다양한 의견을 반영할 수 있도록 한다. 또한, 다른 사회 복지 기관과의 협력을 통해 자원을 공유하고, 서비스의 품질을 개선하는 방향으로 간다. 사회복지행정은 사회적 정의(Social Justice)를 실현하기 위한 중요한 수단이다. 이는 경제적, 사회적, 정치적 차별을 해소하고, 모든 사람에게 공평한 기회를 제공하는 방향으로 이루어져야 한다. 사회적 정의의 이념은 각 개인이 공평하게 대우받고, 차별 없이 사회에서 인정받을 수 있도록 돕는 데 초점을 둔다. 사회복지행정의 이념은 결국 사회복지 서비스를 통해 사람들의 삶의 질을 향상시키고, 사회적 문제를 해결하려는 노력에 기반을 두고 있으며, 이를 통해 사회는 더욱 포용적이고 공정한 구조로 발전할 수 있다.

3) 사회복지행정의 역사적 배경

고대와 중세의 구빈 활동

고대 사회에서는 가족, 공동체, 종교 단체가 중심이 되어 약자를 돌보는 역할을 수행하였다. 예를 들어, 로마 제국의 후원제도(patronage)와 교회 중심의 구호 활동이 대표적이고, 중세 시대에는 교회가 사회복지 활동의 중심이었으며, 수도원과 종교 단체들이 빈곤자와 병자, 고아를 돌보는 역할을 했으며, 이 시기의 사회복지는 자선(Charity)과 구빈(Poor Relief)의 성격을 가졌으며, 주로 도덕적·종교적 책임감에서 비롯되었으며 사회적 책임으로 간주한 경향이 있었다. 고대와 중세의 구빈활동은 단순히 빈민을 돕는 수준을 넘어 사회적 연대, 국가의 책임, 인간 존엄성 등의 개념을 발전시키며 현대 사회복지의 이념과 제도의 기초를 형성하며, 이러한 활동들은 인간 중심의 복지사회를 이루기 위한 역사적 교훈과 방향성을 제시한다.

고대 철학자와 중세 교회의 자선활동, 산업혁명 시대

특징 : 종교와 도덕적 책임에 기반

구빈활동은 주로 종교적 교리에 따라 이루어졌습니다. 예를 들어, 고대 메소포타미아와 이집트에서는 신이 부여한 도덕적 의무로 가난한 이들을 돕는 것이 강조되었다.

가. 국가의 개입 : 초기 형태의 국가에서는 빈민 구제를 통치의 한 방법으로 간주했으며, 고대 로마에서는 '안노나(Annona)'라는 곡물배급 제도를 통해 빈민에게 식량을 제공하기도 했다.

나. 공동체 중심 : 가족, 씨족, 부족 단위에서 어려운 사람을 돕는 것이 일반적 이였다.

다. 구체적 사례 : 고대 이스라엘의 율법(레위기, 신명기)에는 가난한 이웃을 돕는 규정이 명시되었다. 고대 로마에서는 황제가 빈민을 대상으로 곡물과 재정을 지원하는 정책을 펼쳤다.

근대 구빈법과 초기 제도화

가) 16세기 영국의 엘리자베스 구빈법(Elizabethan Poor Law, 1601)은 국가가 사회복지 문제를 체계적으로 다루기 시작한 초기 사례이며 이 법은 빈곤 문제를 지역사회의 책임으로 규정하고, 세금을 통해 재원을 마련하여 빈곤자를 지원 했다.

나) 구빈법은 근대 사회복지행정의 초석이 되었으나, 빈곤자를 통제하려는 강제적 성격도 포함되어 있었다.

다) 19세기 산업혁명 이후 도시화와 산업화로 인해 빈곤 문제가 심화 되면서 정부와 민간단체의 역할이 증대되었다.

라) 이 시기에는 인도주의적 운동과 함께 구호 활동이 확대되었고, 자선조직협회(Charity Organization Society, COS)와 같은 민간기관이 설립되었으며, 또한, 과학적 관리 방식이 도입되면서 사회복지행정의 효율성이 강조되었다.

엘리자베스 1세 여왕의 16세기 르네상스 스타일 초상화

현대: 복지국가와 전문적 행정의 도입

가. 20세기 초반, 베버리지 보고서(Beveridge Report, 1942)는 현대복지국가의 토대를 마련했으며, 이 보고서는 빈곤, 질병, 실업 등 사회문제를 체계적으로 해결하기 위해 정부의 적극적 개입과 행정 체계를 강조했다.

나. 이에 따라 사회보험 제도와 공공복지 서비스가 확립 되였으며, 이후, 제2차 세계대전 이후 복지국가가 확대되면서 사회복지행정이 더욱 전문화 되고 체계화되었다.

다. 공공기관, 민간기관, 비영리단체 간 협력과 분업이 강조되었으며, 이 시기에는 사회복지사와 행정가의 전문성이 중시 되여 행정 기법으로 계획, 조직, 인사, 재정 관리가 도입되었다.

21세기: 신자유주의와 복지행정의 변화

1980년대 이후 신자유주의 경제 정책이 확산되면서 공공복지의 축소와 민간의 역할 확대가 주요 이슈로 떠올랐으며, 사회복지행정은 효율성과 성과 중심으로 변화했으며, 민영화와 시장화가 진행 되어, 복지서비스 제공에 있어 공공기관과 민간단체 간의 협력적 거버넌스가 중요해졌으며, 정보화와 글로벌화로 인해 사회복지행정은 디지털 기술을 활용하고, 다문화적, 국제적 관점을 반영하는 방향으로 발전하였고 환경문제, 고령화, 저 출산과 같은 새로운 사회적 도전에 대응하기 위한 혁신적인 행정 체계가 요구되고 있다.

결론적으로 사회복지행정은 구빈활동과 자선 중심에서 출발하여, 산업화·도시화와 복지국가 형성, 그리고 현대의 효율성과 혁신 중심의 행정 체계로 발전해 왔습니다. 이는 시대적 변화와 사회적 요구를 반영하며 진화해 온 역사적 과정이다.

고대의 구빈활동

고대의 구빈 활동은 주로 왕과 귀족, 종교 기관들이 주도하여 가난한 사람들에게 식량, 의복, 주거지 등을 제공하거나 공공사업을 통해 일자리를 창출하고, 특히 메소포타미아, 이집트, 그리스, 로마 등에서는 국가 차원에서 곡물 배급과 자선 활동을 통해 사회적 안정을 유지하려 하였으며, 유대교와 초기 기독교에서는 신앙에 따라 자선과 구호 활동을 강조하여 구빈이 종교적 의무로 여겨졌다. **고대 메소포타미아와 이집트** 왕과 신권 체제가 구빈 활동을 주도했으며, 대규모 관개 사업과 같은 공공 작업을 통해 생계를 지원했습니다. 가난한 자들에게 식량과 생필품을 제공하는 것이 통치자의 의무로 여겨졌으며, **고대 그리스는** 구빈 활동을 주로 폴리스 내에서 이루어졌고, 부유한 시민들이 개인적으로 가난한 사람들을 돕거나 공공시설을 지원했다. 또한 노예제도가 노동과 생계를 일정 부분 분담하고, **고대 로마는** 공공 구빈 시스템이 발달했으며, 특히 안노나(Annona)라는 곡물 배급 제도가 대표적이다. 황제와 귀족들이 가난한 시민들에게 곡물, 빵, 오락을 제공하며 사회적 안정을 유지하고, **종교적 관점에서는** 유대교와 초기 기독교는 가난한 사람들을 돕는 것을 신앙의 핵심으로 간주했다. 따라서 구빈 활동은 종교적 교리와 밀접하게 연관되어 있어, 자선과 헌금 형태로 이루어졌으며, 고대의 구빈 활동은 단순한 경제적 지원을 넘어 사회 통합과 정치적 안정에 중요한 역할을 했다.

중세의 구빈활동

중세 사회에서는 기독교적 세계관과 봉건제도가 구빈활동의 주된 동기가 되었으며, 빈곤은 개인적 실패보다는 신의 뜻으로 해석 되어 이를 극복하기 위한 자선활동이 종교적 의무로 간주 되었다. **기독교 교리 중심의 자선으로** 교회는 빈민 구제를 주도적으로 수행했으며, 수도원, 교회, 성당 등이 구빈의 중심지 역할과 봉건 영주들은 자신의 영토 내에서 구빈활동으로 빈민을 돌보는 책임을 졌으며, 이는 사회적 질서를 유지하기 위한 방편이기도 하여 구빈법으로 발달 후기 중세에는 도시화와 상업화로 인해 빈민 문제가 심각해지면서 국가적 차원의 법적 장치가 마련하고 수도원은 빈민에게 음식, 의복, 숙소를 제공하며 당시 사회복지의 중심으로 상업 도시에서 길드는 조합원들의 구빈활동 복지를 위해 상호부조 제도를 운영했다. 14세기 이후 일부 유럽 국가에서는 개입으로 거지와 노숙자를 통제하고 돕기 위한 구빈법을 제정했다.

구 분	고대 구빈 활동	중세 구빈 활동
사회적 배경	- 계급 사회와 국가 중심 체제 - 정치적 안정과 통치 전략 목적	- 기독교 중심의 세계관 - 농노제와 봉건제 기반의 사회 구조
주요 목적	- 사회적 안정과 공동체 유지 - 정치적 지지 확보	- 신앙적 덕목 실천 - 도덕적 · 사회적 책임 수행
주요 활동	- 곡물 배급 체계 (로마의 애물라멘타리움) - 개인 자선 활동	- 교회와 수도원의 자선 활동 - 십일조를 통한 자금 조달 - 도시화와 길드 중심의 지원
특징	- 국가와 개인의 구빈 활동 병행 - 실용적이고 정치적 목적 강조	- 교회 중심의 자선 활동 - 신앙적·도덕적 실천 강조
공통점	- 사회적 약자 보호와 안정적 질서 유지목적	- 공동체적 의무와 사회적 연대 강조
의의	- 공동체 안전망의 초기형태제공 - 이후 복지 제도에 영향	- 현대 복지 제도의 종교적·도덕적 기반 형성 - 국가와 교회의 협력 모델

〈교회의 역할〉

주요구빈 주체: 중세 유럽에서 구빈활동은 주로 교회와 수도원을 중심으로 이루어졌습니다. 교회는 신앙적 의무로 빈민, 고아, 병자, 노인 등을 돌보았다.

자선 활동: 교회는 신자들에게 자선을 권장하며, 이를 구원을 얻기 위한 수단으로 여겼습니다. "가난한 자를 돕는 것은 하느님을 돕는 것"이라는 신앙이 강조되었다.

시설운영: 수도원과 교회는 병원, 고아원, 쉼터, 구빈원등을 운영하며, 음식과 의복을 나누는 활동을 진행했다.

수도원의 역할: 수도원은 빈민 구제를 위한 중요한 중심지로, 기근이나 전염병이 발생했을 때 음식과 기본 생필품을 나누는 역할을 하며, 수도사들은 환자들을 간호하거나, 농업기술을 가르쳐 자립을 돕기도 했다.

자선 기부와 기부금: 중세 귀족과 부유층은 자신의 재산일부를 교회에 기부하여 자선활

동을 지원했습니다. 이러한 기부는 구원과 신의 은총을 얻기 위한 수단으로 간주 되었으며, 교회는 헌금을 통해 자금을 모아 빈민구제 활동을 수행했다.

길드의 구빈 활동: 중세 상업길드와 장인 길드 역시 구빈활동에 참여했으며, 길드 구성원들은 실업자, 과부, 고아 등 동료와 그 가족을 돕는 활동을 했다.

특정 직업 길드가 운영하는 자선기금이 만들어져 구성원의 복지를 보장하기도 했다.

법적 및 세속적 구빈활동의 부재: 법적 및 세속적 구빈활동의 부재는 사회적 약자와 빈곤층에 대한 체계적인 지원 부족을 의미합니다. 이는 다음과 같은 결과를 초래할 수 있다.

사회적불평등심화: 공공복지나 구빈제도가 미비하면, 빈곤층은 기본적인 생계 유지조차 어려워지고, 이는 사회 계층 간 격차를 확대시킨다.

사회적 안전망부족: 법적보호와 세속적지원이 없다면 경제적위기에 처한 개인과 가정은 재기할 기회를 상실하고 장기적인 빈곤의 악순환에 빠질 가성이 높으며, 지역사회와 국가의 불안정성 증가: 기본적인 구빈활동의 부재는 범죄율 상승, 건강 문제, 교육 격차 등 다양한 사회 문제를 유발해 지역사회의 안정성과 국가의 발전을 저해할 수 있다. 따라서 법적 및 세속적 구빈활동의 부재는 사회 전반에 걸친 부정적인 영향을 미치며, 이를 해결하기 위해 정책적 개입과 공동체의 연대가 필수적이다.

빈곤에 대한 인식: 중세의 빈곤층은 "자격 있는 가난한 자"(예: 병자, 고아)와 "자격 없는 가난한 자"(게으름이나 부도덕으로 인한 빈곤)로 구분되었으며, 자격 있는 가난한 자를 돕는 것은 신성한 의무로 여겨졌으나, 자격 없는 자는 종종 배제되거나 처벌 받았다.

중세 말기의 변화

가. 중세 말기에 들어서면서 도시화와 상업화가 진행되었고, 빈민 문제는 더욱 심각해졌다.

나. 도시당국이 구빈활동에 일부개입하기 시작했으며, 이를 바탕으로 근대적복지제도의 기초가 마련되었다.

4) 고대와 중세 구빈활동의 의의

고대와 중세의 구빈활동은 현대 사회복지 제도의 기초를 마련하며, 사회적 약자를 돕는 데 있어 윤리적, 제도적, 실천적 측면에서 중요한 의의를 가진다. 이를 다음과 같은 측면에서 정리할 수 있다.

윤리적 의의

가. 연대와 상호부조의 원칙 형성: 고대와 중세의 구빈활동은 사회 구성원 간의 상호 의존성을 강조하며, 공동체적 연대의식을 강화했다. 이는 현대 복지국가의 근본 윤리인 공동체적 책임의 기초가 되었다. 나. 인간 존엄성의 존중: 빈곤한 사람을 단순히 방치하지 않고 돕는 것은 인간의 기본적 권리를 존중하고 보호하려는 노력의 일환이었으며, 특히 기독교 교리에서는 가난한 사람을 돕는 행위를 신성한 의무로 간주했다.

제도적 의의

가. 공적 구빈활동의 초기 모델 : 고대의 로마 황제의 곡물 배급 정책(안노나)이나 중세의 구빈법은 국가가 빈민 구제를 제도화하려는 초기 시도로 볼 수 있다. 이는 현대 복지행정에서 국가의 역할을 설명하는 기초가 되었다.

나. 사회복지 제도의 전환점: 중세 후기에는 도시화와 상업화로 인해 빈민 문제가 심화되었고, 이를 해결하기 위한 법적·제도적 구빈활동이 등장했다. 이는 현대 복지국가에서 법적 기반을 둔 복지 제도의 선구적 사례로 볼 수 있다.

종교와 사회적 책임의 통합

가. 종교적 자선의 체계화: 기독교와 같은 종교적 가치관이 구빈활동에 깊이 스며들면서 **윤리적 행동으로서** 자선이 사회적으로 제도화되었다. 특히 수도원, 교회, 성당은 빈민 구제의 중심이 되었고, 이는 종교와 사회적 책임의 융합적 역할을 보였다.

나. 종교적 구호에서 세속적 구호로의 전환: 시간이 지나면서 종교적 이유에서 비롯된

구빈활동이 국가와 공동체 중심의 세속적 책임으로 전환되는 계기를 제공하였다.

현대 사회복지의 토대 마련

가. 빈민구제에서 복지로의 발전: 고대와 중세의 구빈활동은 현대의 사회복지제도로 발전하는데 기반 되었다. 초기에는 가난한 이들에게 최소한의 생존을 보장하는데 초점을 맞췄으나, 이는 점차 **빈곤의 구조적원인 해결과 사회적 권리보장**으로 확장되었다.

나. 사회적약자 보호의 역사적 흐름: 구빈활동은 모든 사람이 공정한 삶을 누릴 권리가 있다는 의식의 확산에 기여했다. 이는 현대 사회복지가 추구하는 **포용적사회**의 근본정신으로 이어졌다.

사회적 안정과 통합 기여

가. 사회통합의 도구: 구빈활동은 사회적 갈등을 완화하고, 빈곤으로 인한 불만을 해소하여 사회 안정에 기여했다. 이는 현대 복지 국가 국가에서도 중요한 역할로 유지되고 있다.

나. 계층 간 갈등 완화: 중세의 구빈활동은 상류층과 하류층 간의 경제적 격차를 완화하는 수단으로 활용되었으며, 이는 현대의 복지정책에서도 중요한 과제로 다뤄다.

5 사회복지행정의 이론적 기초

사회복지행정의 이론적 배경은 다양한 학문적 기반과 이론들을 포함하며, 사회복지 조직과 프로그램이 효과적으로 운영될 수 있도록 하는 데 초점이 맞춰져 왔으며, 이는 전통적인 행정학, 경영학, 사회학, 심리학, 정치학 등의 이론을 토대로 사회복지의 특수성과 실천적 요구에 맞게 발전해 왔고 사회복지행정은 사회복지서비스를 효과적이고 효율적으로 제공하기 위한 관리와 운영의 과정을 의미하며, 이는 사회복지 조직이나 기관의 목표를 달성하고, 사회적 요구를 충족시키기 위해 필요로 체계적이고 계획적인 활동을 포함한다. 사회복지행정의 이론적 기초는 다양한 학문적 접근과 관점을 기반으로 형성되며, 이를 통해 사회복지 조직의 운영을 이해하고 개선할 수 있다. 사회복지 고전적 행정이론은 전통적 행정학의 기초를 형성하는 이론으로, 주로 조직의 효율성, 합리성, 질서, 통제 등을 강조합니다. 이러한 이론은 20세기 초 산업화와 함께 조직의 관리와 운영을 체계적으로 분석하기 위해 발전했으며, 사회복지 분야에도 응용되었으며, 사회복지행정은 이론적 기초를 바탕으로 정책적, 실천적 결정을 내리며, 변화하는 사회적 요구에 대응하기 위해 지속적인 발전이 요구 되었다.

1) 행정의 개념과 본질

가. 정의: 행정은 조직의 목적을 달성하기 위해 자원을 계획, 조직, 지휘, 조정 및 통제하는 과정이다.

나. 사회복지행정의 역할: 사회복지 목표를 실현하기 위해 정책, 프로그램, 조직관리 및 서비스 전달체계를 효율적으로 운영한다.

사회복지행정의 학문적 기초

가. 사회복지학은 인간의 복지 향상을 목표로 하는 학문으로, 사회복지행정의 목적과 방향을 설정하는 데 기여한다.

나. 행정학 조직 관리 및 운영 원리를 제공하며, 효율적인 자원 관리와 의사결정 과정을 지원한다.

다. 경영학은 효율적인 자원 배분, 재정 관리, 조직 개발 등을 다루며 행정운영의 실무적 측면을 강화한다.

라. 정책학사회복지정책의 분석과 평가를 통해 실효성 있는 행정 운영을 지원한다.

이론적 접근

가. 고전적 행정이론

과학적 관리론: 작업 효율성과 생산성 강조 (Taylor).

행정관리론: 조직의 계층구조와 권한 체계 중시 (Fayol).

관료제 이론: 규칙과 절차의 중요성을 강조 (Weber).

나. 행태주의 이론: 인간의 심리와 동기를 중심으로 조직 행동을 이해하며, 의사소통과

협력을 중시하였다.

다. 체계이론: 조직을 하나의 유기적 시스템으로 보고, 환경과의 상호작용강조.

라. 인간관계론: 직구성원의 사기와 만족도를 높이는 것이 생산성과 직결된다.

마. 상황이론: 조직의 구조와 관리전략은 상황에 따라 달라져야 함.

바. 네트워크 이론: 조직 간 협력과 연계를 강조.

사회복지행정의 원칙
효율성: 최소 자원으로 최대 효과 달성.
공평성: 모든 대상자에게 공정한 서비스 제공.
책임성: 자원의 적절한 사용과 결과에 대한 책임.
투명성: 운영 과정과 결과를 공개하여 신뢰 확보.
지속 가능성: 장기적으로 안정적인 행정 체계 유지.

사회복지행정의 주요 영역
계획 및 정책 수립: 사회복지 서비스를 효과적으로 설계.
조직 및 인적 자원 관리: 직원 교육, 동기부여, 조직 문화 조성.
재정 관리: 예산 확보, 자원 배분, 재정적 투명성 유지.
서비스 전달 체계 운영: 대상자와의 직접적인 접점을 관리.
성과 평가 및 환류: 서비스의 효과를 평가하고 개선 방안을 도출.

사회복지행정의 실천적 도전과제
자원 부족 문제: 한정된 자원으로 늘어나는 수요 대응.
정책 환경 변화: 복잡하고 다원화된 사회에서의 신속한 적응.
대상자 다양화: 다양한 욕구를 가진 인구에 대한 맞춤형서비스 제공.
기술 발전: 디지털 기술 활용을 통한 서비스 효율화.

2) 고전적 행정이론

가. 대표 이론가: 막스 베버(Max Weber): 조직의 합리성과 효율성을 극대화하기 위한

이상적 조직 형태로 관료제 제시 하였으며 계층적 구조, 공식적 규칙, 문서화된 절차, 전문화된 역할 강조, 개인적 감정이나 비공식적 요인 배제 하였으며, 사회복지 적용 에서는 공공복지 시스템에서의 계층적 구조 및 절차적 업무 처리강조 하였으며 복지자원 및 서비스 제공 과정의 공정성과 투명성 에 적용하였다.

나. 프레드릭 테일러(Frederick Taylor): 과학적 관리법을 통해 업무의 표준화와 효율성을 제시하였으며, 조직의 생산성과 효율성을 극대화하기 위해 작업 과정을 과학적으로 분석하고 표준화하면서 노동자를 기계 부품처럼 간주하고, 작업의 시간 및 동작을 세밀히 분석과 성과에 따라 보상을 차등 지급하는 성과주의 도입하였다.

다. 헨리 페이욜(Henri Fayol)의 행정**관리론의 원칙을 주장하면서** 조직관리의 주요원칙(계획, 조직, 지휘, 조정, 통제)을 체계적으로 정리하면서 사회복지 조직에서는 이러한 이론들이 명확한 규칙과 역할 분담, 효율적인 자원 관리 등을 통해 적용 되었다. 특히 사회복지에서의 적용은 복지 조직내 명확한 역할분담과 책임 체계를 확립하고 복지형정 관리에서의 계층적 구조와 절차적 운영 방식도입 하였다.

라. 엘튼 메이요 (Elton Mayo) 호손 실험과 인간 관계론으로 고전적 기계적 접근에 대한 반발로 등장하였으며 인간적 요소와 사회적 상호작용이 생산성과 조직성과에 중요한 영향을 미침으로 작업 환경뿐만 아니라 노도자의 심리저기, 정서적 욕구를 고려하는 것을 주장 하였으며, 사회복지에서의 적용에서는 크라이언트 중심접근 및 사회복지사의 정서적 지원 강조하며, 조직 구성원간 협력과 팀워크 중시하였다.

3) 현대 행정이론

현대 사회복지행정이론은 현대 행정이론은 행정학의 이론적 발전을 설명하는 데 있어 중요한 학문적 흐름을 포함하며, 주로 20세기 중반 이후의 다양한 학파와 관점을 포괄합니다. 현대 행정이론은 복잡하고 변화하는 사회적, 경제적, 정치적 환경에서 공공 행정의 역할과 효과성을 탐구합니다. 주요 현대 행정이론에는 복지행정이 변화하는 사회적 요구와 환경에 대응하기 위해 발전한 다양한 이론적 접근을 포괄적으로 하며. 사회복지 서비스의 효과적인 제공, 조직의 효율성 증진, 이용자 중심의 복지 실현 등을 도입하였다.

이론	주요 개념	특징 및 장점	한 께
체계 이론	조직을 하나의 시스템으로 보고 환경과의 상호작용을 강조	조직 내 하위 체계 간 조화와 외부 환경 변화에 적응 가능	변화 방법이 모호하고 복잡한 시스템 분석이 어려움
상황 이론	조직의 효과는 환경적, 상황적 요인에 따라 달라짐	유연한 접근과 상황 맞춤형 전략 제공	구체적 실행 방법이나 기준이 부족
신공공관 이론	민간 경영 기법을 공공 조직에 도입하여 효율성과 성과 중심의 운영 강조	자원 활용 극대화, 성과 중심의 조직 관리	공공성 약화와 지나친 경제적 효율성 중시
네트워크 이론	조직 간 협력과 네트워크를 통해 복잡한 문제 해결	파트너십 강화와 자원 공유를 통한 서비스 통합	협력의 복잡성 증가 및 책임 소재 불분명
이해관계자 이론	조직 간 협력과 네트워크를 통해 복잡한 문제 해결	다양한 이해관계자 간 조화와 균형을 중시	갈등 조정과 모든 이해관계자 요구 충족이 어려움
포스트모더니즘 이론	조직의 성공은 이해관계자의 요구와 기대 충족에 달려 있음	클라이언트의 문화적, 개인적 특성 반영한 맞춤형 서비스 가능	실행 방법이 구체적이지 않음

4) 체계이론 (Systems Theory)

사회복지 체계이론(Systems Theory)은 사회복지 분야에서 개인, 가족, 집단, 지역 사회, 그리고 더 큰 사회적 맥락 간의 상호작용을 이해하고 분석하는 데 도움을 주는 이론이다. 물리학, 생물학, 공학 등 여러 분야에서 발전한 시스템 이론을 바탕으로 하며, 특히 인간과 환경 간의 상호작용을 강조한다. 조직을 하나의 시스템으로 보고, 환경과의 상호작용 및 조직 내부 하위 체계 간의 조화를 중시하였고 변화하는 외부 환경(정책, 클라이언트 요구)에 적응하며 효율성을 높이는 데 초점을 두었고 사회복지 조직은 환경(정부정책, 지역사회요구)와 상호작용하며, 지속적인 피드백과 조정을 통해 변화에 대응한다.

기본개념시스템(System): 시스템은 상호작용하는 요소들로 구성된 집합체로, 이 요소들은 서로 영향을 미치며 전체로서의 기능을 수행하며, 사회복지에서는 개인, 가족, 지역 사회, 그리고 사회 제도 등이 시스템의 요소로 간주된다.

환경(Environment): 시스템은 항상 그 외부 환경과 상호작용하며, 사회복지 에서는 경제적, 문화적, 정치적 환경 등이 중요한 역할을 한다.

경계(Boundaries): 각 시스템은 경계를 가지고 있으며, 이 경계를 통해 내부와 외부를 구분합니다. 경계는 시스템의 안정성을 유지하고, 자원과 정보를 관리하는 역할을 한다.

주요 원칙상호의존성(Interdependence): 시스템의 각 요소는 서로 의존적이며, 하나의 요소에 변화가 생기면 다른 요소에도 영향을 미칠 수 있다.

적응성(Adaptability): 시스템은 환경 변화에 적응하기 위해 변화할 수 있는 능력을 가지고 있다. 사회복지에서는 클라이언트가 변화 하는 환경에 적응할 수 있도록 지원하는 것이 중요하다.

균형(Balance): 시스템은 균형 상태를 유지하려고 한다. 사회복지에 서는 클라이언트의 욕구와 자원, 그리고 외부 환경 간의 균형을 맞추는 것이 증요하다.

사회복지에서의 적용

클라이언트 중심 접근(Client-Centered Approach): 클라이언트를 단순한 개인이 아니라 그들이 속한 다양한 시스템의 일원으로 이해하며, 개인의 문제는 그들이 속한 가족, 지역 사회, 그리고 사회적 맥락과 밀접하게 관련되어 있음을 인식한다.

정신 건강과 사회 서비스: 정신 건강 문제를 단순히 개인의 문제로 한정 짓지 않고, 가족, 직장, 지역 사회의 영향을 고려하여 접근 한다

정책 개발: 사회복지 정책을 설계할 때, 다양한 시스템 간의 상호 작용을 고려하여 보다 포괄적이고 효과적인 정책을 개발할 수 있다.

결론

사회복지 체계이론은 개인과 그들이 속한 사회적 맥락 간의 복잡한 관계를 이해하는 데 중요한 틀을 제공합니다. 이를 통해 사회복지 실천가들은 클라이언트의 필요를 보다 잘 이해하고, 효과적인 개입방법을 모색할 수 있으며, 이론은 사회복지의 다양한 분야에서 적용될 수 있고, 클라이언트의 전반적인 복지를 증진하는 데 기여한다.

상황이론 (Contingency Theory)

사회복지 상황이론(Contingency Theory)은 조직이 효과적으로 기능하기 위해서는 조직의 구조와 운영 방식이 특정 상황에 맞게 조정되어야 한다는 이론적 틀이며, 이 이론은 모든 조직에 적용될 수 있는 단일한 최적의 방안은 없으며, 조직의 성공은 그 조직이 처한 환경적, 기술적, 대인 관계적 요인들에 얼마나 적절히 대응하는가에 달려있다고 주장한다.

조직의 운영 방식은 상황에 따라 달라져야 한다는 이론이며, 사회복지 조직은 클라이언트의 요구, 지역사회 환경, 자원의 가용성에 따라 유연한 접근을 채택하며, 사회복지 조직은 지역사회의 특성과 클라이언트의 요구에 따라 맞춤형 접근을 개발하는데 적용

가. 환경적 적합성: 사회복지 조직은 외부 환경의 변화에 민감하게 반응 한다. 예를 들어, 지역사회의 요구, 법적 규제, 경제적 조건 등이 조직의 전략과 운영에 영향을 미치며, 효과적인 조직은 이러한 외부 요인들을 잘 이해하고 그에 맞게 자신을 조정한다.

내부 조정: 조직의 내부 구조와 과정은 조직의 목표와 외부 환경에 부합하도록 설계되어야 한다. 이는 조직의 크기, 기술, 문화, 리더십 스타일과 같은 요소들이 서로 잘 맞아야 함을 의미한다.

유연성: 상황이론은 조직이 고정된 구조나 절차에 얽매이지 않고 변화하는 상황에 따라 유연하게 대처할 수 있어야 한다고 강조하며, 이를 통해 조직은 불확실성과 복잡성을 효과적으로 관리할 수 있다.

리더십의 중요성: 리더는 조직과 환경 간의 적합성을 유지하는 데 중요한 역할을 합니다. 효과적인 리더는 상황을 정확히 평가하고, 필요한 조정을 통해 조직이 목표를 달성하도록 한다.

사회복지 분야에서 상황이론은 다양한 클라이언트와 환경적 요인에 따라 서비스 제공 방식을 적절히 조정하는 데 유용한 관점을 제공하며, 이는 클라이언트의 개별적 필요를 충족시키고, 지역사회와 사회적 변화에 대응하는 데 중요한 기반이 한다.

5) 신 공공관리론 (New Public Management, NPM)

신 공공관리론(New Public Management, NPM)은 1980년대 이후 공공부문에서 민간부문의 관리기법과 원리를 도입하여 효율성과 효과성을 제고하려는 행정개혁이론이다. 이는 전통적인 관료제 중심의 공공 행정을 비판하며, 시장 지향적 접근 방식을 통해 공공 서비스의 질과 생산성을 높이는 것을 목표로 한다. 사회복지 분야에서도 NPM은 다양한 방식으로 영향을 미치고 있다. 1980년대부터 등장한 공공행정의 새로운 패러다임이며, 주로 영국, 미국, 뉴질랜드 등에서 시작 되였으며, 이후 전 세계적으로 확산되었다. 민간경영 기법을 공공 조직에 도입하여 효율성, 책임성, 성과 중심의 행정을 강조하며, 사회복지 분야에서는 성과 측정, 민간과의 협력, 경쟁적 서비스 제공 방식을 도입하였으며, 민간부문의 관리 기법을 공공부문에 경쟁 도입, 성과 중심 관리, 민영화 등에. 도입하여 시장원리를 강조하였다.

가. 신 공공관리론의 주요 특징

시장 지향성: 공공 부문에 경쟁 원리를 도입하여 서비스 품질을 향상시키고 비용을 절감하려는 접근 방식이다.

성과 중심 관리: 투입보다는 성과와 결과를 중시하며, 명확한 목표 설정과 이를 달성하기 위한 책임성을 강조한다.

민영화 및 아웃소싱: 공공 서비스의 일부를 민간에 위탁하거나 민영화를 통해 공공기관의 효율성을 증대시킵니다.

고객 중심주의: 국민을 '고객'으로 간주하여 서비스 이용자의 만족도를 높이는 데 초점을 둔다.

유연성 강화: 공공부문의 구조를 유연하게 만들어 변화하는 환경에 신속히 대응할 수 있도록 한다.

나. 사회복지에서의 신 공공관리론 적용

서비스 경쟁 도입: 사회복지 서비스 제공 기관 간 경쟁을 유도하여 품질과 효율성을 높인다.

성과 평가 시스템: 복지 프로그램의 효과성을 측정하고, 예산 할당과 자원 배분을 성과에 기반해 결정한다.

민간 협력 확대: 민간기관과의 협력을 통해 공공복지 서비스를 보완하며, 시민단체, NGO 등이 중요한 역할을 수행한다.

복지 재정의 효율화: 복지 예산을 절감하고 자원을 효율적으로 배분 하는 데 중점을 둔다.

다. 신 공공관리론의 장단점

장점: 공공서비스의 질적 향상과 효율성 증대.
국민의 요구에 민첩하게 대응하는 서비스 제공.
자원의 최적 배분을 통해 재정 부담 경감.

단점: 과도한 시장화로 인해 공공성 약화 가능성.
사회적 약자의 복지 접근성이 저하될 우려.
단기성과에 치중하여 장기적 비전을 간과할 가능성.

라. 사회복지 신 공공관리론의 의의

신 공공관리론은 공공부문이 기존의 경직된 관료적 체제를 넘어 효율적이고 성과 중심의 관리체계를 도입하도록 유도하였다. 특히 사회복지 영역에서는 제한된 자원으로 최대의 효과를 내는 전략을 개발하는 데 중요한 틀을 제공한다. 하지만 공공성의 유지와 사회적 약자를 배려하는 균형 잡힌 접근이 필요하다.

6) 네트워크 이론 (Network Theory)

네트워크 이론은 노드(node)와 엣지(edge)로 구성된 네트워크 구조를 분석하여 시스템의 동작 원리와 상호작용을 이해하는 학문이다. 이 이론은 복잡한 시스템을 모델링하고, 이들 간의 관계를 분석하며, 다양한 분야에 응용 되였으며, 조직 간 협력과 네트워크를 통해 복잡한 사회 문제를 해결하려는 접근, 정부, 민간, 지역사회 단체 간의 파트너십과 통합 서비스를 중시였다. **소셜 네트워크** 사람이나 조직 간의 관계를 분석한다. (예: Facebook, Twitter 네트워크) 친구 관계, 팔로우 관계, 협업 관계 등이 포함 되였으며, 웹 페이지와 하이퍼링크 같은 정보네트워크 간의 연결을 나타내며, 인터넷 구조, 검색 엔진 최적화 등에 활용되고, 세포 내 분자 간의 상호작용이나 생태계 내 생물학적 네트워크 간의 상호작용을 분석과 전력망, 컴퓨터 네트워크 등이 포함된다.

가. 네트워크 이론의 개념

① 노드(Node)와 링크(Link)

노드: 네트워크를 구성하는 기본 단위로 개인, 조직, 기관 등을 의미.

② 링크: 노드 간의 관계나 상호작용을 나타내는 연결선으로, 정보, 자원, 감정 등이 교류되는 통로.

③ 밀도(Density): 네트워크 내 노드들이 얼마나 촘촘히 연결되어 있는지를 나타냄. 밀도가 높을수록 정보와 자원의 교환이 활발함.

④ 중심성(Centrality): 특정 노드가 네트워크 내에서 얼마나 중요한 위치를 차지하는지를 나타내며, 높은 중심성을 가진 노드는 자원 배분, 의사소통에서 중요한 역할을 한다.

⑤ 구조적 공백(Structural Hole): 서로 연결되지 않은 두 집단 사이에서 다리역할을 하는 노드가 존재할 때 이를 가리킴. 이러한 노드는 중개자(Broker) 역할을 수행하며, 강한 연결은 친밀하고 빈번한 상호작용이 있는 관계를 유지하고 약한 연결의 고지는 비교적 느슨한 관계로, 새로운 정보와 자원을 얻는 데 중요한 역할 한다.

나. 사회복지에서 네트워크 이론의 적용

① 서비스 전달 체계 강화: 복잡한 사회복지 문제 해결을 위해 다양한 조직간 협력 네트워크를 구축함으로써 자원의 효율적 배분과 중복 방지한다.

② 취약계층 지원: 사회적 고립 상태에 있는 취약계층을 발견하고, 이들을 지원하기 위한 지역사회 네트워크를 활성화.

③ 지역사회 조직화: 지역사회 구성원 간의 연결성을 강화하여 공동체의 역량을 높이고, 자원과 정보 교환을 촉진.

④ 통합적 서비스 제공: 의료, 교육, 고용, 주거 등 다양한 분야의 기관들이 협력 네트워크를 통해 통합적 서비스를 제공.

사례: 지역사회 복지 네트워크 구축

예: 장애인을 위한 지역 복지 네트워크를 통해 재활 서비스, 고용 지원, 주거제공 등의 자원을 연계.

사례: 공공-민간 협력 네트워크

예: 정부와 비영리단체 간 협력을 통해 노숙인 지원 프로그램 실행.

다. 이해관계자 이론 (Stakeholder Theory)

이해관계자 이론은 기업의 성공과 지속 가능성을 위해 기업이 주주뿐만 아니라 다양한 **이해관계자**의 이익을 균형 있게 고려하고 관리해야 한다고 주장하는 경영 이론이다. 이 이론은 1984년 에드워드 프리먼(Edward Freeman)의 저서 *"Strategic Management: A Stakeholder Approach"*에서 처음 정립되었으며, 조직의 성공은 이해관계자(클라이언트, 직원, 후원자 등)의 요구와 기대를 충족시키는 데 달려 있으며, 다양한 이해관계자 간의 균형과 조화를 추구한다. 이익 균형(Balance of Interests), 책임성(Accountability), 협력과 신뢰(Collaboration and Trust), 장기적 관점(Long-Term View)으로 본다.

라. 이해관계자 이론과 주주 이론의 비교

구분	이해관계자 이론	주주 이론(Shareholder Theory)
초점	주주 이론(Shareholder Theory)	주주의 이익 극대화
책임 범위	경제적, 사회적, 환경적 책임	재무적 성과 책임
정기적 관점	지속 가능성을 위한 장기적 가치 창출	단기적 수익 창출에 초점

마. 이해관계자 이론의 주요 이점

기업의 신뢰도향상: 고객, 지역사회, 정부 등 다양한 이해관계자와 신뢰강화.

위험 관리: 이해관계자의 요구와 기대를 충족, 사회적 반발이나 리스크 감소.

지속 가능성: 사회적·환경적 가치를 창출함으로써 기업의 지속 가능성을 강화.

혁신 촉진: 다양한 이해관계자로부터 새로운 아이디어와 기회를 발견.

7) 포스트모더니즘 이론

포스트모더니즘(postmodernism)은 20세기 중반 이후 등장한 철학적, 문화적, 예술적 사조로, 근대적(modernist) 사고와 가치관에 대한 비판과 대안을 제시하였다. 이는 전통적 구조와 이성 중심주의를 해체하고, 다원적이고 비정형적인 세계관을 강조하였으며, 근대적 이성과 진보의 한계를 지적하며, 다양한 관점과 해석 가능성을 열어주는 중요한 사조이다. 그러나 이러한 다원성과 상대주의가 가져오는 철학적, 실천적 도전에 대한 숙고가 요구된다.

기본 개념

가. 근대성비판: 포스트모더니즘은 근대가 강조했던 이성, 진보, 보편적 진보. 다원성과 상대주의: 하나의 보편적 진리나 표준 대신, 다원적이고 지역적이며 개인적인 관점을 인정과 다양성, 차이, 혼종성을 중요시한다.

나. 해체주의: 텍스트나 개념구조를 분해하여 숨겨진권력 관계나 가정을 드러내는 접근법으로, 자크 데리다(Jacques Derrida)가 대표적인 이론가다.

주요 특징

가. 텍스트와 기호의 중요성: 포스트모더니즘에서는 모든 사회적, 문화적 현상을 "텍스트"로 간주하며, 기호와 의미의 해석이 중심이 된다.
기호학과 언어철학의 영향을 받는다.

나. 경계 해체: 고급 문화와 대중문화, 현실과 허구, 예술과 비예술 사이의 경계를 허물며, 모든 것이 해체될 수 있는 대상으로 본다,

다. 아이러니와 패러디: 기존의 전통과 규범을 풍자하거나 비틀어 새로운 맥락을 창출한다.

라. 실재에 대한회의: 장보드리야르(Jean audrillard)는뮬라크르(simulacra)와 시뮬레이션(simulation) 개념을 통해 현실이 기호와 이미지에 의해 대체되었다고 주장한다.

주요 학자 및 이론가

가. 장 프랑수아리오타르(Jean-François Lyotard): 포스트모더니즘의 핵심 개념인 메타내러티브의 종언을 주장하며, 지식의 탈 중심화를 강조했다.

나. 미셸 푸코(Michel Foucault): 권력과 지식의 관계를 탐구하며, 역사와 사회적 제도가 권력을 재생산하는 방식에 주목했다.

다. 자크 데리다(Jacques Derrida): 해체주의를 통해 기존 철학적 개념의 이분법을 분해하고, 의미의 유동성을 강조했다.

라. 프레드릭 제임슨(Fredric Jameson): 포스트모더니즘을 후기 자본주의와 연결 지으며, 자본주의 문화의 양상을 분석했다.

영향 분야

가. 문학과 예술: 전통적 장르와 형식을 넘어선 실험적 서사 기법, 콜라주, 혼종적 표현 등이 도입되었다.

나. 건축: 포스트모던 건축은 다양한 스타일의 혼합, 전통과 현대의 조화, 복잡성을 추구한다(예: 라스베이거스의 상업 건축물).

다. 사회학과 철학: 구조주의를 넘어선 탈구조주의 이론을 발전시키며, 문화 연구, 젠더 이론, 탈식민주의 등 다양한 분야에 영향을 미쳤다.

〈비판〉

상대주의 문제: 모든 진리를 상대적으로 간주할 경우, 윤리적 판단이나, 보편적 규범이 약화될 위험이 있다. 실천적 한계: 이론적으로는 매력적이지만, 실제 사회적, 정치적 변화에 기여하기 어렵다는 비판이 제기된다.

8) 공공행정과의 차이점

공공행정(public administration)은 공공 조직이 사회적 목표를 달성하고 공익을 실현하기 위해 수행하는 일련의 활동과 과정이며, 이는 정부와 공공기관이 정책을 계획, 집행, 평가하는 과정에서 이루어지는 제반 활동으로 국가와 사회의 운영 및 관리를 위한 핵심적인 기능으로, 정치, 경제, 사회 등 다양한 분야와 밀접한 관련을 맺고 있다.

공공행정의 중요성

가. 공익 지향성: 공공행정은 특정 집단이나 개인의 이익이 아니라, 사회전체의 이익을 최우선으로 한다.

나. 법과 규정에 기반: 공공행정은 헌법, 법률, 규정 등 명확한 법적근거에 따라 이루어진다.

다. 정치와의 연계: 공공행정은 정부의 정책적 목표를 실행하는 역할을 하며, 정치적 결정과 밀접하게 연관된다.

라. 공공 서비스 제공: 국민의 삶의 질 향상을 위해 다양한 공공서비스를 제공하는 역할을 한다.

마. 효율성과 책임성: 제한된 자원을 효율적으로 관리하면서도 국민에게 책임을 다해야 한다.

공공행정의 주요 기능

가. 정책 형성: 사회문제를 파악하고, 이를 해결하기 위한 정책을 수립한다.

나. 정책 집행: 결정된 정책을 실행하고, 이를 통해 목표를 달성한다.

다. 조정과 관리: 다양한 공공조직과 민간부문간 협력과 조정을 통해 사회적 자원을 관리한다.

라. 평가와 피드백: 정책의 효과성, 효율성을 평가하고, 개선방안을 제시한다.

현대 공공행정의 변화

현대 사회에서는 기술 발전, 글로벌화, 시민 참여 확대 등으로 인해 공공행정의 역할과 형태가 변하고 있다. 특히, 다음과 같은 변화가 주목받고 있다.

가. 전자정부와 디지털 행정: 정보통신 기술을 활용하여 행정 서비스를 효율화 하고 투명성을 강화.

나. 거버넌스 강조: 정부, 민간, 시민사회 간 협력을 통한 정책 결정 및 집행.

다. 성과 중심 행정: 결과와 성과를 중시하는 관리 방식 도입.

라. 환경과 지속가능성 고려: 지속가능한 발전을 위한 정책 개발.

공공행정은 국민의 삶에 직접적인 영향을 미치는 분야로, 국가와 사회 발전의 기반을 제공한다.

9) 일반행정(General Administration)은 **포괄적이고 보편적인 관점**에서 바라보며 일반행정 개념으로, 특정 분야에 국한되지 않고 모든 행정활동이며, 이는 행정의 원칙, 조직, 관리, 절차 등 행정의 일반적인 이론과 실천을 다룬다.

가. 분야 초월성: 특정 분야에 한정되지 않고, 행정 전반에 걸친 공통적인 이론과 원칙을 다룬다.

나. 행정의 학문적 기초: 행정학의 기초 이론을 바탕으로 원리와 체계적 접근을 강조한다.

다. 관리적 성격: 행정 조직의 효율적 운영과 관리기술에 초점을 둔다.

라. 공공/민간 구분 없음: 공공부문뿐만 아니라 민간조직에서도 적용될 수 있는 일반적인 행정 원칙을 포함.

일반행정과 공공행정 차이점

구분	일반행정	공공행정
범위	모든 행정 활동의 일반적 원칙을 포괄	공공부문에서 이루어지는 행정 활동에 집중
목적	행정의 효율성과 효과성 확보	공익 실현과 국민 복지 증진
적용대상	공공부문과 민간부문 모두 포함	정부 및 공공기관의 행정 활동에 국한
중점	관리 원칙과 조직 운영	정책 집행과 공공서비스 제공
법적근거	법적 근거가 없어도 가능	법적, 제도적 근거를 기반으로 운영

제2장 사회복지일반행정의 이해

사회복지일반행정(Social Welfare Administration)은 사회복지정책과 프로그램을 효과적으로 계획, 실행, 평가하는 과정에서 필요한 행정적 절차와 원칙을 다루는 분야이다. 이는 공공기관, 비영리조직(NGO), 민간 사회복지기관 등이 사회복지 서비스를 효율적으로 제공하기 위해 필수적으로 수행하는 행정적 활동을 포함합니다. 사회복지일반행정은 사회복지 서비스의 품질과 접근성을 향상시키고, 사회적 약자와 취약계층을 대상으로 한 공공복지의 효과성을 극대화하는 데 중요한 역할을 하며, 사회복지정책과 서비스가 효과적으로 운영될 수 있도록 돕는 필수적인 기능을 수행하며, 효율적인 기획, 조직, 인사 및 재정관리를 통해 서비스 제공의 질을 높이고, 사회적 약자들에게 보다 나은 복지 혜택을 제공하는 것이 목표를 삼고 있으며, 미래에는 정보화 기술의 발전과 함께 더욱 체계적이고 효과적인 사회복지 행정이 요구될 것이며, 이를 위한 지속적인 연구와 개선이 필요하다.

1 사회복지일반행정의 개념과 역할

사회복지일반행정은 공공 및 민간 영역에서 사회복지정책을 실현하는 과정에서 조직을 관리하고, 재정을 운영하며, 인적·물적 자원을 효율적으로 활용하는 일련의 과정이며, 이를 통해 사회복지 서비스가 체계적으로 제공되며, 대상자의 복지를 증진할 수 있도록 지원하며, 사회복지일반 행정의 주요 역할은 다음과 같다.

사회복지정책 실행: 국가 및 지방자치단체의 사회복지정책을 실제 현장에서 효과적으로 적용하고 운영하는 역할을 한다.

서비스 기획 및 조정: 사회복지 서비스의 수요를 파악하고, 이를 반영하여 효율적인 프로그램을 설계한다.

재정 및 예산 관리: 공공재원을 효율적으로 운용하고, 재정적 지속 가능성을 고려하여 예산을 편성하고 집행한다.

조직 운영 및 관리: 사회복지기관 및 조직의 운영을 효율적으로 관리하며, 조직 내 인사 및 업무 프로세스를 조정한다.

법적·행정적 절차 수행: 사회복지 서비스 제공에 필요한 법적, 제도적 절차를 준수하며, 관련 규정을 적용한다.

평가 및 감시: 프로그램의 성과를 분석하고, 지속적인 개선을 위한 평가를 수행한다.

2 사회복지일반행정의 주요 기능

첫째, **정책 기획 및 입안** 기능을 통해 사회복지 정책을 수립하고, 관련법과 제도를 정비하며, 이를 바탕으로 효과적인 복지 프로그램을 개발한다. 이를 위해 사회적 요구와 환경 변화를 분석하고, 공청회나 전문가 의견을 수렴하여 정책의 실효성을 높이는 과정을 거친다.

둘째, **예산 편성 및 자원 관리** 기능을 수행하여 한정된 재원을 효율적으로 배분하고, 공공 및 민간 자원의 연계를 통해 복지 서비스의 지속 가능성을 확보하며, 사회복지 행정에서는 재원의 투명한 운영과 재정적 책임성이 요구되며, 이를 위해 예산의 합리적 운용과 지속적인 모니터링이 이루어진다.

셋째, **서비스 제공 및 운영** 기능을 통해 공공기관과 민간단체의 협력을 조정하고, 대상자에게 적절한 복지 서비스를 제공한다. 이 과정에서 사회복지 행정 조직은 서비스 이용자의 접근성을 높이고, 복지 사각지대를 최소화하기 위한 다양한 지원 방안을 마련한다. 또한, 실무자의 역량 강화를 위한 교육과 관리도 병행하여 서비스의 질적 향상을 도모한다.

넷째, **평가 및 감시** 기능을 수행하여 복지 정책과 프로그램의 효과성을 분석하고, 개선점을 도출하며, 이를 위해 성과평가 시스템을 구축하고, 데이터 기반의 분석을 통해 정책 개선 방안을 마련하고, 또한, 복지 행정의 투명성을 확보하기 위해 시민 참여와 외부 감사를 통해 공정한 운영을 보장한다.

다섯째, **대상자 보호 및 권리 보장** 기능을 통해 사회적 약자의 권리를 보호하고, 차별 없는 복지 서비스를 제공하는 역할을 수행한다. 사회복지 행정은 장애인, 노인, 저소득층, 아동 등 다양한 취약계층의 복지 요구를 반영하며, 이들이 사회적 지원을 받을 수 있도록 법적·제도적 보호 장치를 마련한다.

여섯째, **위기 대응 및 긴급복지 지원** 기능을 통해 재난, 경제적 위기, 전염병 등의 긴급한 사회적 문제에 신속하게 대응합니다. 긴급 생계비 지원, 의료 지원, 주거 지원 등 위기 상황에 맞는 복지 서비스가 즉각적으로 제공될 수 있도록 체계를 구축하고 운영한다.

이러한 기능을 종합적으로 수행함으로써 사회복지 일반 행정은 국민의 복지를 증진하고, 사회적 형평성을 달성하는 역할을 한다. 또한, 지속적인 연구와 혁신을 통해 변화하는 사회 환경에 유연하게 대응하며, 포용적 복지국가 실현을 위한 핵심적인 기반을 마련한다.

3 사회복지일반행정의 대상과 영역

사회복지일반행정은 사회적 약자와 다양한 복지 수요자를 대상으로 하며, 이들의 삶의 질 향상을 위한 정책과 서비스를 기획, 집행, 평가하는 역할을 한다. 그 대상은 아동, 노인, 장애인, 저소득층, 실업자, 한부모 가정, 다문화가정, 노숙인 등 다양한 계층을 포함하며, 사회적 불평등 해소와 복지 증진을 목표로 한다. 주요 영역으로는 사회보험, 공공부조, 사회서비스, 복지조직 운영 및 지원, 지역사회복지, 사회복지 정책 개발과 평가 등이 있다. 또한, 사회복지일반행정은 중앙정부와 지방자치단체뿐만 아니라 비영리단체(NGO), 사회적 기업, 민간 복지기관 등과 협력하여 복지정책을 효과적으로 수행한다. 이를 통해 사회적 안전망을 구축하고, 복지서비스의 접근성을 높이며, 지속 가능한 복지체계를 마련하는 것이 핵심 과제이며, 사회복지 영역에서 활용되며, 주요 대상과 영역은 다음과 같다.

대상

아동 및 청소년: 보육, 아동복지, 청소년 보호 및 자립 지원
노인: 노인 돌봄 서비스, 건강 및 의료 지원, 노인 복지시설 운영
장애인: 장애인 복지 서비스, 재활 지원, 직업훈련 및 자립 지원
저소득층: 기초생활보장, 주거 지원, 고용 지원
다문화가정 및 이민자: 사회 적응 프로그램, 언어 및 교육 지원
가정폭력 및 학대 피해자: 상담 및 보호, 법률 지원, 쉼터 운영

영역

공공사회복지행정: 중앙정부 및 지방자치단체의 사회복지정책운영 및 예산관리
민간사회복지행정: 비영리단체 및 민간 기관이 수행하는 사회복지 서비스 관리
사회복지조직행정: 사회복지 기관 및 시설 운영, 조직 내 관리 및 서비스 제공
사회서비스전달체계: 공공과 민간의 협력 네트워크 구축, 서비스 연계 및 지원

사회복지일반행정의 발전 과제

사회복지일반행정이 보다 효과적으로 기능하기 위해서는 몇 가지 주요 발전 과제가 고려되어야 한다.

첫째, **디지털 전환 및 정보화 시스템 강화**가 필요하다. 최근 사회복지 행정은 정보통신기술(ICT)과 빅데이터를 활용한 효율적인 서비스 제공이 중요한 과제로 대두되고 있다. 복지 대상자의 요구를 실시간으로 파악하고 맞춤형 서비스를 제공하기 위해 전산화된 시스템을 구축하고, 행정 절차를 간소화하는 것이 필수적이다.

둘째, **사회복지 전달체계의 통합과 협업 강화**가 요구된다. 현재 사회복지 서비스는 중앙정부, 지방자치단체, 민간기관 등 다양한 주체에 의해 운영되고 있으며, 중복 지원이나 사각지대 문제가 발생할 수 있다. 이를 해소하기 위해서는 기관 간 정보 공유를 활성화하고, 협업 체계를 강화하는 것이 중요하다. 지역사회 중심의 네트워크 구축을 통해 복지 서비스의 효과성을 극대화할 필요가 있다.

셋째, **사회복지 인력의 역량 강화 및 근무 환경 개선**이 필요하다. 사회복지 행정 담당자의 전문성 향상을 위해 지속적인 교육과 훈련이 제공되어야 하며, 공공 및 민간 부문에서의 복지 업무 종사자의 처우 개선도 함께 이루어져야 한다. 특히, 과중한 업무 부담과 감정노동이 문제가 되는 만큼, 실질적인 지원 방안을 마련하는 것이 시급하다.

넷째, **정책 평가 및 피드백 시스템 구축**이 중요하다. 사회복지 정책의 효과성을 높이기 위해 체계적인 모니터링과 평가 시스템을 마련하고, 정책 수혜자의 의견을 적극 반영하는 구조를 형성해야 한다. 이를 통해 보다 투명하고 책임성 있는 복지 행정을 실현할 수 있다.

마지막으로, **사회적 참여와 거버넌스 강화**가 필요하다. 복지 행정이 단순한 정부 주도의 방식에서 벗어나 시민, 민간단체, 기업 등 다양한 주체들의 참여를 유도해야 한다. 이를 통해 복지 서비스의 질을 높이고, 사회적 연대감을 강화할 수 있을 것이다.

이러한 발전 과제들은 사회복지 행정이 보다 효율적이고 지속가능한 방향으로 나아가기 위한 핵심적인 요소이며, 향후 정책적 개선과 함께 적극적으로 추진될 필요가 있다.

사회복지일반행정이란?

사회복지일반행정은 사회적 약자와 취약계층을 보호하고 지원하기 위한 제도적 기반을 마련하는 역할을 합니다. 이를 위해 법과 정책을 수립하고 예산을 편성하며, 공공 및 민간 기관과 협력하여 복지 서비스를 제공하는 등 다양한 행정적 기능을 수행한다. 또한, 사회복지 서비스의 접근성과 효과성을 높이기 위해 정보 시스템을 활용한 복지 행정의 디지털화도 추진되고 있으며, 이를 통해 국민의 삶의 질을 향상시키고 사회적 형평성을 증진하는 데 기여한다.

사회복지일반행정의 역할

사회복지 일반행정은 복지 정책과 프로그램을 효과적으로 기획하고 운영하는 중요한 역할을 수행한다. 이는 정부와 지방자치단체가 중심이 되어 사회적 약자를 보호하고 복지 서비스를 원활하게 제공하기 위한 행정적 기능을 의미한다. 일반행정의 주요 역할로는 정책 수립 및 집행, 복지 예산 편성 및 관리, 서비스 전달 체계 구축, 민관 협력 조정, 복지 대상자의 권익 보호 등이 있다.

첫째, 정책 수립 및 집행은 사회적 요구를 반영하여 실효성 있는 복지 정책을 개발하고 이를 실현하는 과정이다. 이를 위해 행정기관은 실태조사와 연구를 통해 사회적 문제를 분석하고, 이에 적합한 법과 제도를 마련한다.

둘째, 복지 예산의 편성과 관리는 한정된 자원을 효율적으로 활용하여 다양한 복지 프로그램이 지속 가능하도록 하는 역할을 한다. 예산의 투명한 집행과 감사를 통해 복지 재원의 적절한 운영이 보장된다.

셋째, 서비스 전달 체계 구축을 통해 복지 대상자에게 필요한 서비스를 효과적으로 제공한다. 이를 위해 공공과 민간 기관 간 협력을 조율하고, 사회복지사 및 관련 전문가들과 협력하여 서비스 품질을 유지 및 개선한다.

넷째, 민관 협력 조정은 지역사회와 비영리기관, 기업 등과 연계하여 복지 서비스의 효율성을 높이는 과정이다. 이를 통해 행정기관은 다양한 사회적 자원을 활용하여 보다 폭넓은 복지 서비스를 제공할 수 있다.

마지막으로, 복지 대상자의 권익 보호는 사회적 취약계층이 법적·제도적 지원을 충분히 받을 수 있도록 돕는 역할을 한다. 이를 위해 상담과 지원을 제공하며, 복지 사각지대를 해소하기 위한 적극적인 행정을 펼친다.

이처럼 사회복지일반행정은 국가와 지역사회의 복지 수준을 결정하는 핵심적인 역할을 하며, 다양한 사회적 요구에 대응하기 위해 지속적인 혁신과 발전이 요구된다.

1) 사회복지일반행정의 특징

사회복지일반행정은 사회복지 정책과 서비스를 효율적으로 운영하고 관리하는 행정적 과정으로, 다음과 같은 특징을 가진다. 첫째, 공공성을 바탕으로 정부와 지방자치단체가 주도하여 국민의 복지 증진을 목표로 한다. 둘째, 법과 제도에 근거하여 운영되며, 사회복지 관련 법령과 규정을 준수하면서 공정성과 형평성을 유지한다. 셋째, 다양한 이해관계자의 협력이 필수적이며, 정부 기관뿐만 아니라 민간단체, 비영리기관 등이 함께 참여하여 사회복지 서비스를 제공한다. 넷째, 행정 절차가 비교적 복잡하고 체계적이며, 대상자의 욕구에 맞춘 서비스 제공을 위해 평가와 조정이 지속적으로 이루어진다. 마지막으로, 정책 환경과 사회적 변화에 따라 유연하게 조정되며, 지속적인 개선과 혁신을 통해 보다 효과적인 복지서비스를 제공하는 것이 중요한 특징이다.

첫째, 공공성을 바탕으로 정부와 지방자치단체가 주도하여 국민의 복지 증진을 목표로 한다. 이를 통해 사회적 약자를 보호하고, 사회 구성원 간의 형평성을 유지하는 역할을 한다.

둘째, **법과 제도에 근거한 운영**이 필수적이다. 사회복지행정은 사회복지사업법, 국민기초생활보장법 등 다양한 법적 근거를 기반으로 하며, 이를 통해 공정하고 투명한 복지 서비스 제공이 가능하도록 한다. 또한, 법적 절차와 기준을 준수하여 부당한 행정 집행을 방지하고 국민의 신뢰를 확보하는 것이 중요하다.

셋째, **다양한 이해관계자의 협력이 필수적**이다. 중앙정부, 지방정부, 공공기관뿐만 아니라 민간단체, 비영리기관(NGO), 기업, 지역사회 등 다양한 주체가 협력하여 종합적인 사회복지 서비스를 제공한다. 특히, 민관 협력을 통해 보다 효과적인 복지서비스 전달체계를 구축하며, 지역사회의 특성을 반영한 맞춤형 지원이 이루어진다.

넷째, **행정 절차가 비교적 복잡하고 체계적**이다. 사회복지 행정은 대상자의 욕구에 맞는 서비스를 제공하기 위해 철저한 조사와 평가를 거치며, 정책 수립부터 실행, 점검 및 조정까지 여러 단계로 이루어진다. 이에 따라 지속적인 모니터링과 피드백 과정이 필수적이며, 서비스의 질적 향상을 위해 행정 조직 내에서 끊임없는 개선이 이루어진다.

다섯째, **사회적 변화와 정책 환경에 유연하게 대응**해야 한다. 인구 고령화, 저출산, 경제적 불평등 심화 등 사회적 변화에 따라 복지 수요가 변동하며, 이에 적절히 대응하기 위해 정책의 유연성과 지속적인 혁신이 요구된다. 또한, 4차 산업혁명과 디지털 기술의 발전에 따라 사회복지 서비스의 전달 방식도 점차 변화하고 있으며, 온라인 플랫폼과 빅데이터를 활용한 복지 행정의 효율성이 강조되고 있다.

여섯째, **국민 중심의 서비스 제공을 목표로 한다.** 기존의 획일적인 복지 행정에서 벗어나, 대상자의 욕구를 고려한 맞춤형 복지서비스가 강조되고 있다. 이를 위해 복지 행정은 단순한 행정 절차 수행을 넘어, 서비스 이용자의 편의성을 높이고 실질적인 혜택을 제공하는 방향으로 발전하고 있다.

결론적으로, 사회복지일반행정은 공공성을 바탕으로 법과 제도에 기반하여 운영되며, 다양한 이해관계자 간의 협력을 통해 효과적인 복지서비스를 제공하는 것이 핵심이다. 또한, 복잡하고 체계적인 절차를 거치면서도 변화하는 사회적 환경에 적응하여 지속적인 혁신과 발전을 도모하는 특징을 가진다.

2) 사회복지일반행정의 필요성

사회복지일반행정은 국가 및 지방자치단체가 사회복지 정책을 효과적으로 계획, 실행, 평가하는 데 필수적인 역할을 한다. 현대 사회에서 복지 수요는 증가하고 있으며, 다양한 복지 서비스가 제공되는 만큼 이를 체계적으로 관리할 필요성이 더욱 커지고 있다. 따라서 사회복지일반행정은 복지 서비스의 원활한 운영과 공공성 강화를 위해 필수적인 요소이다.

사회복지일반행정은 단순한 행정 절차를 넘어 국민의 삶의 질을 향상시키는 중요한 기능을 수행한다. 사회복지 서비스가 효과적으로 운영되기 위해서는 체계적인 계획, 자원의 효율적 배분, 공공성과 형평성확보, 법과 제도의 정비, 서비스 품질 관리, 민관 협력, 사회 변화 대응 등이 필요하다. 이러한 요소들이 조화를 이루어 운영될 때 사회복지 정책이 실질적으로 국민들에게 도움이 될 수 있으며, 보다 공정하고 지속 가능한 복지 사회를 구현할 수 있을 것이다.

먼저, 사회복지 서비스의 체계적 운영을 위해 사회복지일반행정이 필요하다. 사회복지서비스는 아동복지, 노인복지, 장애인복지, 기초생활보장 등 다양한 분야로 나뉘며, 이를 효과적으로 운영하기 위해서는 계획적이고 조정된 행정이 요구된다. 복지서비스가 중복되거나 특정 계층에게만 집중되는 것을 방지하고, 모든 국민이 균등하게 복지혜택을 받을 수 있도록 조정하는 것이 중요하다.

둘째, 복지자원의 효율적 배분을 위해 사회복지일반행정이 필수적이다. 한정된 예산과 인력을 최대한 활용하여 필요한 사람들에게 적절한 지원이 이루어질 수 있도록 조정해야 한다. 이를 위해 정부는 정책 기획과 행정 절차를 통해 복지 수요를 파악하고, 재정적 지원이 꼭 필요한 계층에게 우선적으로 혜택이 돌아갈 수 있도록 조정해야 한다. 특히, 공공재원은 무한정으로 제공될 수 없기 때문에 복지행정이 효율적인 배분시스템을 마련하는 것이 매우 중요합니다.

셋째, 공공성과 형평성을 확보하는 역할을 수행해야한다. 복지 서비스는 특정 개인이나 집단이 아닌 사회 구성원 전체를 대상으로 하며, 공정성과 형평성이 유지되어야 한다. 사회적 약자와 소외계층이 복지 서비스에서 배제되지 않도록 하고, 지역 간, 계층 간 복지 격차를 해소하는 것이 필요하다. 이를 위해 정부는 법과 제도를 마련하여 복지 정책이 차별 없이 공정하게 운영될 수 있도록 해야 한다.

넷째, 법과 제도의 정비 및 관리가 사회복지일반행정을 통해 이루어진다. 복지 행정은 법적 근거를 바탕으로 운영되며, 사회 변화에 따라 법과 제도를 지속적으로 개정하고 보완하는 것이 중요하다. 예를 들어, 고령화 사회가 가속화되면서 노인 복지 관련 법률이 강화되고 있으며, 장애인의 권익 보호를 위한 제도적 개선이 이루어지고 있다. 이러한 법과 제도의 정비는 사회복지 서비스가 지속적으로 발전하고 국민들에게 실질적인 혜택을 제공하는 데 중요한 역할을 한다.

다섯째, 서비스품질관리 및 평가를 통해 복지 서비스의 질을 높이는 것이 중요하며, 사회복지 정책이 효과적으로 운영되기 위해서는 지속적인 평가와 피드백이 필요하다. 정부와 지방자치단체는 복지서비스의 운영실태를 점검과, 개선해야 할 부분을 분석하여 보다 나은 서비스를 제공할 수 있도록 해야 한다. 이를 위해 정책성과를 분석하고, 국민들의 의견을 수렴하는 시스템이 필요하다.

여섯째, 민관 협력 체계를 구축하는 것이 필수적이며, 사회복지 서비스는 정부만이 제공하는 것이 아니라 민간 기관, 비영리 단체, 사회적 기업 등과 협력하여 보다 효과적으로 운영될 수 있다. 특히, 민간 부문은 복지 서비스의 전문성을 갖추고 있으며, 유연한 운영이 가능하다는 장점이 있다. 따라서 공공 부문과 민간 부문 간의 협력을 통해 보다 체계적이고 효율적인 복지 서비스가 제공될 수 있도록 해야 한다.

마지막으로, 사회변화 및 위기상황에 대한 대응 능력을 갖추는 것이 중요하다. 저 출산·고령화, 경제 불황, 실업 증가 등의 사회적 변화는 복지 수요를 증가시키며, 이에 따른 정책적 대응이 필요하다. 또한, 코로나19 팬데믹과 같은 예상치 못한 위기 상황에서는 신속한 복지 행정이 이루어져야 하며, 긴급 지원 체계를 마련하여 국민들이 위기를 극복할 수 있도록 도와야 한다. 이러한 상황에서 사회복지일반행정은 복지안전망을 구축하고, 사회적 위험을 최소화하는 역할을 수행해야 한다.

3) 사회복지일반 행정의 주요 이념

사회복지 일반 행정은 국민의 복지 증진을 목표로 하며, 다양한 이념을 바탕으로 운영된다. 주요 이념으로는 **평등과 형평성, 효율성과 효과성, 민주성과 책임성, 포괄성과 연대성, 공공성과 지속 가능성, 그리고 인간 존엄성과 자율성** 등이 있다.

평등과 형평성은 모든 국민이 사회적 지위, 경제적 능력과 관계없이 동등한 복지 서비스를 받을 권리를 보장하는 것이다. 특히, 사회적 약자를 우선적으로 보호하고 지원함으로써 실질적인 형평성을 확보하는 것이 중요하다.

효율성과 효과성은 복지 행정에서 한정된 자원을 합리적으로 배분하고, 최소한의 비용으로 최대한의 복지 효과를 창출하는 것을 의미한다. 이를 위해 과학적이고 체계적인 정책 분석과 평가가 필요하며, 복지 서비스의 질을 지속적으로 향상시키는 노력이 이루어져야 한다.

민주성과 책임성은 사회복지 정책의 수립과 집행 과정에서 시민의 참여를 보장하고, 정책 결정이 투명하고 공정하게 이루어지도록 하는 것을 뜻한다. 이를 위해 정부는 복지 행정의 절차와 결과를 국민에게 공개하고, 시민들이 정책 과정에 적극적으로 의견을 개진할 수 있는 구조를 마련해야 한다.

포괄성과 연대성은 특정 계층만을 위한 복지가 아닌, 사회 전체 구성원을 포용하는 복지 체계를 구축하는 것을 의미한다. 이는 개인과 공동체의 상호 협력을 기반으로 하며, 사회적 연대와 공동 책임을 강조함으로써 지속 가능한 복지를 실현할 수 있다.

공공성과 지속 가능성은 복지 행정이 특정 개인이나 집단의 이익이 아닌 사회 전체의 공익을 우선으로 해야 함을 의미하며, 단기적인 성과보다는 장기적인 복지 체계의 안정성과 지속 가능성을 고려해야 한다. 이를 위해 재정 건전성을 확보하고, 환경 변화에 유연하게 대응할 수 있는 정책 설계가 중요하다.

인간 존엄성과 자율성은 복지 행정의 궁극적인 목적이 단순한 물질적 지원을 넘어, 인간의 기본적인 권리와 존엄성을 보장하는 데 있음을 의미한다. 이를 위해 개인의 자기결정권을 존중하고, 복지 서비스가 단순한 의존을 초래하는 것이 아니라 자립을 돕는 방향으로 설계되어야 한다.

이러한 다양한 이념들이 상호 보완적으로 작용하면서 사회복지일반행정의 방향을 설정하며, 보다 포용적이고 지속 가능한 복지 사회를 만드는 데 기여한다.

평등과 형평성

사회복지행정의 핵심 이념 중 하나는 **평등과 형평성**이다. 모든 국민이 차별 없이 복지 서비스를 받을 수 있도록 보장하는 것이 중요하며, 특히 취약계층에게 더 많은 지원이 제공될 수 있도록 형평성을 고려해야 한다. 단순한 형식적 평등을 넘어 실질적 평등을 실현하는 것이 사회복지행정의 중요한 과제이다.

효율성과 효과성

한정된 자원으로 최대한의 복지 효과를 창출하기 위해 사회복지행정에서는 **효율성**과 **효과성**이 강조된다. 효율성은 최소한의 비용으로 최대한의 결과를 내는 것을 의미하며, 효과성은 복지 서비스가 목표한 바를 제대로 달성하는 것을 의미한다. 따라서 사회복지기관은 예산을 합리적으로 배분하고, 대상자의 욕구를 정확히 파악하여 실질적인 도움이 될 수 있도록 해야 한다.

민주성과 책임성

사회복지행정은 국민의 참여와 의견을 반영하는 **민주성**을 바탕으로 운영되어야 한다. 정부와 사회복지기관은 투명한 절차를 통해 정책을 수립하고, 국민과 서비스 이용자의 의견을 적극 수렴해야 한다. 또한, 기관은 공공자금을 사용하여 운영되는 만큼 **책임성**을 갖고 관리해야 하며, 평가와 감사를 통해 공정한 운영을 보장해야 한다.

전문성과 합리성

사회복지행정은 과학적이고 체계적인 방식으로 운영될 필요가 있으며, 이를 위해서는 **전문성**과 **합리성**이 중요하다. 사회복지사는 전문적인 지식과 기술을 바탕으로 복지 서비스를 제공해야 하며, 행정 과정은 객관적이고 공정한 기준에 따라 이루어져야 한다. 이를 위해 지속적인 교육과 연구, 실천을 통해 전문성을 강화하는 것이 필요하다.

인간 존엄성과 복지권 보장

사회복지행정은 인간의 **존엄성**을 최우선으로 삼아야 하며, 개인의 기본적인 삶의 질을 보장하는 것을 목표로 한다. 이는 헌법과 국제 인권 규범에서 강조하는 기본적인 가치이며, 모든 사람이 최소한의 생활을 보장받을 권리(**복지권**)를 가지고 있음을 의미한다. 따라서 사회복지행정은 국민의 복지 향상을 위해 제도적·정책적 지원을 지속적으로 확대해 나가야 한다.

통합성과 연계성

사회복지행정은 다양한 복지 서비스가 유기적으로 연결되고 조정될 수 있도록 **통합성과 연계성**을 중요하게 여긴다. 개별 기관이 독립적으로 운영되기보다는, 중앙정부와 지방정부, 민간 기관과 공공 기관이 협력하여 보다 효과적인 서비스 전달 체계를 구축하는 것이 필요하다. 이를 통해 복지서비스의 중복과 누락을 방지하고, 보다 체계적인 복지 행정을 실현할 수 있다.

가. 인간 존엄과 가치의 존중

사회복지행정의 가장 기본적인 이념은 인간 존엄성의 보호와 가치 존중이다. 따라서, 모든 인간은 고유한 가치를 지닌 존재하며, 인간으로서 존중받아야 할 권리가 있으며, 모든 국민이 차별 없이 동등한 권리를 보장받고 인간다운 삶을 영위할 수 있도록 지원해야 한다. 사회복지 서비스는 수혜자를 단순한 '대상'이 아니라 존엄한 인간으로 대우해야 하며, 개인의 자율성과 선택권을 보장해야 한 다. 특히 사회적 약자(장애인, 노인, 아동, 여성, 저소득층 등)에 대한 존중과 보호가 강조된다.

나. 평등과 형평성

사회복지는 모든 개인이 평등한 기회를 가질 수 있도록 지원하는 것을 목표로 한다. 하지만 평등(equality)과 형평성(equity)은 다소 다른 개념으로 이해할 필요가 있다. 평등(principle of equality)은 모든 사람이 동등한 기회를 가져야 한다는 원칙을 의미한다. 이는 법과 제도적인 차원에서 모든 사람이 동일한 기준으로 대우받아야 함을 강조하며, 예를 들어, 교육의 기회를 모든 학생에게 균등하게 제공하는 것, 동일한 사회복지 혜택을 모든 국민에게 적용하는 것이 이에 해당한다. 그러나 단순한 평등이 반드시 공정한 결과를 보장하는 것은 아니다. 사람마다 출발선이 다르고, 각자의 환경과 필요가 다르기 때문이다. 형평성(principle of equity)은 개인별로 처한 상황이 다르므로, 더 많은 도움이 필요한 사람에게 더 많은 지원을 제공해야 한다는 원칙을 의미한다. 즉, 단순히 동일한 기회를 부여하는 것이 아니라, 각자의 여건과 필요에 맞춰 차등적인 지원을 제공하는 것이 중요하다. 예를 들어, 장애인과 비장애인에게 동일한 지원을 제공하는 것은 평등에 해당하지만, 장애인에게 이동 편의시설을 추가로 제공하거나 맞춤형 복지 서비스를 지원하는 것은 형평성을 고려한 정책이라 할 수 있다. 이는 보다 실질적인 공정성을 확보하는 방식이다.

다. 사회복지일반 행정에서의 형평성 고려

사회복지일반행정에서는 단순한 평등이 아니라 형평성을 고려한 자원의 배분이 중요하다. 사회적 약자나 소외 계층이 실제로 사회적 기회를 활용할 수 있도록 맞춤형 지원을 제공해야 한다. 예를 들어, 저소득층에게 추가적인 교육 지원을 하거나, 장애인을 위한 맞춤형 복지서비스를 제공하는 것은 형평성을 실현하는 중요한 방법이다. 결국, 평등과 형평성은 상호보완적인 개념이며, 공정한 사회를 실현하기 위해서는 형평성을 고려한 정책적 접근이 필요하다.

라. 사회적 연대와 공동체 정신

사회복지는 개인의 문제를 개인의 책임으로만 돌리지 않고, 사회 전체의 문제로 보고 해결하려는 노력이 필요하다. 사회 구성원 간 연대와 협력을 강조하며, 공동체의 책임의식을 바탕으로 사회적 약자를 지원해야 한다. 개인의 복지를 넘어 사회 전체의 지속 가능성을 고려해야 한다. 기부, 자원봉사, 공공의 사회적 책임(CSR) 등의 활동이 사회적 연대의 실현 방법이 될 수 있다.

마. 사회복지일반행정의 결론

사회복지일반행정은 복지정책을 실현하고, 복지 서비스가 원활하게 제공될 수 있도록 지원하는 핵심적인 역할을 수행한다. 이를 통해 사회적 약자의 권리를 보장하고, 공공복지를 증진하며, 국민의 삶의 질을 향상시키는 데 기여한다.

결론적으로, 사회복지일반행정의 성공적인 운영을 위해서는 **효율적인 행정체계 구축, 전문성 강화, 지속적인 정책 평가 및 개선, 시민 참여 확대**가 필수적이다. 또한, 급변하는 사회적 환경과 다양한 복지 요구에 유연하게 대응하기 위해 **디지털 행정, 빅데이터 활용, 협력적 거버넌스 체제** 등의 도입이 중요하다. 따라서 사회복지일반행정은 단순한 행정 절차가 아니라 **사회적 안전망을 구축하고, 국민의 복지를 실질적으로 향상시키는 핵심 수단**임을 인식해야 하며, 이를 위해 지속적인 연구와 정책적 노력이 요구된

4 사회복지 서비스의 체계적 운영

사회복지 서비스의 체계적 운영은 지속 가능하고 공정한 복지 사회를 구축하는 핵심 요소이다. 이를 위해 법적·행정적 기반을 마련하고, 서비스 제공 기관 간의 협력과 조정을 강화해야 하며, 기술과 데이터를 활용하여 효과적인 맞춤형 복지 서비스를 제공해야 한다. 또한, 사회복지 서비스의 질을 높이기 위한 지속적인 모니터링과 피드백이 필요하다. **체계적인 사회복지 서비스 운영을 통해 국민의 복지 수준을 향상시키고, 사회적 약자의 삶의 질을 증진시키는 것이 궁극적인 목표이다.**

한정된 자원의 효율적 활용

사회복지 서비스에는 재정적, 인적 자원이 투입되지만, 이러한 자원은 한정적이므로 효율적인 운영이 필수적이며, 사회복지행정은 예산을 효과적으로 배분하고, 불필요한 낭비를 줄이며, 최적의 결과를 도출할 수 있도록 관리하는 역할을 한다. 프로그램 기획, 인력 배치, 서비스 전달체계 개선 등을 통해 자원의 효율성을 극대화하는 것이 중요하다.

사회복지 서비스 체계적 운영

	구분	설명	장점	단점
1	정책 및 법적 기반	사회복지 서비스 운영을 위한 법적 · 정책적 기반	서비스의 법적 안정성 보장, 일관된 정책 운영 가능	법 개정 및 정책 변화에 따라 서비스 변동 가능
2	조직 및 기관 운영	중앙정부, 지방자치단체, 민간기관 간 협력 운영	효율적인 자원 배분 및 서비스 제공 가능	기관 간 협력이 원활하지 않을 경우 서비스 중복 또는 공백 발생 가능
3	재정 지원 및 자원 활용	공공재원 및 민간기부를 활용한 안정적 재정 지원	재정 안정성 확보, 서비스 지속성 유지 가능	예산 부족 시 서비스 제공에 차질 발생 가능
4	전문 인력 양성 및 배치	전문 사회복지사 및 관련 인력의 양성과 배치	전문성 강화로 서비스 질 향상	전문 인력 부족 문제 발생 가능, 인건비 부담 증가
5	서비스 평가 및 개선	서비스 효과성 평가 및 지속적 개선	서비스의 효과성 증대 및 지속적 품질 관리 가능	평가 기준 설정 및 관리에 대한 비용과 시간 소요
6	디지털 기술 활용	빅데이터, AI 등	맞춤형 복지 서비스	디지털 격차로 인해

	구분	설명	장점	단점
		디지털 기술을 활용한 서비스 개선	제공, 접근성 향상	일부 취약 계층의 접근성 저하 가능
7	민관 협력 강화	공공과 민간 부문의 협력 강화	서비스 사각지대 해소, 다양한 기관의 자원 활용 가능	기관 간 협력 부족 시 서비스 운영의 비효율성 발생
8	커뮤니티 기반 복지 서비스 확대	지역사회 중심의 복지 서비스 구축	지역 내 네트워크 강화, 주민 주도형 복지 실현	지역별 서비스 격차 발생 가능
9	사회적 경제 조직 활용	협동조합, 사회적 기업 등 사회적 경제조직 활용	경제적 자립 기반 마련, 지속 가능한 복지 모델 구축	시장 변화에 따라 수익성 문제 발생 가능
10	위기 대응 및 예방체계 구축	급변하는 사회 환경에 대응할 수 있는 복지 안전망	재난, 경기 침체 등 다양한 사회 변화에 유연한 대응 가능	사전 예방보다는 사후 대응에 집중될 가능성 존재

사회복지 서비스의 개념과 필요성

사회복지 서비스는 개인이나 집단이 직면한 다양한 사회적 문제를 해결하고, 삶의 질을 향상시키기 위한 공공 및 민간의 조직적 지원 체계이다. 현대 사회에서는 고령화, 빈곤, 장애, 실업 등의 문제 해결을 위해 다양한 사회복지 서비스가 필요하며, 이에 대한 체계적 운영이 필수적이다.

계획(Planning)

사회적 문제 및 대상자의 욕구를 분석하고, 이를 바탕으로 목표를 설정

정책 및 법적 근거 마련

예산 편성 및 자원 배분

조직(Organization)

공공 및 민간기관 간 협력체계 구축

역할과 책임의 명확화

서비스 전달 체계 구성 (중앙정부, 지방정부, NGO, 사회복지 기관 등)

실행(Implementation)

전문 인력 배치 및 훈련

대상자별 맞춤형 서비스 제공

서비스 접근성과 지속성 확보

평가(Evaluation)

서비스 효과성 및 만족도 평가

개선 방안 도출 및 피드백 반영

데이터 기반의 정책 개선

사회복지 서비스

사회복지 서비스는 노인, 장애인, 아동, 빈곤층 등 다양한 대상에게 제공되며, 여러 기관과 조직이 관여하는 복잡한 시스템을 형성하고 있다. 이러한 서비스가 체계적으로 운영되지 않으면 서비스의 중복 제공, 자원의 비효율적 활용, 행정적 낭비 등이 발생할 수 있다. 따라서 사회복지행정은 서비스의 조정과 통합을 통해 체계적 운영을 가능하게 하고, 이를 통해 대상자들이 효과적으로 필요한 지원을 받을 수 있도록 한다.

서비스의 질적 향상

사회복지 서비스의 질은 국민의 삶의 질과 직결되므로, 이를 지속적으로 개선하는 것이 중요하며, 행정체계가 미흡할 경우 비효율적인 운영으로 인해 서비스의 질이 저하될 수 있다. 따라서 사회복지행정은 체계적인평가 및 피드백 시스템을 구축하고, 지속적인 모니터링을 통해 서비스의 질을 향상시키는 역할을 한다. 이를 위해 전문가양성, 교육훈련, 서비스 표준화 등의 노력이 필요하다.

사회복지정책과 현장의 연계 강화

정부에서 수립한 사회복지정책이 실효성을 가지려면 현장에 효과적으로 적용되어야 하며, 사회복지행정은 정책을 구체적인 프로그램으로 변환하고, 이를 효과적으로 실행할 수 있도록 조정하는 역할을 볼 수 있다. 따라서 현장의 의견을 수렴하여 정책에 반영하는 피드백 과정을 통해 정책의 실효성을 높이고, 현실적인 운영이 가능하도록 돕는다.

클라이언트의 권리 보호 및 만족도 향상

사회복지 서비스의 궁극적인 목표는 클라이언트의 복지를 향상하는 것이며, 행정체계가 부실할 경우 서비스가 불공정하게 제공되거나, 클라이언트의 요구가 반영되지 않는 문제가 발생할 수 있다. 따라서 사회복지행정은 클라이언트의 권리를 보호하고, 서비스의 접근성을 높이며, 만족도를 향상시키는 데 중요한 역할을 할 수 있으며, 이를 위해 민원처리 절차 개선, 상담 서비스 확대, 맞춤형 서비스 제공 등이 필요하다.

사회문제 해결 및 예방

사회복지행정은 빈곤, 실업, 노령화 등의 사회문제를 예방하고 해결하는 데 중요한 역할을 하며, 사회문제는 복잡하고 다각적인 원인을 가지고 있기 때문에 효과적인 행정을 통해 이를 사전에 예방하고 적극적으로 대응해야 한다. 이를 위해 사회적 안전망을 강화하고, 사전 예방적 정책을 수립하며, 다양한 사회복지 프로그램을 운영하는 것이 필요한 것이다.

변화하는 사회에 대한 적응력 강화

사회복지는 경제, 정치, 문화 등 다양한 환경 변화의 영향을 받으며, 특히 고령화, 4차 산업혁명, 글로벌화 등의 변화에 대응하기 위해서는 유연하고 체계적인 사회복지행정이 필요하다. 새로운 사회복지 수요를 파악하고, 변화하는 환경에 맞춰 제도를 개선하며, 혁신적인 복지서비스를 도입하는 것이 중요하며, 이를 위해 빅데이터 및 AI 기반 복지 서비스 활용, 디지털 행정 시스템 구축, 민관 협력 강화 등의 노력이 필요하다.

결과적으론 사회복지행정은 사회복지 서비스의 체계적 운영, 자원의 효율적 활용, 서비스의 질적 향상, 정책과 현장의 연계, 클라이언트 권리 보호, 사회문제 예방, 변화하는 사회에 대한 적응력 강화를 통해 사회복지의 효과성과 지속가능성을 높이는 핵심적인 역할을 하며, 전문적이고 체계적인 사회복지행정 시스템을 구축하고, 지속적으로 개선해 나가는 것이 필요하다.

5 사회복지행정의 과제와 도전의 정의

사회복지행정은 사회복지 서비스를 효과적으로 제공하기 위한 행정적 시스템과 과정을 관리하는 분야이다. 이 과정에서 발생하는 주요 과제와 도전들은 사회복지 서비스의 질을 높이고, 필요한 사람들에게 적절한 지원을 제공하는 데 중요한 영향을 미친다. 결론적으론 사회복지행정의 과제와 도전은 그 자체로 복잡하고 다층적이다. 하지만 이 문제들을 해결하기 위한 지속적인 노력과 혁신은 사회복지 서비스를 받는 사람들에게 더 나은 삶의 질을 제공할 수 있는 기회를 제공한다. 정책, 자원 관리, 전문성 강화, 협력 등 다양한 분야에서의 개선을 통해 보다 효율적이고 공정한 사회복지 행정이 이루어져야 한다.

1) 자원 부족과 예산 문제

사회복지 서비스는 대체로 공공 재원을 바탕으로 운영되기 때문에 예산 부족은 가장 큰 도전 과제 중 하나이다. 특히 경제적 위기나 정부의 재정적 어려움이 지속될 경우 사회복지 예산은 줄어들기 마련이다. 국가 예산이나 지역사회 예산이 제한적이기 때문에, 자원 분배에 있어 우선순위를 정하는 것이 중요한데, 이는 종종 다양한 이해관계자들 간의 갈등을 일으킬 수 있다. 이에 따라 예산이 부족한 상황에서 효율적인 자원 배분과 서비스 제공이 중요해진다. 이러한 자원 부족 문제를 해결하려면 보다 창의적이고 혁신적인 자원 확보 방법과 예산 관리 방식이 필요하다.

서비스 접근성 문제

사회복지 서비스는 취약 계층에 제공되어야 하는데, 서비스에 대한 접근성 문제는 여전히 큰 도전 과제이다. 특히, 농촌 지역이나 저소득층, 고령자 등의 취약한 집단은 사회복지 서비스에 접근하기 어려운 경우가 많다. 이에 대한 해결책으로는 이동 서비스 제공, 디지털 서비스 확대, 지역사회 기반 서비스 모델 등을 고려할 수 있다.

인력 부족과 전문성 강화

사회복지 분야는 대체로 높은 업무 강도와 감정 노동을 요구하는 분야이다. 이로 인해 사회복지사는 과중한 업무에 시달리며, 지속적으로 직무를 수행하기 어렵다는 문제를 겪는다. 또한, 사회복지 행정에 대한 전문성도 중요한데, 공공기관 내에서의 전문인력 부족과 직무에 대한 이해 부족도 문제이다. 이를 해결하기 위해 사회복지사에 대한 지속적인 교육과 훈련, 그리고 업무 부담을 줄일 수 있는 방법들이 필요하다.

정책의 일관성 부족

사회복지행정에서 정책의 일관성 부족은 큰 도전 과제이다. 정부나 지방자치단체는 사회복지 정책을 변화시키는 경우가 많고, 이에 따라 사회복지 기관이나 종사자들이 변화에 적응하는 데 어려움을 겪는다. 정책 변화가 사회복지 서비스의 일관성과 품질을 저하시킬 수 있기 때문에, 정책의 지속 가능성을 높이기 위한 노력이 필요하다.

다양한 이해관계자들의 협력 문제

사회복지행정은 다양한 이해관계자들이 참여하는 복잡한 시스템이다. 정부, 지방자치단체, 사회복지 기관, 민간단체 등 다양한 기관들이 협력해야 하며, 그 과정에서 의사소통과 협력이 원활하지 않으면 서비스 제공에 차질이 생길 수 있다. 이러한 문제를 해결하기 위해서는 효과적인 협력 구조와 원활한 의사소통 시스템이 구축되어야 한다.

정책 변화와 법적 제약

사회복지행정은 정책 변화와 법적 제약 속에서 작업해야 한다. 정부의 정책이 바뀌거나 새로운 법률이 제정되면, 이를 신속하게 반영하고 서비스 제공 시스템을 조정해야 한다. 이러한 과정에서 혼란이나 장애물이 발생할 수 있다.

사회적 변화에 대한 적응

사회복지행정은 빠르게 변화하는 사회적 요구와 문제에 대응해야 한다. 예를 들어, 고령화 사회로 접어들면서 노인 복지 서비스가 중요해지거나, 청소년 문제와 같은 새로운 사회 문제에 대한 대응이 필요해진다. 이를 위해서는 지속적인 정책 연구와 변화하는 사회적 요구를 반영한 프로그램 개발이 필요하다.

지역사회 협력과 통합

사회복지행정은 종종 여러 기관과의 협력 속에서 이루어진다. 지역사회 내 다양한 복지 기관들과의 협력, 민간단체와의 협업이 중요한데, 이는 정보 공유나 자원 분배에서의 갈등을 발생시킬 수 있다. 효과적인 협력과 통합을 이루는 것이 중요한 도전과제이다.

윤리적 문제

사회복지행정에서는 윤리적 문제에 대한 고민이 필수적이다. 서비스 제공 과정에서 발생할 수 있는 개인 정보 보호, 공정성, 차별적 요소 등을 고려해야 한다. 또한 고객의 권리와 이익을 보호하면서 사회적 공공의 이익을 추구하는 균형을 맞추는 것이 매우 어렵다.

평가와 개선

사회복지 프로그램과 서비스의 평가가 필수적이다. 이를 통해 서비스의 효과성, 효율성, 타당성을 점검하고 개선할 수 있는 기회를 제공한다. 그러나 평가의 기준을 설정하고 실제로 이를 반영하여 개선하는 과정은 복잡하고 시간이 많이 소요될 수 있다.

사회복지행정은 다양한 과제와 도전 속에서 복지서비스를 제공하고 있으며, 이를 해결하기 위해서는 정부, 사회복지 전문가, 지역사회, 민간단체 등이 협력하여 지속적인 개선과 발전을 이뤄나가야 한다.

2) 사회복지행정에서의 현재 문제

사회복지행정에서의 현재 문제는 사회적 변화, 정책적 한계, 행정적 비효율성 등의 요소가 복합적으로 작용하며 발생한다. 현재 사회복지행정이 직면한 문제를 해결하기 위해서는 정책 개선과 더불어 조직 운영의 혁신, 기술 도입, 협력 체계 강화 등이 필요하다.

재정 부족과 불안정성

사회복지서비스 확대에 대한 수요는 증가하지만, 예산확보가 어려워 서비스 질이 저하될 위험이 크며, 민간위탁과 공공 지원의 비율 조정 과정에서 재정의 지속가능성이 문제가 된다.

인력 부족과 근무환경 악화

사회복지사, 행정직원 등의 업무 과중과 낮은 보수로 인해 인력 유출이 심각하며, 높은 이직률로 인해 전문성과 지속성이 떨어지고, 서비스의 질이 저하될 가능성이 높다.

비효율적인 행정체계와 복잡한 절차

중복적인 행정 절차와 보고 체계로 인해 서비스 제공이 비효율적으로 운영이 되며, IT 기술 도입이 부족하여 정보 공유와 사례 관리가 비효율적으로 이루어진다.

서비스 격차와 접근성 문제

지역별, 계층별 사회복지 서비스 접근성이 불균형하며, 도시와 농촌 간 복지 서비스 편차가 존재하며, 소외계층(노인, 장애인, 저소득층 등)에 대한 서비스가 부족하다.

정책과 현장 간 괴리

정책 결정이 실무 현장의 목소리를 충분히 반영하지 못해 비현실적인 규정이 많으며, 지속적인 법·제도 개정에도 불구하고 실질적인 개선이 부족하다.

민관 협력의 한계

민간과 공공기관 역할 조정이 명확하지 않아 협업이 어려우며, 공공기관과 NGO 및 복지기관 간의 연계성이 부족하여 서비스 전달 과정에서 문제가 발생된다.

디지털 전환 부족과 정보화 미흡

복지 행정에서의 전산화 및 데이터 기반 행정이 미흡하여 서비스의 효과성이 낮고, 디지털 복지 서비스가 증가하지만, 고령층이나 정보 소외 계층은 접근이 어렵다.

사회복지 수요 변화 대응 부족

저출산·고령화, 다문화 가정 증가 등 사회 변화에 대한 복지 행정의 대응이 미흡하며, 새로운 복지 서비스 요구(예: 정신건강, 아동·청소년 보호, 탈 시설화 등)에 대한 지원 체계가 부족하다.

〈해결 방안〉

재정 안정성 확보: 정부 예산 확충, 민간 자원 활용 강화.
인력 개선: 복지 종사자의 처우 개선 및 교육 강화.
행정 효율화: 전산화, 데이터 기반 복지 행정 도입.
서비스 접근성 향상: 지역 간 균형 발전 및 대상별 맞춤형 서비스 강화.
현장 중심 정책 추진: 실무자의 의견 반영 확대.
민관 협력 강화: 거버넌스 체계 개선 및 협업 강화.
디지털 포용 정책 확대: 정보 소외 계층을 위한 지원 강화.
미래 대응 전략 마련: 인구 변화와 사회적 요구를 반영한 정책 개발.

6 사회복지행정의 미래 전망

사회복지행정은 사회 변화에 따라 지속적으로 발전하고 있으며, 앞으로도 다양한 사회적 요구와 기술 발전에 맞추어 변화할 것이며, 미래의 사회복지행정은 **디지털 혁신, 맞춤형 서비스, 지속 가능한 복지재정, 고령화 대응, 사회적 협력 강화**를 중심으로 발전할 것입니다. 기술과 행정이 결합하면서 더욱 효율적이고 체계적인 복지 시스템이 구축될 것으로 예상됩니다. 이에 따라, 복지 행정가는 변화하는 환경에 대응하기 위한 역량을 갖추고, 지속적으로 새로운 정책을 연구·개발해야 할 것이다.

1) 디지털 전환 및 스마트 복지 행정

기술 발전은 사회복지행정의 가장 큰 변화 요인 중 하나이며, 앞으로는 디지털 기술을 활용한 복지서비스가 확대될 전망이다.

AI 및 빅데이터 활용: 인공지능(AI)과 빅데이터를 이용해 복지 수요를 예측하고 맞춤형 서비스를 제공할 수 있습니다. 예를 들어, 기초생활수급 대상자의 생활 패턴을 분석하여 자동으로 복지 지원을 연계하는 시스템이 도입될 가능성이 높다.

블록체인 기술 도입: 복지 행정의 투명성을 높이고 부정수급을 방지하기 위해 블록체인 기반의 복지급여 지급 시스템이 활용될 수 있다.

비대면 복지 서비스: 온라인 상담, 챗봇을 활용한 복지 정보 제공, 원격 의료 서비스 등이 더욱 활성화될 것이다.

2) 맞춤형 복지 및 개인 중심 서비스 확대

기존의 획일적인 복지 정책에서 벗어나 개인의 필요에 맞춘 맞춤형 복지가 강조될 것이다.
맞춤형 복지 시스템 구축: 개인의 경제적, 건강적, 심리적 상태를 종합적으로 분석하여 개별화된 복지 서비스를 제공하는 방식이 확대될 것이다.

지역사회 중심 복지 확대: 중앙정부 중심의 복지 정책에서 벗어나 지역사회 중심의 복지 행정이 강화되며, 주민 참여형 복지가 더욱 확대될 것이다.

고령화 사회 대응

고령화가 심화됨에 따라 노인 복지 행정이 더욱 중요한 과제가 될 것이다.
장기요양 서비스 확대: 재가 복지 서비스 및 노인 돌봄 서비스가 확대되고, 이를 위한 인력 및 시설 확충이 필요할 것이다.

연금 제도 개편: 노후 소득 보장을 위해 연금 제도의 개편이 지속적으로 논의될 것이다.

세대 간 통합 복지 정책: 노인과 청년이 함께 할 수 있는 세대 통합형 복지 프로그램이 활성화될 가능성이 크다고 본다.

사회적 경제와 협력적 복지행정

사회적 기업 및 협동조합 활성화: 사회적 기업과 협동조합이 복지 서비스 제공자로서 중요한 역할을 하게 될 것이다.

공공-민간 협력 강화: 정부와 민간 기업, 비영리 단체(NGO), 지역사회 조직 간의 협력이 강화되면서 복지서비스의 질이 향상될 것이다.

사회복지행정의 역사와 발달

제3장

세계 사회복지행정의 역사는 단순한 자선활동에서 출발하여 국가와 국제적 차원의 제도적 행정으로 발전해 사회적 요구와 문제를 해결하기 위한 제도적 노력의 발전 과정으로 볼 수 있으며, 다양한 사회적, 경제적, 정치적 변화와 맞물려 발전해왔으며, 각국의 역사적 배경과 문화에 따라 독특한 특징을 보여준다. 사회복지행정은 오늘날에도 끊임없이 변화하고 있으며, 더 나은 복지 체계를 구축하기 위한 노력이 계속되고 있다.

1 세계 사회복지행정의 역사

초기 사회복지 개념의 형성 *고대와 중세 시대*

가. 고대 사회에서는 종교적, 윤리적 가르침에 따라 가난한 사람들과 약자를 돕는 활동이 이루어졌다. 예를 들어, 로마 제국에서는 공공 기금을 통해 가난한 시민에게 식량을 제공하기도 했다.

나. 중세 시대에는 교회가 사회복지의 중심 역할을 담당하며 구빈 활동과 자선 사업을 수행하였다. 이 시기 사회복지는 주로 개인적 선행과 자선에 의존하였으며, 제도적인 행정 체계는 미비했다.

근대 사회복지의 발아 *엘리자베스 구빈법(1601)*

가. 영국의 엘리자베스 구빈법은 국가가 사회적 약자를 돌보는 책임을 공식적으로 인정한 초기 사례로, 현대 사회복지 행정의 시초로 평가받는다.

이 법은 지역 공동체를 중심으로 빈곤층을 지원하는 제도를 마련했으며, 복지행정을 위한 기초를 다졌다.

나. 산업혁명과 사회문제의 심화

18세기 말 산업혁명으로 도시화와 빈곤 문제가 심화되면서 국가 차원의 복지행정 필요성이 대두되었으며, 이 시기에 사회문제를 해결하기 위한 공공기관과 비영리 단체가 등장하기 시작하였다.

현대 사회복지의 제도화 *복지국가의 등장 (20세기 初)*

가. 20세기 초, 노동자 계급의 권익과 복지 문제가 정치적 의제로 부상하며 복지국가 개념이 등장하였다.

나. 독일의 비스마르크체제(사회보험 도입)는 사회보장의 제도적 기초를 마련하여, 다양한 복지프로그램과 정책이 국가적 차원에서 추진되었다.

대공황과 뉴딜 정책(1930년대)

가. 1930년대 대공황으로 인해 대규모 실업과 빈곤 문제가 발생하자, 미국은 뉴딜정책을 통해 사회복지 프로그램을 확대하고 복지 행정의 체계를 강화하였다.

나. 이시기는 공공부조와 사회보험제도가 본격적으로 정착된 시기로 평가된다.

제2차 세계대전 이후의 발전 *복지국가의 확장*

가. 전후 유럽 국가들에서는 전쟁으로 인해 황폐해진 사회를 재건하기 위해 복지국가가 확산되었다.

나. 베버리지 보고서(1942)는 영국 복지국가의 기초를 제공하며, 보편적 복지를 강조하였다.

다. 국제기구(UN, WHO 등)는 세계적 차원에서 사회복지 발전을 도모하였으며, 개발도상국의 복지행정 확립을 지원하였다.

21세기의 사회복지행정 *신자유주의와 복지축소 논쟁*

가. 1980년대 이후 신자유주의의 영향으로 복지축소와 시장화가 논의 되었다.

나. 지속적으로 증가하는 사회적 요구에 따라 새로운 복지 정책과 서비스가 개발되고 있다.

정보화와 기술 발전의 영향

다. 디지털기술의 발전은 복지행정의 효율성과 접근성을 높이는데 기여하였다.

라. 데이터 기반 행정과 전자복지 시스템은 현대 복지행정의 새로운 패러다임을 열고 있다.

2 한국 사회복지행정의 역사

한국 사회복지행정의 역사는 국가의 사회복지 제도와 관련된 다양한 변화와 발전을 반영하며, 한국 사회복지행정의 역사적 흐름을 살펴보면 주요한 변화와 전환점을 다음과 같이 나눌 수 있다.

일제강점기(1910-1945)식민지적 구제 정책

일제강점기 동안 조선총독부는 한국을 식민지로 통치하면서 사회복지행정을 본격적으로 발전시키기보다는 통제의 수단으로 활용하였다. 일본은 조선총독부 산하에 사회사업과 관련된 기관을 설치하였으나, 이는 한국인의 복지를 위한 것이 아니라 식민 통치의 안정을 도모하기 위한 제한적 구제 정책에 불과했다.

대표적인 정책으로는 1920년대의 '구호령'이 있다. 이는 자연재해나 전염병 발생 시 빈민을 대상으로 한 일시적 구제 조치였으며, 근본적인 사회복지행정의 기반을 마련하는 데에는 한계가 있었다. 또한, 일부 민간 차원의 사회사업 활동이 존재했지만, 이는 주로 종교기관이나 외국 선교단체가 운영하는 시설을 중심으로 이루어졌다.

당시 사회복지의 주요 초점은 일본의 식민지 지배와 군사적 요구에 맞춰 진행되었으며, 사회적 약자에 대한 체계적인 지원보다는 군인과 노동자 등 특정 집단에 한정된 복지 서비스가 주로 이루어졌다.

광복 직후(1945-1950)사회복지행정의 기틀 마련

1945년 해방 이후 한국 사회는 새로운 행정체계를 수립하는 과정에서 사회복지행정 역시 체계적으로 정비될 필요성이 대두되었다. 그러나 일제강점기의 행정구조가 그대로 유지되었으며, 해방 직후 미군정(1945~1948)이 한국을 통치하면서 기존의 일본식 행정체계를 일부 계승하는 형태로 운영되었고, 이 시기에 미군정은 서구식 사회복지제도를 도입하

려 했으나, 한국 사회의 전반적인 혼란과 재정적 한계로 인해 큰 진전을 이루지 못했으며, 당시 사회복지행정은 주로 전쟁고아와 실업자, 빈곤층을 대상으로 한 구호사업에 집중되었으며, 국가의 개입보다는 국제구호단체나 종교기관의 지원에 의존하는 형태를 보였다.

1948년 대한민국 정부가 수립되면서 정부 주도의 사회복지행정 체계가 점차 구축되었다. 특히, 보건부(현 보건복지부)가 창설되면서 사회복지 관련 행정 업무가 정부의 공식적인 기능으로 자리 잡게 되었다. 그러나 이 시기의 사회복지정책은 여전히 빈곤 구제 중심의 실행적 성격이 강했으며, 전반적인 행정체계가 미비한 상태였다.

광복 후 한국 사회는 극심한 경제적 어려움과 사회적 불안정 속에 있었다. 이 시기에는 전쟁의 상처와 일본 제국주의의 잔재로 인한 사회복지 체계가 전혀 존재하지 않았다. 하지만 1949년에는 사회복지와 관련된 법률이 제정되어 복지에 대한 관심이 나타나기 시작했다.

1950년 한국전쟁이 발발하면서 한국 사회는 극심한 혼란과 대규모 난민 문제에 직면하게 되었다. 이로 인해 사회복지행정의 역할이 더욱 중요해졌으며, 정부는 긴급구호와 재해복구를 중심으로 한 복지정책을 추진했다. 그러나 전쟁으로 인한 재정 부족과 행정력 미비로 인해 정부 단독으로 복지정책을 수행하기 어려운 상황이었다.

이 시기의 사회복지행정은 미국과 유엔 산하 국제구호단체의 원조에 크게 의존하였다. 대표적인 기관으로는 유엔한국재건단(UNKRA)과 유니세프(UNICEF) 등이 있으며, 이들은 식량, 의약품, 교육 지원 등을 제공하면서 한국 사회복지행정의 기초 형성에 중요한 역할을 했다. 또한, 한국 정부는 1954년 '생활보호법'을 제정하여 빈곤층을 대상으로 한 복지제도를 법적으로 마련하였으며, 이는 이후의 사회복지행정 발전의 기틀이 되었다.

이러한 과정을 거치며 한국 사회복지행정은 초기 구호 중심에서 점차 제도적 틀을 갖추기 시작했다. 하지만 여전히 국가 주도의 체계적인 사회복지정책보다는 민간과 국제사회에 의존하는 한계를 보였다. 그럼에도 불구하고, 이 시기의 경험은 이후 1960년대 이후의 본격적인 사회복지제도 정비와 행정체계 발전의 초석이 되었다.4. 한국전쟁과 전후 복구(1950-1960)구호 중심의 행정체계

1) 산업화와 경제개발기(1960-1980)

1960년대부터 1980년대까지는 한국의 급속한 산업화와 경제개발이 이루어진 시기였다. 이 시기에는 경제 성장이 최우선 목표였기 때문에 사회복지보다는 경제적 발전에 초점이 맞춰졌다. 그러나 1961년 군사 정권의 등장 이후, 사회복지와 관련된 법령들이 만들어지기 시작했다. 1961년에는 **사회보험법**이 제정되었고, 1970년대에는 **노인복지법**과

장애인복지법 등이 제정되며 복지 제도의 기틀이 마련되었다.

민주화 이후 사회복지의 발전(1980-1990)

1980년대 후반부터 한국은 민주화 운동을 통해 정치적 자유를 회복하였고, 이에 따라 사회복지에 대한 관심도 크게 증가했다. 1987년에는 사회복지법이 제정되어 복지 서비스의 확대와 체계적인 행정의 기초가 마련되었다. 또한, 1990년대에는 **기초생활보장제도**와 **건강보험**의 확대 등의 정책이 시행되어 사회복지 제도가 좀 더 보편적이고 포괄적인 방향으로 발전하기 시작했다.

2) 정보화 사회와 복지국가로의 도약(2000-현재)

2000년대에 접어들면서 한국은 정보화 사회로 변화하였고, 이에 따라 사회복지행정도 정보통신 기술을 활용한 전자복지 시스템 등으로 변화했다. 또한, **복지국가**로의 비전이 강조되었고, **사회보험**(건강보험, 고용보험, 국민연금 등)과 **기초연금** 및 **장애인 복지** 등 다양한 분야에서 복지 제도가 확장되었다.

2000년대 후반부터는 저 출산, 고령화 사회의 문제에 대응하는 정책이 강조되었으며, **사회서비스의 민간화, 통합적 복지행정** 등의 접근이 이루어졌다. 또한, 최근에는 **사회적 경제**와 **지속 가능한 복지**라는 개념이 사회복지행정에서 중요하게 다뤄지고 있었다.

결론

한국 사회복지행정은 일제강점기와 한국전쟁, 산업화 시대를 거쳐 현대의 복지국가 모델로 발전해왔다. 사회복지 제도의 발전은 경제적 성장과 밀접하게 연관되어 있으며, 급변하는 사회적 요구에 맞춰 지속적으로 진화하고 있다. 복지국가로의 완성도를 높여가는 과정에서 행정적 효율성과 포용적 복지의 구현이 중요한 과제가 되고 있다.

3) 한국 사회복지행정의 발전 과정

〈정의〉

한국 사회복지행정의 발전은 사회복지 서비스의 효과성과 효율성을 높이기 위해 제도적·조직적·전문적 측면에서 지속적으로 변화해 온 과정이다. 주요 발전 과정으로는 정부의 복지정책 확대, 사회복지 전달체계의 정비, 정보화 및 민관 협력 강화 등이 있으며, 이를 통해 보다 체계적이고 접근성이 높은 복지행정이 이루어지고 있다.

〈목적〉

한국 사회복지행정의 발전 목적은 사회복지 서비스의 효과성과 효율성을 증대하여 국민의 삶의 질을 향상시키기 위해 행정체계를 체계적으로 정비하고, 복지 자원의 적절한 분배와 관리, 전문 인력의 양성, 정보화 시스템 구축 등을 추진하였다.

〈목표〉

한국의 사회복지행정은 전통적 상부상조에서 정부 주도의 공공복지 체계로 발전해 왔으며, 현재는 맞춤형 복지와 디지털 기반의 행정으로 변화하고 있다. 향후지속 가능한복지국가를 실현하기 위해 행정효율성 및 복지서비스 질 향상이 더욱 중요해질 것이다. **또한, 변화하는 사회적 요구에 대응하고 복지 사각지대를 해소하여 포용적 복지국가를 실현하는 것이 주요 목표로 삼고 있다.**

전근대적 사회복지행정 (조선시대 이전 ~ 1945년)

가. 한국 사회에서는 국가 차원의 복지 행정보다는 가족, 공동체, 종교기관 중심의 상부상조(相扶相助) 형태로 사회복지가 이루어졌다.

나. 조선시대: 국가에서 운영한 **환과고독(鰥寡孤獨) 구제 정책**, 구휼정책(의창, 상평창, 혜민국, 동서활인서 등)을 통해 빈민을 지원하였다.

다. 일제강점기(1910~1945년): 사회복지개념이 거의 없었으며, 일본통치아래 사회사업이 일부도입 되고, 공공복지보다는 민간 차원의 자선사업이 되었다.

사회복지행정의 기초 형성기 (1945~1960년대)

해방 이후 한국전쟁(1950~1953년)으로 인해 대량의 전쟁고아, 난민, 장애인이 발생하면서 외국 원조 중심의 사회복지 지원이 이루어졌다.

가. 1947년 생활보호법 제정 (미군정)

나. 1950년 국민기초생활보장법의 전신인 생활보호법 시행

다. 1956년 사회복지사업법 제정, 정부 차원의 사회복지 행정 기반 마련

라. 외국 원조(미국 및 국제기구) 중심의 구호 사업 진행

산업화와 사회복지행정의 정립 (1970~1980년대)

급속한 경제성장(한강의 기적)과 함께 사회복지정책이 미흡했으나, 점차 정부주도의 복지 정책이 마련되었다.

가. 1977년 의료보험제도 도입 (직장의료보험)

나. 1981년 국민복지연금법 제정 → 1988년 국민연금제도 실시

다. 사회복지가 경제성장 중심의 정책에서 점차 독립적인 행정 분야로 발전

라. 행정 조직 내에서 복지 담당 부서가 신설되기 시작

복지국가의 기반 구축 (1990~2000년대 초반)

이 시기는 민주화와 함께 복지 정책이 확대되면서, 본격적인 사회복지행정이 자리 잡은 시기이다.

가. 1995년 지방자치제 전면 실시 → 지역사회 중심의 복지 행정 강화

나. 국민기초생활보장법(1999년) 제정 → 기존의 생활보호법을 대체하며 공공부조 강화

다. 2000년 건강보험 통합 → 전 국민 의료보험 체계 확립

라. 복지전달체계 확립: 주민자치센터, 사회복지전담공무원 배치

선진 복지국가로의 전환 (2010년대~현재)

사회복지 수요가 증가하면서 다양한 복지 정책과 행정 체계가 강화되었으며, 맞춤형 복지 행정이 강조되었다.

가. 2011년 보건복지부 내 사회서비스정책과 신설

나. 2013년 기초연금제도 도입 (노인 복지 강화)

다. 2015년 맞춤형 복지급여 도입 → 생계급여, 주거급여, 의료급여 등 개인별 맞춤형 지원

라. 사회보장정보시스템(행복e음) 도입 → 복지 행정의 효율성 제고

마. 커뮤니티 케어 도입 → 지역사회 중심의 돌봄 서비스 확대

한국 사회복지행정의 미래 방향
가. 디지털 복지 행정: AI, 빅데이터를 활용한 복지 서비스 효율화

나. 포용적 복지국가 실현: 취약계층 중심에서 보편적 복지 확대

다. 고령화 대응 정책 강화: 장기요양보험 확대, 노인 돌봄 서비스 강화

라. 지역사회 중심 복지 행정 강화: 읍 · 면 · 동 중심의 찾아가는 복지서비스 확대

3 영국 사회복지행정의 역사

구민법 1601년 〈국가의 책임으로 빈민을 구제하기 시작했다.〉

가. 대상자 선정기준 분류
- 노동능력이 있는 빈민 ; 작업장에서 노동을 강제하고 거부하면 투옥한다.
- 노동능력이 없는 빈민 : 구빈원에 수용하여 생활을 부양한다.
- 아동: 24세가 되기 전까지는 장인에게 강제적으로 도제로 보낸다.

나. 공공부조의 효시 구빈감독관 임명한다.〈세금을 많이 낸 사람〉
정주법(거주시, 제한법) 1662년 찰스2세는 구빈법의 개정으로 정주법 선포
가. 교구마다 구제수준이 달라 좋은 교구를 찾아 유랑하는 빈민을 막기 위한 제도이다.
나. 구빈법 상승과 노동력 하락을 막는다.

작업장법
가. 구빈비 억제 정책수단으로 작업장에 빈민이 들어오지 못하게 하였다.
나. 민간업자 위탁(원내구제)한다.

다. 청부제도(작업장 민간운영, 비인도적 처우, 일반혼합 작업장)의 문제점이 있다.

길버트법 1782년

길버트법은 초기 구빈법(엘리자베스 1세 시대의 1601년 구빈법)을 현대화하여 빈곤 문제에 대한 체계적 접근을 시도한 법률로 평가 되였다

① 작업장의 인도주의화를 실시하여 작업장에서 일하는 빈민의 열악한 생활과 착취를 개선하려는 목적이다.

② 노동능력이 있는 자에게는 인근 직장에 일자리를 제공하고 취업알선을 통한 원외구호를 실시한다.

③ 최초의 유급 구빈사무원을 채용한다.

스핀햄랜드법〈1795년〉

① 임금수준이 낮아서 자신과 가족의 생계유지를 위한 빵을 구입하지 못할 경우 부족한 만큼 교구에서 구입비를 통해 지급해주는 제도이다.

② 가족수당제도 최조생활보장, 임금보조 제도를 실시한다.

③ 인도주의적 낙인이 없는 현금급여를 실시한다.

④ 보조금으로 임금을 메우려 하기에 낮은 임금이 보편화 되는 구빈비가 증가함에 따라 조세에 대한 저항이 커진다.

⑤ 지나친 임금보조로 인한 노동자들의 근로의욕 저하를 가져온다.

공장법

① 아동근로조건 개선 - 아동의 노동시간을 줄임

1) 신구빈법(New Poor Law) 1834년도에 제정의 기초가 되었다.

길버트법은 당시의 경제적, 사회적 불평등을 완화하려는 시도였지만, 빈곤층에 대한 엄격한 조건과 지역사회의 부담 증가로 인해 한계도 있었다.

① 열등처우의 원칙: 구호를 받는 자는 최저임금을 받는 노동자보다 사회적 조건이나 처우가 더 열등해야 한다.

② 작업장수용의 원칙: 노동능력이 있는 자에 대한 구제는 작업장 내에서만 한정시켜 원내 구제만 가능했다.

③ 전국 통일의 원칙: 중앙통제기관을 설치하여 전국적으로 급여를 균일하게 통일한다.

8. 자선조직협회〈1869〉
중복. 누락방지, 개별사회사업, 인도주의적, 사회진화론적 성격, 빈곤은 개인 탓으로 본다.

9. 인보관〈1884〉
지식층, 집단사회사업, 사회개혁, 빈곤은 환경 탓으로 본다.

10. 베버리지 보고서〈1942〉 요람에서 무덤까지
① 5대악: 나태, 무지, 질병, 불결, 결핍
② 5대 프로그램: 사회보험, 공공부조, 아동(가족)수당, 포괄절 건강재활 서비스, 완전 고용
③ 소득보장을 위한 전제조건: 아동(가족)수당, 포괄절 건강재활서비스, 완전고용
④ 사회보험 6원칙: 정액급여의 원칙, 균일한 기여의 원칙, 행정책임의 통일화 원칙,
⑤ 급여수준의 적정화원칙, 적용법위의 포괄성원칙, 적용대상의 계층화 원칙

〈주요내용〉

1. 지역사회의 책임 강화

가. 각 지역 교구(parish)를 빈민 구제의 기본 단위로 설정하고, 빈민구제를 위한 재정을 지역이 부담하도록 규정.

나. 교구민들이 빈민세(Poor Rate)를 납부하여 빈곤층지원 재원을 마련

2. 구빈 관리 방식 개선

가. 빈곤층에 대한 지원을 담당하는 공무원을 임명하고, 빈민 구제계획을 세우도록 요구.

나. 교구가 자체적으로 작업장(workhouse)을 운영하거나 빈민들을 위한 직업 훈련과 고용을 촉진.

3. 구분된 지원 방식

가. 노동가능자와 불가능자를 구분하여 각각의 상황에 맞는 지원을제공.

나. 노동 가능자에게는 일자리를 제공하고, 노동 불가능자(노인, 장애인, 어린이 등)에게는 생계비 지원을 실시.

2) 영국의 초기 사회 복지 시스템

영국의 초기 사회 복지 시스템은 중세에서 16세기 동안 점차적으로 발전으로 인한 교회와 지방 정부가 주요 역할을 담당했으며, 이 시기의 복지 시스템은 사회의 약자들, 특히 가난한 사람들, 고아, 병자, 노인 등을 위한 기초적인 지원을 제공하는 형태로 존재했다.

중세 초기 (5세기 ~ 11세기) 〈기독교적인 의무〉

중세 초기에는 로마 제국의 붕괴 이후, 사회 복지 시스템이 약화되었고. 이 시기에는 교회가 사회복지의 주요 기구로 기능했으며, 특히 수도원과 성당에서 빈곤한 사람들을 돌보며, 많은 수도원은 자선 활동을 통해 가난한 사람들에게 음식을 제공하고, 병자들에게 치료를 해주며, 고아와 노인들에게는 쉼터를 제공했다. 교회는 '기독교적인 의무'로 가난한 사람들을 돕는 것이 중요하다고 여겼기 때문에, 자선행위는 신앙의 중요한 부분이다. 이는 '피타이티즘(piety)'과 관련이 있었으며, 기부와 자선이 신의 뜻을 따르는 중요한 행동으로 간주되었다.

12세기 ~ 14세기: 〈교회와 지방 정부의 역할 확대〉

12세기에는 교회의 영향력이 더욱 강화되었고, 자선 활동은 제도화되었으며,

특히 **"피티 전통"**(Pity Tradition)은 기독교적 가치관에 따라 가난한 사람들에게 지원을 제공하는 방법으로 자리 잡았다. 그러나 이때 복지는 주로 교회에 의존했으며, 교회는 병자, 고아, 노인 등의 도움을 제공하기 위한 재정적 지원을 마련했다. 또한, **타락한 사회의 질서를 바로잡기 위해 교회와 왕권은 가난한 사람들을 위한 법적, 제도적 지원 시스템을 도입**하기 시작했다. 14세기에는 교회의 재정적 자원뿐만 아니라, **지방 정부**도 복지에 일정 부분 기여하기 시작했다. 예를 들어, "구빈법(Poor Law)"이 존재하여 지방 정부는 고아와 빈민을 위한 자금을 마련하고, 빈곤층을 관리하기 위한 기초적인 법적 틀을 마련하기도 했다.

15세기 ~ 16세기: 〈왕권의 개입과 변화〉

16세기에는 영국 사회에서 **왕권**의 개입이 확대되었고, 이는 사회 복지 시스템에 큰 영향을 받았고, 특히, **헨리 8세**의 종교 개혁 이후, 교회에 대한 왕권의 통제 강화로 교회의 자선 활동에 대한 의존도가 낮아졌으며, 이 시기에는 왕권이 사회 복지의 책임을 어느 정도 떠맡게 되었다.

또한, "구빈법(Poor Law)"은 이 시기에 좀 더 구체화되어, **빈민을 공공 자금으로 지원**

하는 제도가 명확해졌으며, 구빈법은 각 지역에서 복지 서비스를 제공하는 의무를 명확히 하였고, 이를 통해 복지 시스템이 보다 조직적이고 공적인 형태로 발전하기 시작했다. 영국초기 사회복지시스템은 중세부터 16세기까지 주로 교회와 지방 정부의 역할 아래 발전해 왔고, 이 시기 복지는 기본적으로 기독교적인 자선의 관점에서 출발하였으며, 점차 국가적, 법적 차원으로 확대되었다. 16세기 말에는 왕권의 개입과 법적 체계가 더욱 강화되면서 복지 시스템이 점차 현대적인 형태로 발전할 기초가 마련되었다.

3) 산업 혁명과 사회 복지 (19세기)

19세기 산업 혁명은 영국 사회에 큰 변화를 가져왔다. 대규모 도시화와 산업화로 인해 많은 노동자들이 빈곤 상태에 놓이게 되었고, 이에 대한 사회적 관심이 증가했으며, 이 시기에는 주로 자선과 구호 활동이 이루어졌으나, 빈곤 문제 해결을 위한 정부의 개입이 점차 필요해졌다.

사회 복지의 국가적 차원에서의 확립 (20세기 초)

20세기 초에는 여러 복지 법안들이 제정되며, 영국의 사회복지 행정은 더욱 전문화되고 체계적으로 발전하기 시작했다. 1906년부터 1914년까지 제정된 법들은 보건, 교육, 주택 문제 등 여러 사회적 문제에 대한 국가의 책임을 명확히 했으며, 특히, 1911년의 사회보험법(National Insurance Act)은 노동자들에게 기본적인 사회보험을 제공하는 중요한 제도적 변화였다.

복지국가의 확립 (1940~1960년대)

2차 세계대전 후, 영국은 복지국가 모델을 구축하기 위해 노력했습니다. 1942년 **비스커 보고서**(Beveridge Report)는 '빈곤 퇴치'를 목표로 하는 복지 시스템을 제안했으며, 이는 1948년 국민보건서비스법(NHS Act)과 함께 사회복지법(Social Security Act)으로 이어졌습니다. 이 시기의 주요 특징은 정부가 국민의 건강, 교육, 주택, 노동 문제 등에 대해 포괄적으로 개입하기 시작했다.

1970~1980년대: 경제적 위기와 사회 복지의 변화

1970년대와 1980년대에는 경제적 불황과 정부의 재정적 압박으로 인해 사회복지 정책에 변화가 있었으며, 대처 총리의 정책 하에서, 복지 지출을 제한하고 민간 부문의 역할을 강조하는 '신자유주의적 접근'이 강화되었고, 복지 수당의 삭감, 공공서비스의 민영화 등이 이루어졌고, 이는 복지 시스템의 포용적 성격을 약화시켰다.

1990년대 이후: 현대 사회복지의 발전

1990년대와 2000년대 초반에는 **사회적 기업**과 **지역 사회 기반 복지**의 중요성이 강조되었으며, 정부는 개인의 자율성을 존중하면서도 사회적 지원을 확대하는 방향으로 나아갔습니다. **노동 시장 정책**과 **사회적 배제의 예방**에 초점을 맞춘 새로운 정책들이 등장했고, 복지 서비스의 접근성과 질을 향상시키기 위한 다양한 프로그램들이 실행되었다.

영국의 사회복지 행정은 시대마다 달라진 경제적, 사회적 상황에 따라 진화해 왔으며, 현재도 다양한복지 정책과 시스템을 통해 국가적 차원에서 복지 서비스를 제공하고 있다.

4 독일 사회복지행정의 역사

독일의 사회복지행정은 **비스마르크 시대의 사회보험 도입**에서 시작하여 **복지국가 체제의 발전과 현대적 개혁으로** 다양한 변화를 거쳤으며, 독일은 세계 최초로 사회보험 제도를 도입한 나라로사회복지행정의 역사에서 중요한 역할을 해왔다.

1) 초기 사회복지: 종교 및 자선 중심 (중세~19세기 초반)

가. 중세시대에는 교회와 수도원이 빈민구제, 병자보호 등의 역할을 수행했다.

나. 16세기 종교개혁 이후에는 국가와 지방정부가 구빈(救貧) 행정을 담당하기 시작했다.

다. 19세기 초까지도 빈민 구제는 지역사회와 자선단체의 역할이 컸다.

비스마르크 시대의 사회보험 도입 (19세기 후반, 1880년대)

가. 독일 제국(1871년 성립) 시기, 오토 폰 비스마르크(Otto von Bismarck) 총리는 노동자들의 불만을 무마하고 사회주의 세력을 견제하기 위해 세계 최초로 **사회보험 제도**를 도입했다.

〈주요 내용〉

* **건강보험(1883년)** – 저소득 노동자를 대상으로 의료비 지원

* **산업재해보험(1884년)** - 산업재해로 인한 노동 손실을 보상
* **노령·폐질 연금보험(1889년)** - 일정 연령 이상의 노동자에게 연금 지급

이 시기의 사회복지행정은 국가 주도 하에 체계적인 사회보험 제도를 정착시키는 것이 목표였다.

바이마르 공화국과 복지국가 발전 (1919~1933년)

제1차 세계대전 이후, 바이마르 공화국은 복지국가로 전환을 시도했다.

가. 사회보험 확대 및 실업보험 도입(1927년) - 노동자의 권리를 보호하는 방향으로 발전하게 되었다.

나. 사회복지 행정기관 설립 - 중앙정부와 지방정부가 적극적으로 개입하여 사회복지를 관리했다.

다. 하지만 경제 대공황(1929년)으로 인해 복지재정이 악화되었다.

2) 나치 정권과 복지정책의 변질 (1933~1945년)

가. 나치 정권은 복지정책을 국가주의 이념에 맞게 변형했다.

나. 장애인, 노약자 등에 대한 **우생학적 정책**(T4 프로그램 등)이 시행되어 인도적 가치가 후퇴했다.

다. 노동자 보호와 가족 지원 정책을 강화했지만, 전체주의적 통제하에서 운영되었다.

제2차 세계대전 이후: 서독과 동독의 사회복지 행정 비교 (1945~1990년)

가. 서독(연방공화국)

① **사회적 시장경제(Social Market Economy) 모델** 도입 → 경제 성장과 사회복지를 동시에 추구

② **사회보장법(Bundesozialgesetzbuch, 1956년 제정)** - 복지제도를 체계화하여 국가와 지방정부의 역할을 명확히 규정

③ 1957년 연금개혁을 통해 **생산성 연동 연금제도**(Dynamische Rente) 도입

나. 동독(사회주의 체제)

① 국가 주도의 **사회주의 복지 정책** 시행

② 의료, 교육, 주택 등을 무상으로 제공하였으나, **국가 재정 부담 증가**와 **비효율성** 문제 발생

독일 통일 이후와 현대 사회복지 행정 (1990년~현재)

가. 1990년 독일 통일 후, 서독의 **사회복지 행정 모델**이 동독에 적용됨

나. 하르츠 개혁(Hartz Reform, 2003~2005년)

다. 실업급여와 복지수당을 통합하여 **하르츠 IV(Hartz IV) 제도** 시행

라. 노동시장 유연성을 높이면서도 복지를 유지하는 방향으로 개혁

마. 현재 독일의 사회복지행정은 **연방정부, 주정부, 지방정부가 협력하는 체계**로 운영

〈결론〉

독일 사회복지행정은 비스마르크 시대의 사회보험에서 시작하여 현대 복지국가 체제로 발전해왔다. 20세기 동안 민주주의와 사회주의 체제에서 각각 다른 방식으로 발전했지만, 현재는 통일 독일의 체제에서 사회복지의 지속가능성을 고민하는 방향으로 변화하고 있다. **독일 모델은 세계 여러 나라의 사회복지 정책에 영향을 주었으며, 현재도 지속적인 개혁을 통해 복지국가의 균형을 유지하려는 노력을 이어가고 있다.**

3) 독일의 초기 사회 복지 시스템

독일의 초기 사회복지 시스템은 주로 19세기 후반에 발전하기 시작했으며, 이는 **비스마르크 사회보장 제도**를 중심으로 형성되었고, 당시 독일은 유럽에서 급격히 산업화와 도시화를 겪고 있었으며, 노동자 계층의 사회적 불안정과 빈곤 문제가 대두되어 이를 해결하기 위해 독일 제국의 총리였던 오토 폰 비스마르크(Otto von Bismarck)는 사회복지 정책을 도입하였고, 노동자들의 사회적 안정과 국가의 경제적 성장을 동시에 도모하기 위한 것이었다.

근대 이전 (18세기까지)

사회복지의 개념은 주로 교회와 자선 단체에서 제공되는 자선 활동에 의존했다. 당시 사회복지는 주로 빈곤층, 고아, 병자 등을 위한 지원에 한정 되었고, 이는 지방 정부나 교회 차원에서 주로 이루어졌다.

19세기: 산업화와 사회복지 제도의 시작

산업혁명: 산업화가 진행되면서 노동자 계층의 어려움이 커졌고, 이는 사회복지 제도의 발전을 촉진했습니다. 빈곤, 노동 조건, 보건 문제 등이 주요 사회적 문제로 떠오르게 되었다.

독일 제국의 사회보험법: 1883년, 독일 제국의 오스카르 폰 비스마르크

가. 도입한 사회보험법(Sozialgesetzbuch)은 독일사회복지의 기초를 마련한 중요한 사건이다.

나. 세계최초로 국가차원에서 공식적인 사회보험제도를 도입한 것으로, 근로자들에게 건강보험, 사고보험, 연금보험 등을 제공하는 체계를 확립했다.

20세기 초반: 사회복지의 제도화

가. 1차 세계대전 이후, 독일은 많은 전쟁 후유증을 겪었고, 경제적으로 불안정한 상황에서 사회복지 제도가 더욱 중요해졌으며, 다양한 사회적 요구를 충족시키기 위한 정부의 개입이 늘어났다.

나. **사회국가 개념**: 1919년, 바이마르헌법은 독일을 "사회국가"로 정의하면서 사회복지 제도의 법적 토대를 마련했습니다. 이는 국가가 국민의 경제적, 사회적 복지를 보장하는 책임이 있다는 개념을 포함했다.

2차 세계대전 후: 복지국가 모델 확립

가. **전후 재건**: 2차 세계대전 후, 독일은경제적으로 재건을 시작하며 사회복지 제도도 발전했습니다. 특히, 서독(서독은 당시 독일 연방공화국)에서는 복지국가 모델이 더욱 확립되었으며, 이 시기에 **사회적 시장경제**라는 개념이 등장하였습니다.

나. **사회복지 법**: 1949년 독일연방공화국(서독) 헌법은 사회적국가의 원칙을 명시하고,

그 이후로 다양한 사회복지 법들이 제정되었다. 사회법전(Social Code, Sozialge setzbuch)은 이 시기의 핵심적인 법적 체계로 자리잡았다.

1990년대 이후: 통일 후 사회복지 체제의 통합

가. 1990년, 독일 통일 이후 동독지역의 경제적 어려움과 사회복지 체제의 차이를 통합해야 하는 큰 과제가 있었으며, 서독의 복지국가 모델을 바탕으로 동독 지역의 시스템을 개선하고 통합하는 과정이 진행되었다.

나. 1990년대에는 경제적 효율성을 강화하면서 사회복지의 보편적 제공을 유지하는 방향으로 개혁이 이루어졌다. 이는 "사회적 시장 경제"를 지향하는 개혁을 포함하며, 복지의 효율성 및 재정적 지속 가능성에 대한 논의가 중심이 되었습니다.

현대: 복지국가의 재편성

가. 최근에는 사회복지의 재정적 지속 가능성 문제와 다양한 사회적 요구에 대응하기 위한 개혁이 진행되고 있으며, 특히 **기본소득, 고용정책, 장기요양보험** 등 새로운 문제들이 사회복지 행정의 중요한 부분을 차지하고 있다.

나. 독일의 사회복지 행정은 역사적으로 보면 산업화와 전후 재건, 그리고 국가 차원의 경제적 재정비와 밀접하게 연결되어 있으며, 현재까지도 사회적 안정과 복지를 위한 지속적인 개혁이 이루어지고 있다.

〈주요 특징〉

1. 최초의 사회보험 제도 도입

비스마르크는 근대적 사회복지 제도를 최초로 도입한 지도자로 평가 받았으며, 이는 당시 유럽의 다른 국가들에게도 큰 영향을 끼쳤다.

가. 건강보험 (1883년): 노동자들이 병에 걸릴 경우 일정 기간 동안 치료비와 생계비를 지원받을 수 있도록 한 제도입니다. 고용주와 노동자가 보험료를 분담하는 형태로 운영되었다.

나. 산업재해보험 (1884년): 노동 중 부상이나 장애를 입은 노동자들 에게 보상을 제공하는 제도이다.

다. 노령 및 장애 연금 (1889년): 고령으로 인해 노동을 할 수 없는 경우, 혹은 장애로 인해 생계가 어려운 사람들에게 연금을 지급하는 제도이다.

국가와 민간의 협력

초기 독일 사회복지 시스템은 국가 주도로 이루어졌지만, 민간 보험회사와의 협력을 통해 운영되었다. 또한, 노동자와 고용주가 보험료를 공동으로 부담하여 사회적 연대를 강조했다.

정치적 목적

비스마르크의 사회복지 정책은 노동자들의 불만을 줄이고 사회주의 운동을 견제하기 위한 정치적 도구로도 활용되었습니다. 이를 통해 노동계층의 지지를 얻고 사회적 안정성을 유지하려 했습니다.

역사적 의의

독일의 초기 사회복지 시스템은 세계 최초의 근대적 사회보장 제도로, 이후복지국가의 모범이 되었다. 또한, 노동자 보호와 사회 안정의 중요성을 강조하며 20세기 복지국가 모델의 토대를 마련했으며, 이러한 제도는 현재까지도 독일 사회복지 시스템의 기본 원칙으로 이어지고 있다.

5 미국의 초기 사회복지 시스템

미국의 초기 사회 복지 시스템은 영국의 엘리자베스 구빈법(Poor Law) 전통에 기초를 두고 있으며, 19세기 후반까지 주로 자선 및 지역사회와 민간 주도의 제한적이고 선별적인 지원이 중심이었다. 자립과 노동 윤리를 강조하는 문화적 가치가 복지 정책에 반영되었으며, 정부의 역할은 20세기 초까지 매우 미미한 수준에 머물렀다. 이러한 시스템은 산업화, 도시화, 이민 증가 등으로 인해 점차 변화의 필요성이 대두되었고, 이후 뉴딜정책 등을 통해 현대적 사회 복지 제도의 기초가 마련되었다.

1. 영국 빈민법의 영향

미국의 초기 사회복지 체계는 1601년 **영국의 엘리자베스 빈민법**(Elizabethan Poor

Law)을 모델로 삼았으며, 빈민법은 빈곤층을 두 가지 주요 그룹으로 나누었다.

가. 노동 가능한 빈곤층: 강제 노동장(workhouses)에서 일하도록 강요.

나. 노동 불가능한 빈곤층: 장애인, 노인, 고아 등에게 최소한의 생계지원.

이 법의 원칙은 초기 미국 식민지의 구호 제도에 반영되어, 지역 자치단위가 빈곤 문제를 책임지는 시스템으로 이어졌다.

2. 지역사회 기반 구호

초기미국에서는 구호활동이 주로 지방정부(township)와 교회에 의해 이루어졌다.

〈실질적인 지원 형태〉

가. 실내 구호(Indoor Relief): 노동장과 구호소 운영.

나. 실외 구호(Outdoor Relief): 집 밖에서의 물품, 음식, 현금 지원. 커뮤니티와 가족은 빈곤층을 돕는 중요한 역할을 담당했다.

3. 자조와 개인 책임 강조

가. 미국 사회는 초기부터 개인의 자립과 노동 윤리를 강조했다.

나. 빈곤을 개인의 도덕적 실패로 보는 경향이 강했으며, 지나친 구호는 게으름을 조장한다고 여겨졌다.

다. 이러한 태도는 빈곤층에 대한 낙인 효과를 강화하고 구호를 제한적으로 운영하는 계기가 되었다.

4. 민간 자선단체의 역할 증가

가. 19세기 후반, 산업화와 도시화로 빈곤문제가 심화되면서 민간 자선단체의 활동이 활발해졌다.

나. 대표적인 사례로는 자선조직협회(COS, Charity Organization Society)가 있으며, 빈곤층의 도덕적 갱신과 자립을 목표로 한 활동을 전개했다.

다. 개인 상담(친절 방문)과 구호를 결합한 초기의 사회복지 실천의 모델을 제시했다.

5. 공공 지원의 제도화 부족

가. 초기에는 국가차원의 체계적인 사회복지시스템이 부재했으며, 대부분의 지원은 지역사회와 민간 자선에 의해 이루어졌다.

나. 국가의 역할은 미미했으며, 구호는 엄격한 자격 심사와 제한적인 자원을 바탕으로 제공되었습니다.

6. 산업화와 사회문제의 대두

가. 19세기 중반 이후, 산업화로 인한 도시 빈민, 노동자 계층의 문제들이 대두되었다.

나. 이 시기부터 공공복지에 대한논의가 점차이루어지기 시작했으며, 이는 20세기 초 뉴딜 정책 등으로 이어지게 되였다.

제2부

사회복지행정의 핵심 기능

제4장 사회복지행정의 조직과 관리

1 사회복지행정의 조직과 관리 이론의 정의

사회복지조직은 공공 및 민간 기관이 사회복지 서비스를 효과적으로 제공하기 위해 구조화된 체계이며, 조직 이론은 이러한 기관의 구조, 기능, 역할, 환경과의 상호작용을 분석하는 학문으로, 주요 이론에는 **관료제 이론, 인간관계 이론, 시스템 이론, 상황적응 이론** 등이 포함된다.

사회복지행정의 관리 이론은 사회복지 조직의 운영을 효율적이고 효과적으로 수행하기 위한 원칙과 방법을 연구하는 분야이며, 관리 이론은 **기획, 조직, 인사, 지휘, 통제** 등 주요 관리 기능을 포함하며, **과학적 관리 이론, 행태 과학 이론, 현대적 관리 이론** 등이 적용된다.

즉, 사회복지행정에서 조직 이론은 조직의 구조와 운영 방식을 설명하고, 관리 이론은 조직이 목표를 달성하기 위한 구체적인 관리 방안을 제공하는 역할을 한다.

1) 사복지행정의 조직 이론

사회복지조직은 공공 및 민간기관이 사회복지서비스를 효과적으로 제공하기 위해 구조화된 체계다. 조직이론은 기관의 구조, 기능, 역할, 환경과의 상호작용을 분석하는 학문으로, 주요 이론에는 **관료제 이론, 인간관계 이론, 시스템이론, 상황적응이론** 등이 되며, 전통적인 조직이론뿐만 아니라 현대적인 조직이론도 함께 적용되고, 고전적 이론은 구조적 효율성을 강조 하고, 인간관계이론은 직원들의 동기부여를 중시하며, 시스템이론과 네트워크 이론은 조직과 외부 환경과의 상호작용을 강조한다. 또한, 신공공관리 이론과 상황이론은 변화하는 사회 환경에 유연하게 대응할 필요성을 제시한다.

사회복지 조직의 운영에서는 이러한 다양한 조직 이론을 적절히 결합하여 기관의 목표와 환경에 맞는 최적의 관리방식을 적용하는 것이 매우중요하다.

또한. 조직을 기계처럼 보고 효율성과 생산성을 극대화하는 데 초점을 둔다.

2) 사회복지행정의 관리 이론

사회복지 조직의 운영을 효율적이고 효과적으로 수행하기 위한 원칙과 방법을 연구하는 분야다. 관리이론은 **기획, 조직, 인사, 지휘, 통제** 등 주요 관리기능을 포함하며, **과학적 관리 이론, 행태 과학 이론, 현대적 관리 이론** 등 이 적용된다. 즉, 사회복지행정에서 조직 이론은 조직의 구조와 운영 방식을 설명하고, 관리 이론은 조직이 목표를 달성하기 위한 구체적인 관리 방안을 제공하는 역할을 한다.

가. 과학적 관리론 (Scientific Management) - **테일러**(F.W. Taylor)

나. 작업과정을 표준화하고, 노동자의 생산성을 높이기 위한 관리기법 강조.

다. 관료제 이론 (Bureaucratic Theory) - **베버**(M. Weber)

라. 조직이 계층적 구조를 가지며, 명확한 권한과 규칙에 따라 운영되어야 함을 주장.

마. 행정관리론 (Administrative Theory) - **페이욜**(H. Fayol)
조직 운영의 원칙(기획, 조직, 명령, 조정, 통제)을 정립.

바. 사회복지행정 적용: 대규모 사회복지 기관의 운영에 적합하지만, 인간 중심적 요소 부족으로 인해 한계가 있음.

관료제 이론 (Bureaucratic Theory)

가. 막스 베버(Max Weber)가 제시한 이론으로, 공식적인 규칙과 절차, 위계적 구조, 전문화된 역할 분담 등을 강조함.

나. 사회복지 조직에서 안정적이고 일관된 서비스 제공이 가능하지만, 경직성과 비효율성이 발생할 수 있음.

과학적 관리 이론 (Scientific Management Theory)

가. 프레더릭 테일러(Frederick Taylor)가 제시한 이론으로, 업무를 세분화 하고 효율성을 극대화하는 데 초점을 둠.

나. 사회복지 조직에서는 표준화된 서비스 제공과 성과 관리에 기여할 수 있지만, 인간적 요인을 간과할 우려가 있음.

인간관계 이론 (Human Relations Theory)

가. 엘튼 메이요(Elton Mayo)의 호손실험(Hawthorne Experiment)에서 유래한 이론으로, 조직내 인간관계와 비공식적구조의 중요성을 강조함.

나. 사회복지 조직에서 직원 간 협력과 동기부여를 촉진하지만, 조직의 공식적 구조와 목표를 소홀히 할 위험이 있음.

시스템 이론 (Systems Theory)

가. 조직을 하나의 시스템으로 보고, 환경과의 상호작용을 강조하는 이론.

나. 사회복지 조직은 클라이언트, 정부, 지역사회 등 다양한 외부 환경과 상호작용하며 운영됨.

상황적응 이론 (Contingency Theory)

가. 조직의 효과성은 특정한 상황에 따라 다르게 결정된다는 이론.

나. 사회복지조직은 환경, 조직문화, 정책 변화 등에 유연하게 대응해야 함.

3) 사회복지기관의 조직 구조

사회복지기관의 조직 구조는 기관의 목적, 서비스 대상, 규모, 운영방식 등에 따라 다양하게 구성될 수 있으며 역할에 따라 다양한 형태로 운영된다. 일반적으로 계층적 구조를 기본으로 하면서, 기능별조직 또는 프로젝트중심의 유연한 조직 구조를 함께 활용하는 경우가 많으며 사회복지 서비스의 특정상 다양한 이해관계자와 협력하여 효과적인 운영과 지속가능한 발전을 도모하는 것이 중요하며, 효율적인 서비스 제공과 기관운영을 위해 계층적이며 기능적인 조직구조를 갖추는 것이다.

2 사회복지조직의 개념

사회복지조직은 사회적 약자와 취약계층을 지원하고 복지를 증진하기 위해 설립된 조직으로, 공공 및 민간 부문에서 운영될 수 있다. 이러한 조직은 사회적 문제를 해결하고 복지 서비스를 제공하는 역할을 하며, 정부 기관, 비영리 단체, 사회적 기업 등이 포함된다. 주요 기능으로는 경제적 지원, 상담 서비스, 의료 및 교육 제공, 자활 프로그램 운영 등이 있으며, 궁극적으로 사회적 형평성과 삶의 질 향상을 목표로 하는 개념이다.

1) 사회복지조직의 정의

사회복지조직(Social Welfare Organization)은 사회복지 서비스를 체계적으로 제공하기 위해 설립된 조직으로, 공공기관, 민간단체, 비영리 기관(NPO), 사회적 기업 등이 포함된다. 이러한 조직들은 사회적 약자를 보호하고 복지를 증진하는 역할을 한다. 사회적 약자와 취약계층의 복지를 증진하고, 사회적 문제를 해결하기 위해 조직된 기관이나 단체를 의미한다. 이러한 조직은 공공 또는 민간차원에서 운영되며, 사회복지서비스를 계획, 실행, 평가하는 역할을 수행한다.

사회복지조직의 주요 특징은 다음과 같다.

가. 사회적 기능 수행: 사회적 보호 및 복지 향상을 위한 서비스 제공

나. 공공성과 비영리성: 수익보다는 공공복리 증진이 목적

다. 법적·제도적 기반: 법과 정책에 따라 운영

라. 대상자 중심 서비스 제공: 사회적 약자 및 취약계층을 대상으로 함

마. 협력과 네트워크: 정부, 민간, 지역사회와 협력하여 운영

2) 사회복지조직의 유형사:

사회복지조직은 운영 주체, 목적, 기능 등에 따라 다양한 유형으로 나뉜다.

가. 운영 주체에 따른 분류

공공사회복지조직: 정부 및 공공기관이 운영

민간사회복지조직: 비영리단체(NGO), 종교기관, 사회복지법인 등이 운영

나. 기능 및 서비스에 따른 분류

직접 서비스 제공 조직: 복지관, 요양원, 아동보호센터 등
정책 및 연구 조직: 한국보건사회연구원, 사회복지협의회 등
권익옹호 및 캠페인 조직: 장애인권익옹호센터, 시민단체 등

다. 대상자에 따른 분류

아동복지기관 (예: 아동보호전문기관)
노인복지기관 (예: 노인요양시설)
장애인복지기관 (예: 장애인종합복지관)
여성 및 가족복지기관 (예: 여성긴급전화 1366센터)
저소득층 및 주거복지기관 (예: 주거복지재단)

3) 사회복지조직의 역할사회복지조직은 다음과 같은 주요 역할을 수행한다.

가. 사회적 약자 보호 및 지원: 경제적, 정서적, 의료적 지원 제공

나. 복지서비스 제공 및 운영: 교육, 상담, 재활, 주거 지원 등

다. 사회문제 예방 및 해결: 빈곤, 실업, 주거 불안, 차별 등의 문제 해결

라. 복지정책개발 및 조정: 정부 및 관련기관과 협력하여 정책개발 및 조정

마. 네트워크 형성 및 연계: 지역사회, 정부, 민간단체와 협력

4) 사회복지조직의 중요성사회복지조직은 개인과 사회 전체의 복지를 증진하는 중요한 역할을 하며, 특히 다음과 같은 측면에서 중요성이 강조된다.

가. 사회적 안전망 구축: 실업, 질병, 장애, 노령 등의 위험에 대비
나. 사회적 통합과 연대 강화: 사회적 소외 계층을 보호하고 포용
다. 공공서비스의 한계 보완: 정부 지원이 미치지 못하는 부분을 보완
라. 사회적 평등과 정의 실현: 복지 서비스 제공을 통해 사회적 불평등 완화

3 사회복지 인사관리

사회복지 인사관리는 사회복지 조직에서 인적 자원을 효율적으로 운영하고 관리하는 과정입니다. 사회복지 기관의 목적과 가치를 실현하기 위해 적절한 인력을 채용하고 유지하며, 이들의 역량을 개발하고 동기를 부여하는 것이 핵심이다. 사회복지 조직의 인사관리는 단순한 인력 운영이 아니라, 조직의 지속 가능성과 서비스 품질을 결정하는 핵심 요소이며, 체계적인 채용, 교육, 평가, 보상 체계를 마련하고, 조직 문화와 직원 만족도를 개선하는 것이 중요하다. 이를 통해 사회복지 기관이 보다 효과적으로 사회적 가치를 실현할 수 있다.

1) 사회복지 인사관리의 개념

사회복지 인사관리란 사회복지 조직이 효과적이고 효율적으로 운영될 수 있도록 인적 자원을 체계적으로 관리하는 과정을 의미한다. 이는 인력 채용, 교육 및 훈련, 근무 환경 조성, 평가 및 보상 등 다양한 요소를 포함하며, 궁극적으로 사회복지 서비스의 질을 향상시키고 조직의 목표를 달성하는 데 기여한다.

2) 사회복지 인사관리의 중요성

사회복지 조직은 인간 중심의 서비스를 제공하는 특성을 가지므로, 조직의 성과는 직원의 역량과 동기에 크게 좌우된다. 따라서 효과적인 인사관리는 서비스의 질을 높이고 조직의 지속 가능성을 확보하는 데 필수적이다. 먼저, 역량 있는 사회복지사를 적절히 배치하고 관리함으로써 서비스의 질을 향상할 수 있으며, 이는 궁극적으로 이용자들에게 보다 전문적이고 만족도 높은 복지 서비스를 제공하는 데 기여한다. 또한, 효율적인 인사관리는 조직의 재정과 운영을 안정적으로 유지하는 데 중요한 역할을 하며, 이를 통해 조직의 지속 가능성을 확보할 수 있다. 나아가, 직원의 복지와 성장 기회를 보장하면 조직에 대한 충성도가 증가하고 업무 생산성이 향상되어 전체적인 조직운영이 더욱 원활해진다. 마지막으로, 사회복지 기관은 공공의 이익을 위한 기관으로서 인권과 윤리를 존중하는 인사관리를 실천해야 하며, 이는 사회적 책임을 다하는 중요한 요소가 된다. 결국, 효과적인 인사관리는 조직의 성과를 높이는 것은 물론, 사회복지 기관이 지향해야 할 핵심 가치인 서비스 질 향상, 지속 가능성 확보, 직원 만족도 증진, 사회적 책임 실현을 모두 충족 하는 데 필수적인 요소라 할 수 있다.

3) 사회복지 인사관리의 주요 기능

사회복지 인사관리는 조직의 목표 달성과 효율적인 서비스 제공을 위해 필수적인 기능을 수행한다. 먼저, 인력 계획과 채용을 통해 조직의 필요에 맞는 인력을 확보하고, 적절한 모집과 선발 과정을 거쳐 전문성과 윤리적 기준을 갖춘 인재를 채용한다. 채용된 직원들은 조직 내 적절한 배치를 통해 효율적인 업무 수행이 가능하도록 하고, 직무의 역할과 책임을 명확히 설계하여 조직과 개인의 목표가 조화를 이루도록 한다.

채용 이후에는 직원들의 역량 강화를 위해 지속적인 교육과 개발이 필요하다. 신입 직원은 물론 기존 직원에게도 필요한 전문교육을 제공하여 업무 수행 능력을 향상시키고, 윤리적 기준을 준수하는 태도를 함양할 수 있도록 한다. 이러한 교육과 개발을 바탕으로 직원의 직무 수행 능력이 향상되면, 조직은 객관적인 성과 평가를 통해 업무 성과를 측정하고, 정기적인 피드백을 제공함으로써 직원의 동기부여와 성장 기회를 마련한다.

성과 평가 결과는 보상 및 복지 제도의 운영과도 밀접하게 연결된다. 공정한 급여 지급과 적절한 인센티브 제공을 통해 직원들의 사기를 높이고, 다양한 복리후생 제도를 운영하여 근무 만족도를 향상시킨다. 또한, 조직 내 건강하고 안전한 근무 환경을 조성하고, 심리적 지원과 스트레스 관리 프로그램을 제공하여 직원들이 지속적으로 안정적으로 근무할 수 있도록 돕는다. 이러한 과정 속에서 조직문화는 중요한 요소로 작용하며, 직원들에게 소속감과 주인의식을 부여하고, 조직의 가치와 미션을 공유할 수 있도록 체계적인 관리가 필요하다.

이와 함께, 조직의 인사관리는 이직과 퇴직 관리에도 집중해야 한다. 조직 내 이직률을 효과적으로 관리하고, 직원 유지 전략을 마련하여 인력 손실을 최소화해야 하며, 원활한 퇴직 절차를 운영하고 퇴직 후 지원 프로그램을 제공하여 조직에 대한 긍정적인 인식을 유지하도록 한다. 결국, 이러한 인사관리의 모든 기능은 조직의 안정적 운영과 더불어 직원들의 직무 만족도 향상, 서비스 품질 개선으로 이어지며, 이를 통해 사회복지 조직이 보다 효과적으로 운영될 수 있도록 한다.

가. 인력계획 및 채용 : 조직의 목표와 서비스 수요를 고려하여 필요한 인력 규모와 역량을 예측하고 이를 바탕으로 인력계획을 수립하며, 적절한 절차를 통해 유능한사회복지사를 모집하고 채용한다. 또한, 직무의 내용, 책임, 필요 역량 등을 체계적으로 분석하여 직무를 설계함으로써 조직의 효율성을 극대화하고 효과적인 인력 운영을 도모한다.

나. 교육 및 훈련

신입 직원에게 기관의 비전, 가치, 서비스 방향 등에 대한 기본 교육을 제공하며, 전문성 지속적인 직무 교육 및 역량 강화를 위한 프로그램(예: 연수, 워크숍, 슈퍼비전)운영. 중간관리자 및 고위직을 위한 리더십 훈련을 제공하여 조직의 지속 가능성을 높인다.

다. 근무환경 및 복리후생

근무환경 개선은 직원들의 신체적·정신적 건강을 고려한 유연근무제도입 및 상담 지원을 통해 보다 효율적이고 건강한 근무 환경을 조성하는 데 중점을 둔다. 또한, 급여, 연금, 건강보험, 가족 지원 등의 복리후생 제도를 강화함으로써 직원들의 경제적 안정과 생활 만족도를 높일 수 있다. 더불어, 상호 존중과 협력적인 조직 문화를 조성하여 팀워크를 강화하면 직원들의 소속감과 업무 효율성이 증대될 뿐만 아니라 조직 전체의 성과 향상에도 기여할 수 있다. 이러한 요소들이 유기적으로 결합될 때, 직원들의 만족도와 업무 몰입도가 높아지고 조직의 지속적인 성장과 발전이 가능해진다.

라. 성과평가 및 보상

직원의 업무수행을 평가하고 피드백을 제공하여 발전방향을 제시 하는 성과관리 시스템을 구축하고, 이를 바탕으로 급여 인상, 승진, 인센티브 등 성과에 따른 공정한 보상 체계를 마련하는 것이 중요하며, 평가 및 보상 체계에 대한 직원들의 의견을 적극 반영함으로써 참여를 유도하고 만족도를 높여 조직의 성과와 개인의 동기 부여를 동시에 극대화할 수 있다.

마. 이직 관리 및 경력 개발

이직률 관리를 위해 직원의 불만요소를 분석하고 조직 만족도를 향상시켜 이직률을 낮추며, 경력 개발 지원을 통해 직무 순환과 승진 기회를 제공하여 장기적인 성장을 돕는다. 또한, 퇴직관리 측면에서 직원 퇴직 시 원활한 전환을 지원하고 조직의 지식을 유지하는 방안을 마련한다.

바. 사회복지 인사관리의 도전과 과제

사회복지 분야의 인사관리는 여러 가지 어려움을 안고 있다. 우선, 낮은 보수와 열악한 근무 환경으로 인해 종사자들의 이직률이 높아 지속적인 인력유지가 어렵다. 또한, 업무의 전문성을 높이기 위해 지속적인 교육과 훈련이 필요하지만, 기관의 재정적 한계로 인해 충분한 지원이 이루어지기 어렵다. 더불어, 감정 노동이 많은 직종 특성상 종사자들은 높은 업무 스트레스를 겪으며 심리적 소진을 경험할 가능성이 크므로, 이를 예방할 수 있는 효과적인 지원 시스템이 요구된다. 사회복지 업무는 성과를 정량적으로 측정하기 어렵기 때문에 공정한 평가와 보상 체계를 구축하는 데 어려움이 따른다. 이러한 문제들을 해결하기 위해 보다 체계적인 인사관리 전략과 제도적 지원이 필요하다.

사. 효과적인 사회복지 인사관리 전략

사회복지 인사관리 전략 문제를 해결하기 위해서는 경쟁력 있는 보상체계를 도입하여 공정한 급여인상과 인센티브 지급을 통해 직원들의 동기부여를 강화하는 것이 중요하며, 유연근무제도입과 심리상담 지원 등 근무환경을 개선하여 업무스트레스를 줄이고, 지속적인교육과 멘토링, 슈퍼비전프로그램을 운영하여 직원들의 전문성을 개발해야 한다. 아울러, 공정한 평가기준을 수립하고 피드백을 강화하여 성과기반 평가를 실시하며, 참여적의사결정과 팀워크향상을 통해 협력적인 조직 문화, 조성함으로써 직원들의 만족도와 조직의 효율성을 동시에 높일 수 있으며, 결과적으론 사회복지 인사관리는 조직의 성공적인 운영과 서비스의 질 향상을 위해 필수적이며, 효과적인 인사관리는 직원의 동기와 만족도를 높이며, 궁극적으로 사회복지 서비스의 효과성을 증대시킨다. 이를 위해 지속적인 개선과 혁신적인 인사 전략이 필요하며, 조직과 직원이 함께 성장할 수 있는 체계를 구축해야 한다.

4 사회복지 재무관리

사회복지재무관리(Social Welfare Financial Management)란 사회복지조직 및 기관에서 효율적인 재정 운영을 위해 필요한 계획, 집행, 통제 및 평가 과정을 포함하는 재무관리 활동을 의미하며, 이는 사회복지 서비스를 안정적으로 제공하고 기관의 지속 가능성을 확보하기 위해 필수적인 요소이다.

사회복지재무관리는 기관의 목표에 맞춘 예산 편성과 재원 조달 전략을 수립하여 장기적인 재무 안정성을 고려한 재정 전략을 마련하는 것이 핵심이다. 이를 기반으로 예산에 따라 재원을 효율적으로 배분하고, 인건비, 운영비, 프로그램 비용 등을 체계적으로 관리하며, 사회복지서비스 제공을 위한 효과적인 자금 활용이 이루어져야 한다. 또한, 지출 및 수입의 투명성을 확보하고, 부정 사용 및 낭비 방지를 위한 내부 통제 시스템을 운영하며, 예산 집행 현황을 지속적으로 점검 및 조정하는 재정 통제와 모니터링이 필수적이다. 나아가 예산 운영 성과를 분석하고, 기부자, 정부, 이해관계자들에게 재정 보고를 실시하며, 재정 투명성을 유지하기 위한 감사(Audit)를 통해 신뢰성을 확보해야 한다. 이를 통해 사회복지기관은 공공 및 민간 기부자들에게 신뢰를 주고 기관의 신뢰도를 높일 수 있으며, 한정된 예산을 가장 효과적으로 사용하여 서비스 품질을 극대화할 수 있다. 더불어, 장기적으로 안정적인 재정 구조를 유지함으로써 지속적인 사회복지서비스 제공이 가능하며, 공적 자금을 다루는 기관으로서 법적 및 윤리적 책임을 철저히 준수해야 한다.

1) 사회복지재무관리의 개념

사회복지기관이나 단체에서 재원을 조달하고, 효과적으로 배분·운영하며, 회계 처리를 수행하는 일련의 과정이다. 이는 조직의 지속 가능성을 확보하고, 사회복지 서비스가 원활하게 제공될 수 있도록 하는 중요한 기능을 수행하며, 지속 가능하게 운영되도록 지원하는 핵심 요소이다. 한정된 자원을 효율적으로 활용하고, 재정의 투명성을 확보하며, 재원 조달 전략을 다각화하는 것이 중요하다. 따라서 사회복지재무관리의 체계적인 운영을 통해 보다 많은 사람들이 안정적인 복지 서비스를 받을 수 있도록 노력해야 한다.

2) 사회복지재무관리의 필요성

사회복지조직은 공공성 · 비영리성을 기반으로 운영되지만, 한정된 자원을 효율적으로 관리해야 하는 점에서 일반 기업과 유사한 재무관리의 필요성이 존재한다. 구체적으로 다음과 같은 이유로 중요성이 강조된다.

가. **재정의 안정성 확보:** 사회복지기관은 정부 지원금, 기부금, 이용자 부담금 등 다양한 재원을 활용하여 운영되며, 지속가능한 재정 운영이 필요하다.

나. **효율적인 자원 배분:** 한정된 예산을 효과적으로 활용하여 최대한 많은 사람들에게 복지 서비스를 제공해야 한다.

다. **투명성 및 책임성 확보:** 공공의 이익을 위한 기관 운영이므로 투명한 재무 관리와 보고가 요구된다.

라. 재무 건전성 유지: 예산 부족, 과도한 부채 등으로 인해 기관이 운영에 어려움을 겪지 않도록 재무 건전성을 유지해야 한다.

3) 사회복지재무관리의 주요기능

사회복지재무관리는 크게 예산 관리, 회계 관리, 재무 보고 등으로 구성된다.

가. 예산 관리: 예산은 사회복지조직의 재무 계획을 의미하며, 한정된 재원을 합리적으로 배분하는 역할을 한다.

나. 예산 수립: 연간 사업 계획에 맞춘 예산안을 작성하여 기관의 운영 방향을 설정

다. 예산 집행: 승인된 예산에 따라 자금을 집행하며, 낭비를 최소화

라. 예산 평가: 예산 사용 내역을 점검하고, 차년도 예산 수립을 위한 피드백 제공

〈회계 평가〉

가. 회계 관리: 회계 관리는 사회복지기관의 수입과 지출을 체계적으로 기록·분석하는 과정이다.

나. 기금 회계: 정부 보조금, 후원금, 기부금 등 다양한 자금 출처별 회계 관리

다. 재무 보고: 재무제표 작성, 결산 보고 등을 통해 기관의 재무 상태를 투명하게 공개

라. 감사 및 내부 통제: 부정사용 방지 및 예산 집행의 적절성을 검토

〈재무 분석 및 평가〉

가. 비용 효율성 분석: 최소비용으로 최대의 복지 효과를 달성할 수 있도록 검토

나. 수익성 평가: 기관이 지속적으로 운영될 수 있도록 수익원을 다각화

다. 재무비율 분석: 자산 대비 부채, 운영 수익 비율 등을 분석하여 기관의 재정 건전성을 파악

사회복지기관의 재원 조달 방법

가. 공공 재원

① 정부 지원금 (보조금, 위탁 운영비)

② 지방자치단체의 보조금 및 지원금

나. 민간 재원

① 기부금 및 후원금

② 기업의 사회공헌 (CSR) 기금

③ 복지재단의 지원금

다. 자체 수익 사업

① 서비스 이용료 (회원제 운영, 교육 프로그램 수강료)

② 수익 창출형 사회적 기업 운영

라. 기타 재원

① 국제기구 및 해외 NGO 지원

② 사회적 금융 (임팩트 투자, 사회적 채권)

4) 사회복지재무관리의 문제점 및 개선 방안

가. 문제점

① **재정적 자립 부족:** 정부 지원금 의존도가 높아 자체수익원이 부족한 경우가 많다.

② **투명성 부족:** 일부 기관에서 재무 관리의 투명성이 떨어져 공신력에 문제 발생

③ **재정 운영 비효율성:** 예산이 특정 분야에 집중되거나, 불필요한 지출이 많아 운영 효율성이 낮음

나. 개선 방안

① **다양한 재원 조달:** 정부 보조금 외에도 민간 기부, 사회적 금융 등으로 수익원을 다각화

② **회계 투명성 강화:** 외부 감사를 적극 활용하고, 회계 보고를 체계적으로 수행

③ **효율적 예산 운용:** 사업 우선순위를 설정하고, 비용 대비 효과성을 평가하여 운영 최적화

5 사회복지프로그램 관리

사회복지프로그램 관리는 효과적인 복지 서비스 제공을 위한 필수적인 과정이다. 철저한 기획과 실행, 체계적인 평가를 통해 프로그램의 효과성과 지속 가능성을 높일 수 있으며, 이를 통해 대상자의 삶의 질을 향상시키는 것이 궁극적인 목표이다.

1) 사회복지프로그램 관리의 개념

사회복지프로그램 관리는 사회복지 조직이 목표를 달성하기 위해 기획, 실행, 평가, 조정하는 일련의과정이다. 효과적이고 효율적인서비스를 제공하기 위해 다양한 자원(재정, 인력, 시설 등)을 조직하고 활용하는 것이 핵심이다.

2) 사회복지프로그램 관리의 필요성

체계적인 관리는 서비스의 질을 유지하고 지속적으로 개선할 수 있도록 하며, 제한된 자원을 효과적으로 배분과 운영함으로써 효율성을 극대화할 수 있다. 또한, 성과 중심의 운영을 통해 프로그램의 효과성을 측정하고 개선점을 도출할 수 있으며, 이를 통해 더욱 발전된 서비스를 제공할 수 있다. 더불어, 책무성을 확보하여 프로그램이 목표를 충실히 수행하고 있는지 평가하고 조정할 수 있어 신뢰성과 지속 가능성을 높이는 데 기여한다.

3) 사회복지프로그램 관리 과정

사회복지프로그램 관리는 일반적으로 기획, 실행, 평가 및 환류의 과정을 포함한다.

가. 프로그램 기획(Planning)

프로그램 기획은 문제를 분석하고 해결 방안을 설계하는 단계이다.

① **욕구 조사**(Needs Assessment): 대상자의 욕구를 파악, 순위를 정함.

② **목표 설정**(Objectives Setting): 프로그램이 달성해야 할 목표 수립.

③ **자원 분석**(Resource Analysis): 재정, 인력, 시설 등 가용자원의 확보와 활용 계획 수립.

④ **프로그램 설계**(Program Design): 활동 내용, 서비스 제공 방식, 일정 및 운영 방안을 구체화함.

나. 프로그램 실행(Implementation)

프로그램 기획에 따라 실제로 운영하는 과정이다.

① **서비스 제공**(Service Delivery): 계획한 활동을 수행하고 대상자에게 서비스를 제공.

② **인력 배치 및 교육**(Staff Allocation &Training): 종사자의 역할을 명확히 하고 필요 교육을 실시.

③ **예산 운영**(Budget Management): 재정 지원을 효과적으로 사용하고 투명성을 유지.

④ **문제 해결**(Troubleshooting): 운영 중 발생하는 문제를 파악하고 즉각적인 해결책을 모색.

다. 프로그램 평가(Evaluation)

프로그램의 효과성을 점검하고 개선 방향을 제시하는 단계이다.

① **형성 평가**(Formative Evaluation): 프로그램 진행 과정에서 문제점을 점검하고 수정.

② **총괄 평가**(Summative Evaluation): 프로그램 종료 후 성과와 영향 분석.

③ **성과 평가**(Outcome Evaluation): 프로그램이 목표한 효과를 달성했는지 분석.

④ **효율성 평가**(Cost-Effectiveness Analysis): 투입된 자원 대비 결과가 얼마나 효과적인지 검토.

라. 환류(Feedback &Adjustment)

평가 결과를 바탕으로 프로그램을 조정하고 발전시키는 단계이다.

① **프로그램 수정**(Program Modification): 평가 결과에 따라 프로그램을 개선.

② **정책 반영**(Policy Implication): 프로그램 운영 경험을 정책 수립에 반영.

③**지속 가능성 확보**(Sustainability Planning): 장기적인 운영을 위한 방안을 모색.

4) 사회복지프로그램 개요

사회복지프로그램은 사회적 약자와 취약 계층을 지원하고, 삶의 질을 향상시키기 위해 정부, 비영리기관, 민간단체 등이 제공하는 서비스와 활동을 의미하며, 이러한 프로그램은 사회적 문제를 해결하고 개인과 공동체의 복지를 증진하는 데 중요한 역할을 하며, 개인과 공동체의 복지를 증진하고, 사회적 안정망을 구축하는 데 필수적인 역할을 한다. 향후에는 보다 맞춤형, 지속 가능한 프로그램 운영이 요구되며, 정부와 민간이 협력하여 효과적인 복지서비스를 제공한다.

가. 사회복지프로그램의 정의

사회복지프로그램은 특정한 사회적 필요를 해결하고 개인과 가족, 지역사회가 보다 나은 삶을 영위할 수 있도록 돕는 구조화된 서비스입니다. 일반적으로 공공기관, 민간단체, 사회복지시설 등이 운영하며, 대상자의 욕구에 따라 다양한 유형으로 설계됩니다.

나. 사회복지프로그램의 유형

공공복지 프로그램:

국가 및 지방자치단체에서 운영하는 프로그램으로, 국민의 기본적인 생활을 보장하기 위한 서비스.

예: 기초생활보장제도, 장애인 복지 서비스, 노인 장기요양보험, 아동수당 등.

가족 및 아동복지 프로그램

가정과 아동을 대상으로 한 복지서비스.

예: 육아지원 서비스, 보육시설 운영, 방과 후 돌봄 프로그램, 입양 및 위탁 보호제도.

노인복지 프로그램

고령화 사회에서 노인의 복지와 건강을 지원하는 서비스.

예: 경로당지원사업, 노인일자리 창출, 노인의료비 지원, 독거노인돌봄 서비스.

장애인복지 프로그램

장애인의 사회 참여와 자립을 돕기 위한 서비스.

예: 장애인 활동 지원 서비스, 장애인 재활 및 직업 훈련 프로그램, 장애인 이동 지원 서비스.

취약계층 지원 프로그램

저소득층, 노숙인, 실직자등 경제적 어려움을 겪는 사람들을 지원하는 서비스.

예: 긴급복지지원제도, 자활근로사업, 푸드뱅크, 무료급식소 운영.

건강 및 의료복지 프로그램

국민의 건강을 보호하고 예방하는 프로그램.

예: 국민건강보험, 정신건강증진센터 운영, 지역사회 건강검진 지원.

지역사회복지 프로그램

지역사회 내에서 공동체의 복지를 증진하기 위한 활동.

예: 마을 공동체 사업, 자원봉사 프로그램, 주민참여형 복지 서비스.

고용 및 자립지원 프로그램

실업자 및 취약계층의 경제적 자립을 지원하는 서비스.

예: 직업훈련 프로그램, 창업지원 사업, 경력단절 여성 취업지원.

5) 사회복지프로그램의 운영 방식

사회복지프로그램은 여러 가지 방식으로 운영된다.

정부 주도 프로그램

중앙정부 또는 지방자치단체에서 직접 운영하거나 예산을 지원하여 민간기관이 수행.

예: 국민연금, 기초생활보장제도.

민간 및 비영리기관 운영

NGO, 사회복지법인, 종교 단체 등이 운영하며, 정부 보조금이나 기부금으로 운영되는 경우가 많다.

예: 사회복지관, 자선단체 운영 프로그램.

공공-민간 협력 프로그램

정부와 민간이 협력하여 운영하는 방식.

예: 사회적 기업 지원 프로그램, 복지시설 민관협력 운영.

사회복지프로그램의 중요성

사회적약자의 기본권보장: 취약계층 인간다운 삶을 영위할 수 있도록 지원.

사회적 불평등 완화: 소득 격차를 줄이고 기회의 평등을 제공.

지역사회 발전기여: 공동체 내에서 협력과 연대를 강화.

국가의 지속 가능성 확보: 사회 안전망을 강화하여 경제적 안정을 도모.

사회복지프로그램의 과제 및 개선 방향

재정 확보 문제: 복지 예산의 지속적인 확대와 효율적 운영이 필요함.

대상자의 맞춤형 서비스 부족: 개별적 필요를 반영한 프로그램 개발 필요.

서비스 접근성 개선: 정보 제공 확대 및 지역사회 기반 서비스 확대 필요.

민간 참여 확대: 자원봉사 및 기업의 사회적 책임 강화.

사회복지프로그램 관리의 주요 원칙

① **효율성(Efficiency):** 최소한의 자원으로 최대의 효과를 달성.

② **효과성(Effectiveness):** 프로그램이 목표한 결과를 성취하는 정도.

③ **공정성(Equity):** 서비스가 대상자에게 공평하게 제공됨.

④ **지속 가능성(Sustainability):** 장기적으로 운영할 수 있는 체계 구축

⑤ **참여성(Participation):** 프로그램 기획 및 운영 과정에서 대상자의 참여를 보장.

사회복지프로그램 관리의 주요 과제

① **자원의 부족:** 재정, 인력, 시설 등 제한된 자원으로 인해 프로그램 운영의 어려움.

② **서비스의 질 관리:** 체계적인 질 관리 시스템의 필요성.

③ **성과 측정의 어려움:** 사회복지 서비스의 비정량적인 특성으로 인해 효과를 측정하는 것이 어려움.

④ **지속 가능성 문제:** 단기적 지원이 아닌 장기적인 운영 전략이 필요함.

제5장 사회복지 정책론

1 사회복지주의(Social Welfare-ism)의 핵심 개념

사회복지주의(Social Welfare-ism)는 사회 전체의 복지를 향상시키기 위해 국가나 공공기관이 적극적으로 개입해야 한다는 이념을 의미한다. 이는 자유시장경제의 한계를 보완하고, 경제적·사회적 불평등을 완화하며, 모든 구성원이 기본적인 삶의 질을 유지하고 공정한 사회적 기회를 누릴 수 있도록 하는 포괄적인 개념이다. 단순한 빈곤 구제나 사회적 약자 보호를 넘어, 개인의 기본적인 복지를 보장하고 사회 전체의 균형 발전을 도모하는 정책적 접근과 철학을 포함한다.

사회복지주의는 교육, 의료, 주거, 고용 보장 등 다양한 영역에서 정부의 적극적인 개입을 필요로 하며, 이를 통해 사회 구성원 간의 기회 불평등을 해소하고 보다 지속 가능한 사회 구조를 형성하는 것을 목표로 한다. 또한, 사회적 약자뿐만 아니라 중산층과 일반 국민도 안정적인 삶을 영위할 수 있도록 지원하는 체계를 갖추는 것이 핵심이다.

이러한 접근은 조세와 재정 정책을 활용하여 공공 복지 서비스를 확충하고, 소득 재분배를 통해 사회적 격차를 줄이는 방식으로 실현된다. 역사적으로 보면, 사회복지주의는 산업혁명 이후 자본주의가 발전하면서 심화된 빈부 격차와 노동 착취 문제를 해결하기 위해 등장했으며, 현대 복지국가 모델의 기초가 되었다.

오늘날 사회복지주의는 스칸디나비아 국가들의 보편적 복지 정책, 서유럽 국가들의 혼합 경제 모델, 미국의 사회보장제도 등 다양한 형태로 실현되고 있으며, 각국의 경제적·문화적 배경에 따라 다르게 적용된다. 이를 통해 단순히 경제적 성장을 추구하는 것이 아니라, 사회 구성원 모두가 인간다운 삶을 영위할 수 있는 환경을 조성하는 것을 목표로 한다.

복지국가(Welfare State) 개념은 사회 구성원의 기본적인 삶의 질을 보장하기 위해 정부가 의료, 교육, 주거, 소득 보장 등의 복지 서비스를 제공해야 한다는 원칙에 기반한다.

복지국가는 다양한 모델을 갖고 있으며, 대표적으로 스칸디나비아 모델(보편적 복지), 비스마르크 모델(사회보험 중심), 베버리지 모델(최소한의 보장) 등이 존재한다. 또한, 현대 복지국가는 점점 더 디지털 기술과 데이터 기반 정책을 활용하여 복지 시스템을 개선하고 있다. 예를 들어, 인공지능과 빅데이터 분석을 통해 복지 혜택의 효율적인 분배와 사각지대 해소가 가능해지고 있다.

이와 관련하여 사회적 평등과 공정성(Social Equality &Justice) 개념은 소득 불평등과 계층 격차를 줄이고, 사회적 약자(노인, 장애인, 실업자 등)에게 기회를 제공하는 것을 강조한다. 조세 정책과 재분배 정책(누진세, 복지 급여)을 통해 빈곤층과 취약계층을 보호함으로써 사회적 형평성을 높이고자 한다. 최근에는 단순한 경제적 지원을 넘어서 **교육 기회 제공과 사회적 이동성(Social Mobility)**을 높이는 정책이 함께 강조되고 있다. 이를 위해 정부는 장학금 제도 확대, 기술 교육 지원, 평생 교육 프로그램 등을 강화하고 있다.

이러한 목표를 달성하기 위해 필수적인 것이 바로 국가 개입과 정부의 역할이다. 완전한 자유시장 경제가 아닌, 시장 실패를 보완하기 위한 국가 개입이 필요하며, 대표적인 정책으로는 최저임금제, 공공 의료보험, 공공 교육, 실업수당, 연금제도 등이 있다. 이를 통해 경제적 불평등을 줄이고 사회적 안정성을 확보할 수 있다. 또한, 최근에는 **사회적 기업과 공공-민간 협력 모델(PPP: Public-Private Partnership)**을 활용하여 복지 정책을 더욱 효과적으로 운영하려는 시도가 늘고 있다.

또한, 사회복지주의에서 중요한 개념은 연대(Solidarity)와 사회적 책임이다. 이는 모든 시민이 공동체 내에서 서로 책임을 지고 도와야 한다는 원칙을 의미하며, 세대 간 연대(청년층과 노년층), 사회 계층 간 연대(고소득층과 저소득층), 국가 간 연대(국제 원조 및 개발 지원) 등이 포함된다. 사회 구성원 간의 연대는 복지 정책의 정당성을 확보하는 중요한 요소이다. 특히, 기후 변화와 같은 글로벌 이슈와 연계하여 **환경 지속 가능성(Green Welfare)**과 사회 복지를 함께 고려하는 새로운 복지 패러다임이 주목받고 있다.

이를 실현하기 위해 공공서비스 제공과 사회보장제도가 필수적이다. 의료보험, 연금제도, 실업보험, 아동수당 등의 사회보장제도가 핵심적인 역할을 하며, 시장이 해결하지 못하는 사회문제(실업, 빈곤, 주거 문제 등)를 정부가 적극적으로 해결해야 한다. 더불어, 디지털 혁신과 IT 기술을 접목하여 복지 서비스 접근성을 높이는 것도 중요한 과제이다. 예를 들어, 온라인 기반 복지 신청 시스템과 인공지능 챗봇을 활용한 복지 상담 서비스 등이 등장하고 있다.

그러나 복지의 확대는 경제 성장과 충돌할 가능성이 있기 때문에 경제 성장과 복지의 균형이 중요하다. 복지가 지나치면 경제 성장이 둔화될 수 있다는 비판이 존재하므로, 지속 가능한 복지 시스템을 구축하는 것이 필수적이다. 따라서 재정 건전성과 복지 확충의 균형을 유지해야 하며, 생산성과 복지가 조화를 이루도록 정책을 설계해야 한다. 이를 위해 사회적 투자(Social Investment) 개념이 도입되고 있으며, 이는 장기적으로 생산성을 높이고 경제 성장에도 기여할 수 있는 복지 정책을 강조하는 접근법이다.

최근에는 단순한 복지 혜택 제공을 넘어 적극적 복지(Active Welfare) 개념이 중요하게 대두되고 있다. 이는 단순한 현금 지급(소극적 복지)이 아닌, 일자리 창출 및 경제적 자립을 돕는 정책을 지향하는 것이다. 예를 들면, 직업훈련 프로그램, 청년고용 지원, 복지와 노동시장 정책의 연계(Workfare) 등이 포함된다. 특히, 디지털 경제 및 4차 산업혁명과 연계한 직업 교육이 중요한 정책 과제로 떠오르고 있다. 인공지능, 빅데이터, 로봇 기술 등의 발전에 따라 새로운 형태의 노동 시장이 형성되고 있으며, 이에 맞춰 복지 정책도 변화해야 한다.

마지막으로, 사회복지주의는 국가마다 다른 형태로 운영될 수 있으며, 대표적인 복지 모델로는 보편적 복지(Universal Welfare), 선별적 복지(Selective Welfare), 혼합형 복지(Mixed Welfare) 등이 있다. 보편적 복지는 모든 국민에게 혜택을 제공하는 방식(예: 북유럽 국가), 선별적 복지는 특정 계층(저소득층, 취약계층)에 한정하여 지원하는 방식(예: 미국), 혼합형 복지는 국가, 시장, 시민사회가 공동으로 복지를 제공하는 방식(예: 독일, 일본)이다. 최근에는 지역 맞춤형 복지(Localized Welfare) 모델도 주목받고 있으며, 이는 지역 사회의 특성에 맞춰 복지 정책을 운영하는 방식이다.

핵심 개념

국가의 적극적 역할: 정부가 사회보장제도, 공공의료, 공공주택, 교육 지원 등을 통해 시민들의 기본적인 삶의 질을 보장해야한다는 원칙을 강조합니다.

사회적 연대 및 평등: 모든 국민이 인간다운 생활을 할 수 있도록 사회적 약자(노인, 장애인, 저소득층 등)에 대한 보호 및 지원을 강화한다.

공공복지 확대: 시장경제의 한계를 보완하기 위해 복지국가 모델을 기반으로 공공의료, 실업보험, 연금제도 등의 사회보장 시스템을 구축한다.

사회적 정의와 분배: 소득 재분배를 통해 부의 집중을 완화하고, 조세 정책 및 복지 정책을 활용하여 사회적 불평등을 줄이는 데 초점을 맞춘다.

2 사회복지주의의 주요 유형

보편적복지(Universal Welfare): 모든 국민대상으로 한 보편적 사회보장.
모든 국민에게 동일한 수준의 복지를 제공하는 체계
대표적 국가: **스웨덴, 덴마크, 노르웨이** 등 북유럽 국가
〈국민건강보험, 무상 교육, 보편적 기본소득〉

선별적복지(Selective Welfare): 필요에 따라 특정계층에게만 복지제공.
사회적 약자(저소득층, 장애인, 노인 등)에게만 복지 혜택을 제공하는 체계
대표적 국가: **미국, 일본** 등
〈빈곤층 대상 생활보조금, 기초연금, 저소득층 의료보장〉

혼합형복지(Mixed Welfare): 공공과 민간이 협력하여 복지를 제공.
보편적 복지와 선택적 복지를 조합한 형태
대표적 국가: **영국, 독일, 프랑스**
〈기본적인의료·교육은 보편적 제공하지만, 추가 지원은 선택적으로 적용〉

사회복지주의와 다른 이념 비교

이념	핵심가치	정부역할	예시 국가
사회복지주의	평등, 복지, 연대	적극적 개입 (보편적또는선별적 복지)	스웨덴, 독일, 프랑스
자유주의	개인의 자유, 시장 자율	최소한의 개입	미국. 영국 (보수적경향)
사회주의	공동체, 평등, 공공소유	강한 개입 및 계획경제	구소련, 중국 (과거모델

결론적으로, Social Welfare-ism은 단순한 복지 확대가 아니라, 사회적 약자를 보호하면서도 경제 성장과 균형을 이루는 체계적인 정책 철학이다. 정부의 개입 정도와 복지 모델에 따라 다양한 형태로 구현될 수 있으며, 국가별 역사적·문화적 맥락에 따라 달라질 수 있다. 향후 복지국가는 디지털 혁신, 환경 지속 가능성, 노동 시장 변화 등의 요인을 고려하여 점진적으로 발전해 나가야 할 것이며, 사회복지주의는 개인의 복지를 시장에만 맡기지 않고, 정부가 적극적으로 개입하여 모든 국민이 최소한의 인간다운 삶을 보장받을

수 있도록 하는 사상을 바탕으로 한다. 그러나 복지의 형태와 수준은 각국의 경제적, 사회적, 정치적 환경에 따라 다르게 적용된다.

3 공리주의 개념

공리주의(Utilitarianism)는 인간 행동의 도덕성을 판단하는 주요 윤리 이론 중 하나로, 최대 다수의 최대 행복을 추구하는 철학적 원칙을 바탕으로 한다. 공리주의는 18세기 제러미 벤담(Jeremy Bentham)에 의해 체계화되었으며, 이후 존 스튜어트 밀(John Stuart Mill)에 의해 더욱 발전하였다. 공리주의의 기본 개념과 특징을 분석하고, 그 장점과 한계를 고찰한 후, 현대 사회에서의 적용 가능성을 확인한다.

공리주의(Utilitarianism) 정의

공리주의는 최대 다수의 최대 행복(Greatest Happiness for the Greatest Number)을 도덕적 판단 기준으로 삼는 윤리 이론이다. 이는 결과주의(Consequentialism)의 한 형태로, 행위의 옳고 그름은 그 결과가 가져오는 행복과 고통의 총량에 따라 결정된다. 제러미 벤담(Jeremy Bentham)과 존 스튜어트 밀(John Stuart Mill)에 의해 체계화되었으며, 정책결정, 법학, 경제학 등 다양한 분야에 적용된다.

공리주의(Utilitarianism)의 개념

공리주의(Utilitarianism)는 도덕적 판단의 기준을 최대다수의 최대행복(Greatest Happiness for the Greatest Number)에 두는 윤리이론이다. 이는 결과주의(Consequentialism)의 한 형태로, 행위의 도덕성은 그 결과가 가져오는 행복의 정도에 따라 결정된다고 본다. 개인의 이익보다 사회 전체의 행복을 극대화하는 것을 목표로 하며, 결과 중심의 사고방식을 따른다.

공리주의는 제러미 벤담(Jeremy Bentham)과 존 스튜어트 밀(John Stuart Mill)*에 의해 체계적으로 발전되었다. 벤담은 양적 공리주의(Quantitative Utilitarianism)를 주장하며, 행복을 측정하고 계산할 수 있다고 보았다. 반면 밀은 질적 공리주의(Qualitative Utilitarianism)를 제시하여, 행복의 질적 차이를 고려해야 한다고 강조했다.

공리주의(Utilitarianism)는 최대 다수의 최대 행복을 추구하는 윤리 이론으로, 결과주의(Consequentialism)의 한 형태이다.

벤담의 공리주의: 행위의 옳고 그름은 그것이 초래하는 쾌락과 고통에 의해 결정되며, "쾌락 계산법"을 사용하여 각 행위의 결과를 비교한다.

밀의 공리주의: 쾌락의 질적 차이를 인정하며, 정신적/도덕적 쾌락을 육체적 쾌락보다 중요하게 평가를 하며, 개인의 자유와 권리를 보호하는 규칙 공리주의(rule utilitarianism)를 강조한다.

공리주의는 정책결정, 윤리적 딜레마해결, 경제학 및 법학 등의 분야에서도 중요한 영향을 미쳤으며, 사회전체의 이익을 고려하는 실용적 윤리 기준으로 활용된다. 그러나 개인의 권리와 소수자의 희생을 정당화할 위험이 있다는 점에서 비판을 받기도 한다.

공리주의의 기본 원칙: 공리주의의 기본 원칙은 행위가 초래하는 유용성(utility) 또는 행복(pleasure)이 중요하다는 점이다. 여기에서유용성이란 고통(pain)을 최소화하고 행복(pleasure)을 극대화하는 것을 의미한다.

공리주의는 다음과 같은 세 가지 기본 원칙을 따른다.

결과주의(Consequentialism): 행위의 옳고 그름은 행위 자체가 아니라 그 결과에 따라 결정된다.

쾌락주의(Hedonism): 행복은 궁극적인 선이며, 고통은 피해야 할 악이다.

사회적 총합주의(Utility Maximization): 개인행복뿐만 아니라 사회전체의 행복을 극대화하는 것이 윤리적으로 본다.

공리주의의 강점

합리적이고 실용적 접근법: 객관적인 결과를 바탕으로 도덕적 판단을 내릴 수 있으며, 정책 결정, 경제학, 법률에서 효과적으로 적용가능하다.

사회적복지극대화: 도덕적 판단이 단순한 개인의 이익이 아니라 사회 전체의 행복을 고려하도록 하며, 공공정책, 의료 윤리, 경제 정책 등에 적극 활용된다.

유연한 윤리 체계: 절대적인 도덕률에 의존하지 않으며, 특정 상황에서 최적의 해결책을 찾을 수 있다.

4 공리주의의 역사적 배경

공리주의는 18~19세기 영국에서 발전한철학가, 주요사상가는 다음과 같다.

제러미 벤담(Jeremy Bentham, 1748~1832): 공리주의의 창시자로서, 인간의 행동이 쾌락과 고통에 의해 결정된다고 주장"쾌락 계산법(Felicific Calculus)"을 제안하여 쾌락을 수량화하고 비교하였고, 법률과 사회 제도의 개혁에 공리주의적 원칙을 적용하였다.

존 스튜어트 밀(John Stuart Mill, 1806~1873): 벤담의 사상을 발전시켜, 단순한 쾌락이 아니라 질적으로 높은 행복(고급 쾌락)을 고려해야 한다고 주장하였으며, "정신적·지적 만족이 육체적 쾌락보다 더 가치 있다"는 개념 을 제시하였고 개인의 자유와 공리주의를 조화시키려는 시도하였다.

헨리 시지윅(Henry Sidgwick, 1838~1900): 공리주의의 도덕적 기초를 분석하고, 직관주의(Intuitionism)와 조화시키려 하였으며, 개인의 행복과 사회적 행복을 조화시키는 데 어려움이 있음을 지적하였다.

공리주의의 대표적 유형

공리주의는 다양한 형태로 발전해왔으며, 대표적으로 행위공리주의(Act Utilitarianism)와 규칙공리주의(Rule Utilitarianism)로 구분된다.

행위 공리주의(Act Utilitarianism): 각 행위의 개별적인 결과를 평가하여 도덕적 정당성을 판단하며, 특정한 상황에서 어떤 행위가 최대 행복을 가져오는지를 분석 결정한다.

규칙 공리주의(Rule Utilitarianism): 개별 행위가 아니라 일반적인 규칙을 설정하여 그것이 최대 행복을 가져오는지를 평가하며, 도덕적 원칙이나 법을 준수하는 것이 장기적으로 사회적 유용성을 극대화한다고 본다.

공리주의는 논리적으로 강력한 윤리 이론이지만, 몇 가지 비판도 존재한다.

권리와 정의의 문제: 공리주의는 사회 전체의 행복을 극대화하는 데 초점을 맞추기 때문에, 개인의 권리나 정의를 희생할 가능성이 있다.

행복의 측정 가능성 문제: 행복이나 고통을 객관적으로 측정하는 것이 어려우며, 서로 다른 사람들의 행복을 비교하거나 합산하는 것이 가능한가에 대한 철학적 논쟁이 있다.

장기적결과의 불확실성: 행위의 결과를 정확히 예측하는 것이 불가능할 수 있으며, 단기적으로는 긍정적인결과를 가져오는 행위가 장기적으로 부정적인 결과를 초래할 수도 있다.

따라서 결과적으로 공리주의는 개인적 · 사회적 차원에서 윤리적 결정을 내리는 강력한 원칙을 제공한다. 결과 중심적 사고방식을 통해 실용적인 윤리 기준을 제시하지만, 개인의 권리 보호와 장기적 결과 예측의 어려움과 같은 문제점도 존재한다. 따라서 공리주의를 실천할 때는 단순히 최대 행복만을 고려하는 것이 아니라, 권리와 정의, 장기적 영향까지 신중하게 평가해야 한다.

결과적으로, 공리주의는 현대 윤리학에서 여전히 중요한 사상으로 남아 있으며, 법과 정책 결정, 경제학, 공공 정책 등 다양한 분야에서 활용되고 있다.

5 공리주의 사상가

영국의 철학자, 법학자, 공리주의(유틸리태리언리즘, Utilitarianism) 사상가 공리주의를 처음 체계화한 **제레미 벤담(Jeremy Bentham, 1748~1832)** 이며, 그는 쾌락의 **양**(quantity)이 중요하다고 주장하며, "쾌락 계산법(Felicific Calculus)"을 통해 행위의 결과를 수치적으로 평가하려 했다.

이후 **존 스튜어트 밀(John Stuart Mill, 1806~1873)** 은 쾌락의 **질(quality)**도 고려해야 한다고 주장했다. 그는 단순한 감각적 쾌락보다 지적 · 정신적 쾌락이 더 가치 있다고 보았으며, “돼지가 되는 것보다 불만족스러운 소크라테스가 되는 것이 낫다”고 표현했다. 이는 고차원적인 만족이 단순한 본능적 쾌락보다 더 중요한 가치가 될 수 있음을 강조한다.

공리주의의 비판과 한계

첫 번째 비판은 **소수의 희생** 문제 입니다. 공리주의는 다수의 행복을 우선시하기 때문에, 소수의 권리가 침해될 위험이 있습니다. 예를 들어, 한 사람을 희생시키면 10명이 행복해진다면, 공리주의는 이를 정당화할 가능성이 있습니다.

두 번째로, 쾌락의 측정 문제가 있습니다. 행복이나 쾌락을 객관적으로 수량화하는 것이 가능한지 의문이 제기됩니다. 사람마다 느끼는 행복의 정도가 다르며, 이를 비교하는 것이 쉽지 않다.

세 번째로, 도덕적 직관과의 충돌 문제가 있습니다. 때때로 거짓말, 살인, 차별과 같은 비윤리적인행위도 공리주의에 의해 정당화될 수 있다. 무고한 한 사람을 희생시켜 다수를 구하는 것이 과연 도덕적으로 옳은지에 대한 논란이 있다.

현대 공리주의의 발전

현대 공리주의는 이러한 한계를 보완하기 위해 다양한 형태로 발전했습니다. 대표적으로 **선호 공리주의(Preference Utilitarianism)** 는 단순한 쾌락이 아닌 개인의 **선호**(preference)를 존중하는 방향으로 발전했다. 이는 피터 싱어(Peter Singer)와 같은 철학자들에 의해 제안되었으며, 인간뿐만 아니라 동물의 복지까지 고려하는 확장된 윤리 이론으로 발전하였다.

또한, 공리주의는 경제학, 정책 결정, 윤리적 AI 개발 등 다양한 분야에서 응용되고 있습니다. 예를 들어, 복지정책을 설계할 때 최대한 많은 사람에게 혜택이 돌아가는 방안을 찾는 것은 공리주의적 접근 방식이라 할 수 있다.

현대적 공리주의와 적용

(1) 효과적 이타주의(Effective Altruism): 피터 싱어(Peter Singer)가 주도하는 운동으로, 공리주의적 원칙을 활용하여 최대의 선을 창출하는 기부 및 행동을 강하였다.
(2) 환경 윤리와 공리주의: 기후 변화 대응 정책에서 공리주의적 접근법이 활용되었다.
(3) AI 윤리와 공리주의: 인공지능(AI) 개발 및 사용에서 공리주의적 기준이 적용 되었다.

공리주의의 장점

보편적 적용 가능성: 공리주의는 특정 문화나 종교에 국한되지 않고, 모든 사람에게 적용될 수 있는 객관적 기준을 제시한다.

실용적 윤리관: 구체적인 결과를 분석하여 도덕적 결정을 내리는 방식이므로, 현실적인 문제 해결에 유용하다.

사회적 공익 증진: 공리주의는 개인의 이익보다 다수의 이익을 우선시하므로, 공공복지와 사회 정의 실현에 기여할 수 있다.

공리주의의 한계

소수의 권리 침해 가능성: 다수의 행복을 극대화하는 과정에서 소수의 희생이 정당화될 위험이 있다.

행복의 정량화 문제: 행복과 고통을 객관적으로 측정하고 비교하는 것이 현실적으로 어렵다.

장기적 결과 예측의 어려움: 특정 행위가 장기적으로 어떤 결과를 초래할지 확실히 예측하기 어렵다.

공리주의에 대한 결론적 이론

공리주의는 윤리적 판단을 위한 강력한 도구이지만, 무조건적으로 적용하기에는 한계가 있다. 따라서 현대 사회에서는 **개인의 권리**와 **정의의 원칙**을 고려하는 방식으로 발전하고 있다. 공리주의의 핵심은 단순히 다수의 이익을 따르는 것이 아니라, 보다 공정하고 실용적인 방식으로 사회 전체의 행복을 극대화하는 것이다. 공리주의는 단순히 "최대 다수의 최대 행복"이라는 원칙을 넘어, 다양한 형태로 발전하면서 현대 윤리학과 정책결정에 큰 영향을 미치고 있다. 그러나 도덕적 문제를 단순한 결과 중심으로만 판단하는 것이 정당한가에 대한 논란은 여전히 존재하며, 권리와 정의의 문제를 어떻게 조화시킬 것인가가 공리주의의 주요 과제 중 하나이다.

공리주의는 행위의 도덕성을 결과로 평가하는 윤리이론으로, 사회적 복지, 정책 결정, 경제학, 환경윤리 등 다양한 분야에서 중요한 역할을 하고 있습니다. 그러나 소수의 희생 문제, 행복의 측정 가능성, 정의와 권리문제 등의 비판점이 있으며, 이를 보완하기 위한 다양한 시도(규칙 공리주의, 선호 공리주의, 효과적 이타주의 등)가 발전해 왔다.

현대 사회에서 공리주의는 정책 결정과 윤리적 논의에서 실용적인 접근법을 제공하며, 특히 공공선과 사회적 정의를 고려하는 방식으로 발전하고 있습니다. 하지만 단순한 효용 극대화 논리가 인간의 존엄성과 기본 권리를 침해하지 않도록 균형을 맞추는 것이 공리주의의 지속적인 과제라 할 수 있다.

6 인력자원관리

인력자원관리개념

인력자원관리는 조직이 목표를 효과적으로 달성할 수 있도록 인적 자원을 체계적으로 관리하는 과정이다. 이는 인적 자원의 채용, 교육, 배치, 평가, 보상, 유지 등을 포함하며, 조직의 지속 가능한 운영을 위한 핵심적인 요소이다. 또한, 인력자원관리는 조직 내 인재의 역량을 극대화하고 동기 부여를 촉진하며, 조직문화와 구성원의 만족도를 향상시키는 역할을 한다. 이를 위해 전략적 인력 계획 수립, 성과 관리, 경력 개발, 리더십 육성 등의 활동이 포함된다.

현대의 인력자원관리는 단순한 인사 관리 차원을 넘어, 조직의 경쟁력을 강화하는 전략적 파트너로서 기능한다. 기업의 목표와 일치하는 인적 자원 정책을 수립하고, 변화하는 경영 환경에 적응할 수 있도록 유연한 인력 운영 방안을 마련하는 것이 중요하다.

또한, 최근에는 디지털 기술을 활용한 HR 분석(HR Analytics), 원격 근무 환경에 맞춘 인력 관리, 다양성과 포용성(Diversity &Inclusion) 강화 등도 인력자원관리의 중요한 요소로 부각되고 있다. 이를 통해 조직은 급변하는 비즈니스 환경에서도 인적 자원을 효과적으로 운영하고 지속적인 성장을 도모할 수 있다.

사회복지 분야에서의 인적자원관리

사회복지 분야에서 인적자원관리는 기관이나 조직이 사회복지 서비스를 효과적으로 제공하기 위해 필수적인 요소입니다. 사회복지 조직은 공공 및 민간 부문에서 운영되며, 효율적인 인력 관리를 통해 서비스의 질을 높이고 조직의 지속 가능성을 보장할 수 있다.

사회복지 조직에서의 인적자원관리는 서비스의 질을 결정하는 중요한 요소이며, 효율적인 채용, 교육, 보상 및 근무 환경 개선을 통해 사회복지사의 역량을 강화하고, 지속 가능한 조직 운영이 가능하도록 해야 한다. 이를 위해 정책적 지원과 기관 차원의 노력이 필요하며, 궁극적으로는 클라이언트에게 제공되는 서비스의 질을 높이는 방향으로 나아가야 한다.

사회복지 조직에서 인적자원관리의 개념과 중요성

인적자원관리는 사회복지 조직 내에서 인력을 모집, 유지, 개발 및 활용하는 과정으로, 조직의 목표 달성과 서비스의 질을 향상시키기 위한 필수적인 기능이며, 사회복지기관에서의 인력자원관리는 단순한 인사 관리 차원을 넘어, 서비스의 질과 조직의 지속 가능성을 결정하는 핵심 요소로 작용한다.

1) 인적자원관리의 주요 목표

유능한 인력 확보 및 유지
직원의 직무 만족도 및 근무 환경 개선
조직의 목표 달성을 위한 역량 개발
효율적인 업무 수행 및 서비스 질 향상
직무 스트레스 감소 및 소진 예방

2) 사회복지 조직에서 인적자원관리의 특징

비영리 조직이 많아 경제적 효율성과 공익성을 동시에 고려해야 함
감정 노동이 많고 직무 스트레스가 높음
직원의 헌신과 직업윤리가 중요한 역할을 함
조직 문화와 가치에 대한 높은 적응력이 요구됨

사회복지 조직에서의 인적자원관리 과정

사회복지 조직에서의 인적자원관리는 다음과 같은 주요과정으로 구성된다.

1) 인력계획 수립

기관의 목표와 전략을 반영하여 인력 수요를 예측
재정적 여건과 서비스 수요를 고려하여 적절한 인력 배치
인력 부족 문제 해결을 위한 정책 수립

2) 채용 및 선발

직무 분석을 통해 요구되는 자질과 역량 정의
공정한 채용 절차 운영(채용 공고, 서류 심사, 면접 등)
복지 서비스에 대한 이해도와 직무 수행 능력을 평가

3) 교육 및 개발

신규 직원 교육 및 직무 오리엔테이션 제공

전문성 향상을 위한 지속적인 교육 및 훈련
리더십 및 관리 역량 개발 프로그램 운영

4) 평가 및 보상
직원의 업무 성과 및 기여도를 공정하게 평가
급여, 복리후생, 승진 기회 제공을 통한 동기 부여
성과 기반의 보상 시스템 구축

5) 조직문화 및 근무환경 관리
협력적이고 긍정적인 조직 문화 조성
근무 스트레스 및 소진 예방을 위한 지원 시스템 구축
근무 환경 개선을 통한 만족도 향상

사회복지 분야에서의 인적자원관리의 과제와 개선 방안
1) 주요 과제
- 낮은 급여와 열악한 근무 조건으로 인한 이직률 증가
- 직무 스트레스 및 감정 노동으로 인한 소진(Burnout) 문제
- 체계적인 교육 및 경력 개발 기회의 부족
- 조직 내 의사소통 부족 및 관리자 리더십 문제

2) 개선 방안
보상 체계 개선: 급여 현실화 및 복지 혜택 확대
직무 환경 개선: 스트레스 관리 프로그램 운영 및 근무 시간 조정
전문성 강화: 지속적인 교육 및 경력 개발 기회 제공
조직문화 개선: 의사소통 강화 및 협력적 조직 문화 조성
리더십 강화: 관리자의 역량 향상을 위한 리더십 교육 강화

3) 인력 평가 및 피드백
- 공정한 인사 평가 시스템 구축
- 정기적인 성과 평가 및 피드백 제공
- 개인 및 조직 차원의 발전 기회 마련

4) 사회복지기관에서 인력자원관리의 중요성

- 조직의 지속 가능성 및 서비스 질 향상
- 종사자의 직무 만족도 증가 및 조직 몰입도 향상
- 인력의 효율적 활용을 통한 업무 생산성 증대
- 자원봉사자 및 후원자 관리 강화

사회복지 재정관리 중요성

사회복지 재정관리는 사회복지 기관 및 단체가 재원을 효율적으로 조달하고 운영하며, 효과적으로 활용하는 과정을 포함한다. 이는 사회복지 서비스의 지속성과 질적 향상을 보장하기 위한 필수적인 요소이며, 사회복지 기관이 안정적인 재정을 확보하고 효과적으로 운영하면, 복지 서비스의 질이 향상되고 대상자들에게 보다 지속적인 지원을 제공할 수 있다. 또한, 투명하고 체계적인 재정 관리는 후원자 및 이해관계자의 신뢰를 높이고, 사회적 책임을 다하는 기관으로 자리매김할 수 있도록 한다.

7 사회복지 재정관리의 개념

사회복지 재정관리는 공공 및 민간 사회복지 기관이 목적을 달성하기 위해 필요한 재원을 확보하고, 이를 계획적으로 운영 및 관리하여 복지 서비스의 효율성과 효과성을 극대화하는 과정이며, 재정 관리는 단순한 예산 집행이 아니라, 기관의 목표와 비전에 부합하는 전략적 계획 수립과 지속 가능한 운영을 보장하는 데 초점을 둔다.

1) 재정의 기본 요소

재원 조달: 세금, 기부금, 후원금, 복권 기금, 기업의 사회적 공헌

예산 편성: 기관의 목표와 계획에 맞는 예산을 수립

예산 집행: 효율적이고 투명한 예산 사용

재무 회계 및 감사: 회계 기록 유지 및 감사를 통한 투명성 확보

2. 사회복지 재원의 유형

1) 공공재원 (정부 지원)

국가 및 지방자치단체 예산: 조세 수입을 바탕으로 운영되는 재원

사회보험 기금: 건강보험, 국민연금, 고용보험 등

복권 기금: 사회적 약자 지원 사업에 활용

2) 민간재원

기부금 및 후원금: 개인, 기업, 단체 등이 제공하는 자금

사회공헌 기금: 기업의 사회적 책임(CSR) 활동의 일환으로 조성

서비스 이용료: 유료 복지서비스(예: 장기요양보험 서비스 등)

사회복지 예산 관리

1) 재정관리의 원칙

효율성: 최소한의 비용으로 최대한의 사회적 가치를 창출해야 한다.

투명성: 재정운영 과정과 결과를 명확하게 공개하고 보고해야 한다.

책임성: 예산이 목적에 맞게 사용되었는지에 대한책임을 져야 한다.

공정성: 재원이 특정집단에 편중되지 않고 공정하게 배분되어야 한다.

지속가능성: 단기적 재정안정뿐만 아니라 장기적인 운영가능성을 고려한다.

2) 예산 편성과 집행

예산 편성 절차: 사업 계획 수립 → 재원 확보 → 예산 배정

예산 집행 원칙: 예산 목적에 맞게 사용, 회계 기준 준수

결산 및 평가: 예산 사용 후 결산을 통해 효과 분석 및 감사 수행

사회복지 기관의 회계 관리

1) 회계의 기본 원칙

복식부기: 수입과 지출을 체계적으로 기록

재무제표 작성: 손익계산서, 대차대조표, 현금흐름표 등

회계 감사: 내부 감사 및 외부 감사 진행

2) 회계 관리 절차

회계 기록 유지: 모든 수입과 지출을 문서화

예산 집행 및 지출 관리: 불필요한 비용 절감, 예산 범위 내 지출

감사 및 보고: 연례 재무 보고서 제출, 외부 기관의 감사 수검

8 재정 투명성과 윤리적 관리

재정 투명성 강화: 공시 및 감사 제도를 통해 신뢰 확보

부정 행위 예방: 내부 통제 및 내부 감사를 통해 부정사용 방지한다.

이해관계자 보고: 정부, 기부자, 지역사회와 소통하여 신뢰 구축한다.

사회복지조직의 이해 제6장

1 사회복지조직의 개념

사회복지조직은 사회복지서비스를 체계적이고 효과적으로 제공하기 위해 조직된 기관이나 단체를 의미한다. 이는 공공 및 민간 부문에서 운영되며, 개인과 집단이 직면한 사회적 문제를 해결하고 삶의 질을 향상시키는 것을 목표로 한다. 사회복지조직은 정부기관, 비영리단체(NGO), 종교단체, 기업의 사회공헌 프로그램 등 다양한 형태로 존재하며, 사회적 약자를 보호하고 복지 증진을 위해 필수적인 역할을 한다. 이를 효과적으로 운영하기 위해서는 공공 및 민간 부문 간의 협력, 전문 인력 양성, 지속적인 연구와 평가가 필요하다. 또한, 변화하는 사회 환경에 대응하여 새로운 기술과 운영 방식을 도입함으로써 보다 효과적인 사회복지 서비스를 제공해야 한다.

2 사회복지조직의 유형

사회복지조직은 운영 주체에 따라 크게 공공 사회복지조직과 민간 사회복지조직으로 구분할 수 있다.

가. 운영 주체에 따른 사회복지조직분류

① 공공 사회복지조직

정부 및 지방자치단체가 운영하는 기관으로, 국민의 복지 향상을 위한 공공 서비스를 제공하는 역할을 한다. 대표적인 기관으로는 **보건복지부, 주민센터, 국민건강보험공단** 등이 있다. 이러한 기관들은 공공재원으로 운영되며, 국가 정책에 따라 사회복지 서비스를 기획하고 실행하는 기능을 담당한다.

② **민간 사회복지조직**

비영리단체(NPO), NGO, 종교단체, 기업 등이 운영하는 사회복지기관으로, 정부의 지원과 별개로 민간 차원에서 다양한 복지 서비스를 제공한다. 대표적인 예로 **사회복지법인, 국제 구호 단체** 등이 있으며, 기업의 사회공헌활동(CSR)도 이에 포함될 수 있다. 이러한 기관들은 자발적인기부금, 후원금, 사업 수익 등을 통해 운영되며, 공공 기관이 미처 다루지 못하는 복지 영역을 보완하는 역할을 한다.

나. 서비스 대상에 따른 복지기관 분류

서비스 대상	복지기관 유형	기 타
아동복지기관	보육시설, 아동양육시설, 그룹 홈 등	아동의 보호와 성장 지원을 목적으로 운영되는 기관
노인복지기관	노인복지관, 요양원, 실버타운 등	노인의 건강과 생활 지원을 위한 기관
장애인복지기관	장애인복지관, 직업재활센터 등	장애인의 자립과 복지를 돕는 기관
여성 및 가족복지기관	한부모 가족지원센터, 가정폭력피해자 보호시설 등	여성과 가족의 보호 및 지원을 위한 기관
지역사회복지기관	사회복지관, 자원봉사센터 등	지역사회 내 다양한 계층을 대상으로 복지 서비스를 제공하는 기관

1) 사회복지조직의 구조와 기능

사회복지조직은 사회적 약자와 취약계층을 지원하고 복지를 증진하는 역할을 수행하는 조직으로, 다양한 기능을 수행한다. 사회복지조직의 기능은 크게 **서비스 제공 기능, 조정 및 연계 기능, 옹호 및 정책 개발 기능, 연구 및 교육 기능** 등으로 나눌 수 있으며, 단순한 복지 서비스 제공 기관이 아니라, 다양한 기능을 수행하며 사회적 안전망을 강화하는 중요한 역할을 한다. 사회적 약자의 보호뿐만 아니라 정책 개발, 연구, 연계 활동 등을 통해 사회 전체의 복지를 증진시키는 데 기여하고 있다.

2) 사회복지조직의 기능 정의

사회복지조직은 사회적 약자와 취약계층을 지원하고, 복지서비스를 제공하는 조직으로, 사회적 문제를 예방하고 해결하는 역할을 한다. 사회복지조직은 공공기관, 비영리단체, 민간 복지기관 등 다양한 형태로 존재하며, 개인과 지역사회의 복지를 증진시키기 위해 다양한 기능을 수행한다. 보호, 예방, 치료, 교육, 조정, 옹호 기능을 종합적으로 수행함으로써 사회적 안정과 지속 가능한 복지체계를 구축하는 데 기여한다.

가. 보호 및 지원 기능 : 사회적 약자(노인, 아동, 장애인, 저소득층 등)를 보호하고, 기본적인생활을 유지할 수 있도록 지원하는 기능을 한다. 예를 들어, 기초생활보장제도, 노인 돌봄 서비스, 아동복지시설 등이 이에 해당한다.

나. 예방 기능 : 사회적 문제(빈곤, 가정폭력, 노숙, 아동 학대 등)가 발생하기 전에 예방하는 기능을 수행한다. 이를 위해 사회복지조직은 교육 프로그램, 상담 서비스, 자활 지원 등을 제공하여 문제 발생을 최소화한다.

다. 치료 및 재활 기능 : 기존의 사회적 문제를 해결하고, 피해를 입은 개인이나 집단을 재활시키는 역할을 수행한다. 예를 들어, 알코올·마약 중독자 치료센터, 정신건강복지센터, 장애인 재활시설 등이 있다.

라. 교육 및 계몽 기능 : 사회 구성원들에게 복지 제도를 알리고, 올바른 가치관을 형성하도록 돕는 기능을 한다. 이를 위해 사회복지조직은 복지 관련 교육, 홍보 활동, 인권 보호 캠페인 등을 진행한다.

마. 조정 및 연계 기능 : 사회복지조직은 정부, 민간, 지역사회 등 다양한 기관과 협력하여 복지서비스가 효과적으로 제공되도록 조정하는 역할을 수행한다. 예를 들어, 지역사회복지관은 복지 대상자를 다른 기관과 연결해 필요한 서비스를 받을 수 있도록 지원한다.

바. 옹호(Advocacy) 기능 : 사회적 약자의 권익을 보호하고, 복지정책 개선을 촉진하는 기능을 한다. 이를 위해 사회복지조직은 법·제도 개혁을 촉진하고, 소외계층의 목소리를 대변하는 활동을 한다.

사. 사회복지조직의 운영 원칙

① **공공성**: 사회복지조직은 공익을 위한 활동을 수행해야 한다.

② **전문성**: 복지서비스 제공자는 전문 지식과 기술을 갖추어야 한다.

③ **효율성**: 한정된 자원을 효율적으로 활용하여 최대한효과를 창출해야 한다.

④ **책임성**: 서비스의 질과 결과에 대한 책임을 다해야 한다.

⑤ **협력성:** 지역사회 및 관련 기관과 협력하여 포괄적서비스를 제공한다.

아. 사회복지조직의 과제와 발전 방향

① **서비스의 질적 향상:** 서비스제공자의 전문성강화, 새로운 프로그램 개발
② **재정 안정성 확보:** 정부 지원 확대, 민간 기부 활성화, 수익창출 모델개발
③ **디지털 전환:** ICT(정보통신기술)를 활용한 복지 서비스 제공
(예: 온라인 상담, AI 기반 돌봄 서비스)
④ **이용자 중심의 운영:** 대상자의 요구를 반영한 맞춤형 서비스 제공
⑤ **사회적기업과의 연계:** 지속가능한 복지실천을 위한 사회적기업과의 협력

조직 문화와 환경

조직 문화와 환경은 조직의 성과, 혁신, 지속 가능성에 직결된다. 조직이 성장하고 변화하는 환경에 적응하기 위해서는 강한 문화와 유연한 전략이 필요하며, 기업이나 기관의 성과와 지속 가능성을 결정짓는 중요한 요소이다. 조직 문화는 구성원들의 가치관, 신념, 행동 방식 등을 포함하며, 조직 환경은 조직을 둘러싼 내부 및 외부 요인들로 구성된다.

3) 조직 문화의 개념과 유형 및 형성 요인

조직 문화는 조직 내에서 공유되는 가치, 신념, 규범, 태도 및 행동 양식을 포함하는 개념으로, 조직의 정체성을 형성하고 구성원들에게 기대되는 행동과 일하는 방식을 안내하는 역할을 한다. 조직 문화는 조직의 성공과 지속 가능성에 큰 영향을 미치며, 구성원 간의 관계, 의사결정 방식, 업무 수행 태도 등에 영향을 미친다.

가. 조직 문화의 유형 (Cameron &Quinn의 경쟁 가치 모델)

Cameron과 Quinn은 조직 문화를 네 가지 유형으로 분류하는 경쟁 가치 모델(Competing Values Framework)을 제시하였다. 이 모델에 따르면 조직 문화는 내부 또는 외부 지향성, 통제 또는 유연성 강조 여부에 따라 구분될 수 있다.

나. 클랜 문화(Clan Culture)

클랜 문화는 조직을 하나의 가족과 같이 인식하며 협력과 팀워크를 중요하게 여기는 문화이다. 수평적인 의사소통이 이루어지고, 구성원 간 상호 존중과 유대감이 강조된다. 또한 유연한 리더십이 특징이며, 조직 내에서 개인의 성장과 발전을 지원하는 경향이 강하

다. 이러한 문화는 주로 스타트업이나 비영리 단체에서 볼 수 있다.

다. 아드호크라시 문화(Adhocracy Culture)

아드호크라시 문화는 혁신과 창의성을 중심으로 하며, 새로운 아이디어를 실험하고 도전하는 것을 장려하는 문화이다. 변화에 대한 적응력이 높으며, 리스크를 감수하고 빠르게 변화하는 환경에서 강점을 가진다. 따라서 IT 기업이나 연구개발 조직과 같은 혁신 지향적인 조직에서 자주 나타난다.

라. 시장 문화(Market Culture)

시장 문화는 경쟁력과 성과를 중시하며, 목표 달성을 최우선으로 여기는 조직 문화이다. 강한 리더십이 요구되며, 결과 지향적인 운영 방식이 특징적이다. 성과 평가와 보상 체계가 명확하게 정해져 있으며, 금융기관이나 대기업과 같이 경쟁이 치열한 환경에서 주로 형성된다.

마. 위계 문화(Hierarchy Culture)

위계 문화는 규율과 절차를 중시하며, 명확한 조직 구조와 책임 체계를 기반으로 운영된다. 조직의 안정성과 효율성이 강조되며, 구성원들은 정해진 규칙과 절차를 따르는 것이 중요하다. 이러한 문화는 정부 기관이나 제조업과 같은 전통적인 조직에서 많이 볼 수 있다.

3 조직 문화의 형성과 영향 요인

조직 문화는 다양한 요인들에 의해 형성되며, 시간이 흐르면서 변화할 수도 있다. 조직 문화에 영향을 미치는 주요 요인은 다음과 같다.

가. 리더십 스타일

리더의 가치관과 태도는 조직 문화 형성에 중요한 영향을 미친다. 예를 들어, 유연하고 참여적인 리더십을 가진 조직에서는 클랜 문화나 아드호크라시 문화가 형성될 가능성이 크다. 반면, 엄격한 규율과 성과 중심의 리더십이 강조되는 조직에서는 위계 문화나 시장 문화가 형성될 확률이 높다.

나. 구성원의 특성

조직을 구성하는 구성원들의 연령, 성별, 직업적 배경 등은 조직 문화에 영향을 미친다. 예를 들어, 젊은 구성원이 많은 조직에서는 혁신과 유연성이 강조될 가능성이 크며, 전통적인 배경을 가진 구성원들이 많은 조직에서는 위계적인 구조가 선호될 수 있다.

다. 조직의 역사와 미션

조직이 설립된 목적과 창립 이념은 조직 문화의 핵심적인 요소가 된다. 예를 들어, 고객 중심의 서비스를 최우선으로 하는 조직에서는 시장 문화가 강화될 가능성이 높으며, 연구와 혁신을 강조하는 조직에서는 아드호크라시 문화가 형성될 확률이 높다.

라. 의사소통 방식

조직 내 의사소통 방식도 조직 문화 형성에 중요한 역할을 한다. 개방적인 토론이 허용되고 자유로운 피드백이 이루어지는 조직에서는 클랜 문화나 아드호크라시 문화가 형성될 가능성이 크다. 반면, 계층적 보고 구조가 엄격한 조직에서는 위계 문화가 형성될 가능성이 높으며, 결론적으로 조직 문화는 조직의 운영 방식과 구성원들의 행동에 깊은 영향을 미치는 요소로, 다양한 유형으로 구분될 수 있다. 클랜 문화, 아드호크라시 문화, 시장 문화, 위계 문화는 각각의 특성과 장점을 가지며, 조직의 목표와 환경에 따라 적절한 문화가 형성된다. 또한 조직 문화는 리더십 스타일, 구성원의 특성, 조직의 역사와 미션, 의사소통 방식 등 다양한 요인에 의해 형성되고 변화한다. 조직이 성공적으로 성장하고 지속적인 경쟁력을 유지하기 위해서는 조직 문화의 특성을 이해하고 효과적으로 관리하는 것이 중요하다.

4 조직 환경 (Organizational Environment)

1) 조직 환경의 개념

조직 환경(Organizational Environment)이란 조직을 둘러싸고 있는 외부 및 내부 요인들의 총체를 의미한다. 조직이 효과적으로 운영되기 위해서는 환경과의 상호작용이 필수적이며, 환경 변화에 대한 적응 능력이 조직의 성공을 결정짓는 중요한 요소가 된다. 조직 환경은 크게 내부 환경과 외부 환경으로 구분된다. 조직 환경은 조직의 생존과 성장에 직접적인 영향을 미치는 중요한 요인이다. 조직은 내부 환경을 최적화하고 외부 환경 변화를 민감하게 파악하여 적절한 전략을 수립해야 한다. 환경 적응 능력이 뛰어난 조직은 불확실성이 높은 환경에서도 지속 가능한 성장을 이루며, 이를 위해 유연한 조직 구조, 혁신 문화, 리스크 관리 체계를 갖추는 것이 중요하며, 조직 환경을 정확히 분석하고 효과적으로 대응하는 것이 현대 조직 경영의 핵심 요소이며, 이를 통해 경쟁 우위를 확보하고 장기적으로 성공할 수 있다.

조직 환경의 구성 요소

가. 내부 환경 (Internal Environment)

① **조직 문화** (Organizational Culture): 조직의 가치, 신념, 규범, 행동방식 등을 포함하며, 조직 구성원의 행동에 영향을 미친다.

② **조직 구조** (Organizational Structure): 조직의 계층 구조, 의사결정 방식, 부서 간 협력 방식 등을 의미한다.

③ **인적 자원** (Human Resources): 직원들의 역량, 동기부여, 조직 내 관계 등이 조직의 생산성과 경쟁력을 결정한다.

④ **기술 및 운영 시스템** (Technology &Operational Systems): 조직의 기술 수준, 정보 시스템, 생산 방식 등이 포함된다.

나. 외부 환경 (External Environment)

외부환경은 조직외부에서 조직의 운영과 전략적 의사결정에 영향을 미치는 요인들로 구성된다. 외부 환경은 거시환경(Macro Environment) 과 미시 환경(Micro Environment) 으로 나눌 수 있다.

다. 거시 환경 (Macro Environment):

① **정치적/법적 요인** (Political &Legal Factors): 정부 정책, 법률, 규제 등이 조직의 운영 방식에 영향을 준다.

② **경제적 요인** (Economic Factors): 경기 변동, 금리, 환율, 물가 수준 등이 기업의 비용 및 수익성에 영향을 미친다.

③**사회문화적 요인** (Sociocultural Factors): 소비자의 가치관, 라이프스타일, 인구 통

계적 변화 등이 시장 환경을 형성한다.

④ **기술적 요인** (Technological Factors): 신기술의 도입, 혁신, 자동화 등이 조직의 경쟁력과 운영 방식에 변화를 가져온다.

⑤ **자연환경 요인** (Ecological Factors): 환경 보호 규제, 기후 변화, 지속 가능성 문제 등이 기업 활동에 영향을 미친다.

라. 미시 환경 (Micro Environment):

① **고객** (Customers): 조직이 제공하는 제품이나 서비스를 소비하는 집단으로, 수요 변화와 소비자 행동이 중요하다.

② **경쟁자** (Competitors): 같은 시장에서 경쟁하는 기업들의 전략, 시장 점유율, 차별화 전략 등이 조직의 의사결정에 영향을 준다.

③ **공급업체** (Suppliers): 원자재, 서비스 등을 제공하는 업체로, 공급망의 안정성과 원가 변동이 조직 운영에 영향을 준다.

④ **이해관계자** (Stakeholders): 투자자, 정부, 지역 사회 등 조직의 운영에 영향을 미치는 다양한 집단을 포함한다.

2) 조직 환경과 조직의 대응 전략

조직은 환경 변화에 효과적으로 대응하기 위해 다양한 전략을 활용할 수 있다. 이러한 전략들은 크게 **환경 적응 전략, 환경 영향력 행사 전략, 환경 선택 전략, 환경 대응 능력 강화 전략**으로 나눌 수 있으며, 이들은 상호 보완적으로 작용하여 조직의 생존과 경쟁력을 강화한다. 종합적으로 적용될 때 조직의 지속 가능성과 경쟁력을 극대화할 수 있다. 예를 들어, 디지털 전환(적응 전략)과 함께 시장 선점 전략(영향력 행사 전략)을 병행하고, 해외 시장 진출(선택 전략)과 리스크 관리 체계 구축(대응 능력 강화 전략)을 함께 추진함으로써 보다 효과적인 환경 대응이 가능하다.

가. 환경 적응 전략 (Adaptation Strategy)

환경 변화에 맞추어 조직 내부 시스템을 조정하는 방식이다. 디지털 전환, 친환경 기술 도입, 조직 구조 개편과 같은 조치들을 통해 변화하는 외부 환경에 대응한다.

나. 환경 영향력 행사 전략 (Influence Strategy)

조직이 수동적으로 환경에 적응하는 것이 아니라, 직접 환경을 변화시키려는 노력을 포함한다. 예를 들어, 로비 활동을 통해 정책 변화에 영향을 미치거나, 시장 선점 전략과 전략적 제휴를 통해 산업 구조를 재편하는 방식이 있다.

다. 환경 선택 전략 (Selection Strategy)

조직이 생존에 유리한 환경을 선택하여 진입하거나, 불리한 환경에서 철수하는 방식이다. 해외 시장 진출, 사업 다각화, 특정 산업에서의 철수 등을 통해 보다 나은 환경을 모색할 수 있다.

라. 환경 대응 능력 강화 전략 (Resilience Strategy)

환경 변화에 대한 조직의 내재적 대응 능력을 키우는 전략으로, 유연한 조직 구조 구축, 학습 조직 강화, 리스크 관리 체계 구축 등을 통해 위기 대응력을 높인다.

3) 조직 문화와 환경의 상호작용

조직 문화와 환경은 서로 긴밀한 영향을 주고받으며, 기업의 지속 가능성과 성과에 중요한 역할을 하며, 조직 환경은 외부 시장의 변화, 기술 혁신, 규제 정책, 사회적 요구 등 다양한 요소로 구성되고, 이에 대한 조직의 대응 방식은 문화적 특성과 밀접한 관련이 있다. 조직이 외부 환경과 효과적으로 상호작용하지 못하면 경쟁력을 잃을 위험이 있으며, 반대로 환경 변화에 적절히 대응하는 문화는 조직의 성장과 혁신을 촉진할 수 있다.

가. 조직 환경 변화에 대한 적응력

현대 기업들은 빠르게 변화하는 외부 환경 속에서 지속적인 적응이 요구되며, 디지털 혁신, ESG(환경·사회·지배구조) 경영, 글로벌 경제 변화 등은 기업 운영 방식에 근본적인 영향을 미치며, 조직이 이러한 변화에 적절히 대응하지 못할 경우 경쟁력을 상실할 위험이 크다.

예를 들어, 전통적인 오프라인 기반의 유통업체가 디지털 전환을 늦추거나, ESG 경영에 대한 관심이 부족한 기업이 소비자와 투자자들의 외면을 받는 경우를 들 수 있으며, 따라서 조직 문화는 환경 변화에 유연하게 대응할 수 있도록 구성원들에게 학습과 변화 수용을 장려하는 방향으로 형성되어야 한다.

나. 문화와 전략의 정렬

조직의 전략이 조직 문화와 조화를 이루지 못하면 전략 실행의 효과성이 저하될 수 있습니다. 조직 문화는 기업의 가치, 신념, 행동 규범 등을 형성하며, 이는 조직 구성원들의 의사결정과 행동에 영향을 미치며, 기업이 새로운 전략을 추진할 때, 기존의 조직 문화와 일관성이 있어야 구성원들이 전략을 자연스럽게 받아들이고 실행력을 극대화할 수 있으며, 보수적이고 안정성을 중시하는 조직에서는 갑자기 도전적이고 혁신적인 전략을 추진하면 내부 저항이 발생할 가능성이 커질 수도 있다. 상대적으로 조직문화가 전략과 조화를 이루면 기업의 목표 달성이 더욱 원활해질 것이다.

다. 혁신과 안정성의 균형

조직 환경이 급격히 변화하는 상황에서는 혁신이 필수적이며, 이를 가능하게 하는 조직 문화가 필요하며, 혁신적인 조직 문화는 창의적 사고를 장려하고, 실패를 용인하며, 구성원들이 적극적으로 새로운 아이디어를 제안할 수 있도록 유도한다. 그러나 조직이 혁신만을 강조할 경우 내부 혼란이 발생할 수 있으므로, 안정성과의 균형이 중요하며, 급변하는 환경에서도 조직의 핵심 가치와 운영 체계를 유지하면서 점진적인 변화를 시도하는 것이 효과적이다. 따라서 테크 기업들은 빠른 혁신을 추구하지만, 동시에 안정적인 조직 운영과 지속적인 개선을 병행해야 장기적으로 성공할 수 있다.

5 조직 문화 개선을 위한 전략

조직 문화를 개선하기 위해서는 단순한 정책 변화가 아니라, 조직 구성원들의 가치관과 행동 양식에 영향을 미치는 포괄적인 전략이 필요하다. 이를 위해 **리더십 강화, 투명한 의사소통, 교육과 역량 개발, 인센티브 시스템, 변화 관리** 등의 전략을 유기적으로 연결하여 실행해야 한다.

우선, **리더십 강화는** 조직 문화 개선의 핵심적인 요소로, 리더들이 조직의 핵심 가치를 기반으로 한 리더십을 실천해야 한다. 리더가 조직의 가치와 목표를 명확히 설정하고 이를 일관되게 실행할 때, 구성원들은 신뢰를 형성하고 조직 문화에 대한 긍정적인 인식을 가지게 된다. 이를 뒷받침하기 위해서는 **투명한 의사소통**이 필수적이다. 조직 내에서 개방적인 소통 환경을 조성하고 구성원들이 자유롭게 의견을 개진할 수 있도록 하여 신뢰와 협력을 강화해야 한다.

또한, 조직의 지속적인 성장과 발전을 위해 **교육과 역량 개발**을 강화하는 것이 중요하다. 구성원들에게 성장 기회를 제공함으로써 개인과 조직이 함께 발전하는 문화를 만들어야 한다. 이를 위해 멘토링, 역량 강화 교육, 자기 계발 지원 등의 프로그램을 운영할 수 있다. 이러한 발전 기회는 조직의 성과와도 연계되어야 하며, 이를 효과적으로 지원하기 위해 **인센티브 시스템**을 구축해야 한다. 조직이 원하는 행동과 성과를 보이는 구성원들에게 적절한 보상을 제공함으로써, 조직의 가치에 부합하는 문화를 자연스럽게 조성할 수 있다.

마지막으로, 조직 문화는 고정된 것이 아니라 변화하는 환경에 맞춰 유연하게 적응할 수 있어야 한다. 이를 위해 **변화 관리** 전략이 필요하다. 조직의 내부 및 외부 환경 변화를 고려하여 유연한 조직 문화를 구축하고, 구성원들이 변화에 긍정적으로 대응할 수 있도록 지속적으로 지원해야 한다. 변화 관리는 리더십, 소통, 교육, 보상 체계와 유기적으로 연결되어야 하며, 이를 통해 조직 전체가 역동적이고 긍정적인 문화로 발전할 수 있다.

이처럼 조직 문화 개선을 위한 전략들은 개별적으로 존재하는 것이 아니라, 서로 유기적으로 연결되어야 효과를 극대화할 수 있다. 리더십 강화, 투명한 의사소통, 교육과 역량 개발, 인센티브 시스템, 변화 관리가 조화를 이루는 조직은 지속적인 성장과 혁신을 이루며, 구성원들이 자발적으로 몰입하고 성과를 창출하는 건강한 문화를 형성할 수 있다.

6 조직 내 갈등 관리 및 의사소통

조직 내에서 갈등은 불가피하게 발생하는 현상이며, 이를 효과적으로 관리하고 원활한 의사소통을 촉진하는 것은 조직의 생산성과 지속 가능성을 높이는 핵심 요소이다. 갈등을 적절히 해결하지 않으면 조직의 효율성이 저하되고 구성원 간의 신뢰가 약화될 수 있다. 따라서 갈등을 효과적으로 관리하는 전략과 원활한 의사소통의 중요성을 이해하는 것이 필요하다. 본 글에서는 조직 내 갈등의 원인과 해결 방안, 그리고 의사소통의 역할과 방법에 대해 논의하고자 한다.

1) 갈등의 개념

조직 내 갈등(conflict)은 조직 구성원 간 의견, 가치관, 목표, 이해관계 등의 차이로 인해 발생하는 마찰이나 충돌을 의미하며, 갈등은 부정적인 영향을 미칠 수도 있지만, 올바르게 관리하면 조직 발전의 기회가 될 수도 있고, 조직 내 갈등은 필연적으로 발생하지만, 이를 효과적으로 관리하면 조직 발전의 기회로 전환할 수 있고 원활한 의사소통은 갈등 예방과 해결의 핵심 요소로 작용한다. 조직이 갈등을 건설적으로 해결하고 효율적인 커뮤니케이션 체계를 구축할 때, 더욱 건강하고 생산적인 조직 문화가 형성될 수 있다. 리더는 구성원 간의 원활한 의사소통을 촉진하고, 조직 내에서 갈등을 효과적으로 관리하는 체계를 마련해야 한다. 이를 통해 조직의 목표 달성과 지속 가능한 성장에 기여할 수 있다.

2) 조직 내 갈등 관리

가. 갈등의 원인

① **자원 배분 문제**: 한정된 자원을 두고 부서 또는 개인 간 경쟁이 발생함.
② **의사결정 차이**: 업무 방식이나 방향에 대한 이견이 존재함.
③ **역할과 책임의 모호성**: 업무 분장이 명확하지 않아 충돌이 발생함.
④ **개인적 성향 차이**: 성격, 가치관, 업무 스타일의 차이가 조직 내 마찰을 초래함.
⑤ **의사소통 부족**: 정보 공유가 원활하지 않아 오해가 발생함.

나. 갈등 관리 전략

① **회피**(Avoidance): 갈등을 피하거나 무시하는 방식 (일시적 해결)
② **경쟁**(Competition): 자신의 입장을 강하게 주장하여 상대를 이기는 방식 (위계적 조직에서 사용됨)
③ **양보**(Accommodation): 상대의 의견을 수용하여 갈등을 해결하는 방식 (관계 유지 목적)
④ **타협**(Compromise): 상호 간 양보하여 합의점을 찾는 방식 (부분적 만족)
⑤ **협력**(Collaboration): 상호 이해를 바탕으로 창의적인 해결책을 모색하는 방식 (가장 효과적인 방법)

다. 효과적인 갈등 해결 방안

① **공감적 경청**(Empathic Listening): 상대방의 감정과 의견을 존중하며 듣기.
② **객관적 접근**(Objective Approach): 감정이 아닌 데이터와 사실을 바탕으로 논의.
③ **중재**(Mediation): 제3자의 개입을 통해 공정한 조정 시도.
④ **명확한 규칙과 역할 정의**: 업무와 책임을 명확히 하여 갈등을 사전에 예방.

3) 조직 내 의사소통

조직 내 의사소통은 조직의 성과와 분위기를 결정하는 중요한 요소이다. 효과적인 의사소통 체계는 조직의 생산성을 높이고, 협업을 촉진하며, 조직 문화를 긍정적으로 형성하는 데 기여한다. 조직 구성원 간 정보, 아이디어, 감정, 명령, 피드백 등을 전달하고 공유하는 과정이다. 이는 조직의 목표 달성, 생산성 향상, 조직문화 형성, 문제 해결 및 갈등 관리 등에 필수적인 역할을 한다.

4) 조직개념의 이해

가. 의사소통의 흐름에 따른 분류

① **수직적 의사소통(Vertical Communication)**: 상하관계에서 이루어지는 의사소통으로, 상사가 부하 직원에게 업무 지시를 내리거나 부하 직원이 보고하는 과정 포함

② **수평적 의사소통(Horizontal Communication)**: 동일한 직급이나 부서 간 협업을 위한 정보 공유

③ **대각선적 의사소통(Diagonal Communication)**: 서로 다른 부서와 직급 간 이루어지는 의사소통

나. 공식성과 비공식성

① **공식적 의사소통(Formal Communication)**: 조직 구조 내에서 규정된 경로를 따라 이루어지는 의사소통(예: 회의, 보고서, 공문)

② **비공식적 의사소통(Informal Communication)**: 구성원 간 자유롭게 이루어지는 의사소통(예: 사내 채팅, 식사 중 대화)

다. 의사소통 방식에 따른 유형

① **대면(Face-to-Face) 의사소통**: 직접적인 커뮤니케이션으로 감정 전달이 용이함

② **서면(Written) 의사소통**: 이메일, 메모, 보고서 등을 통한 정보 공유

③ **디지털 의사소통**: 메신저, 화상 회의, 협업 도구를 통한 의사소통

라. 조직 내 의사소통의 기능

① **정보 전달**: 조직 운영에 필요한 정보가 공유됨

② **조정 및 조율**: 업무의 방향성과 목표를 정렬

③ **동기 부여:** 조직 구성원에게 동기를 부여하고 참여도를 높임
④ **갈등 해결:** 오해를 줄이고 갈등을 조정

마. 의사소통의 중요성

조직 내 원활한 의사소통은 업무 효율성 증대, 팀워크 강화, 갈등 예방, 조직 문화 형성 등에 기여한다. 효과적인 의사소통은 조직의 목표 달성에 필수적이며, 조직 구성원 간의 신뢰와 협업을 촉진하는 중요한 요소이다.

업무효율성 증대: 명확한 정보 전달로 업무 수행 속도 및 정확성이 향상됨
팀워크 강화: 원활한 협업을 통해 조직 구성원 간 유대감이 형성됨
갈등 예방: 오해를 줄이고 원활한 피드백을 제공하여 문제발생 가능성 최소
조직 문화 형성: 개방적인 의사소통은 조직 내 긍정적인 문화 정착을 유도
의사소통 유형의 구분
수직적 의사소통(Vertical Communication): 상하 관계에서 이루어지는 의사소통으로 명령 전달, 업무 지시, 피드백 제공

수평적 의사소통(Horizontal Communication): 같은 직급 또는 유사한 역할을 가진 구성원 간 협업을 위한 의사소통 프로젝트 진행 회의, 정보 공유

대각선 의사소통(Diagonal Communication): 부서 간 협업이 필요할 때 이루어지는 의사소통, 부서 간협의, 크로스 팀 협업

비공식적 의사소통(Informal Communication): 공식적인 절차와 무관하게 이루어지는 대화 네트워킹, 친목활동, 비공식적 정보 교환.

효과적인 의사소통 방법

효과적인 커뮤니케이션을 위해서는 **명확하고 간결한 메시지 전달**이 필수적이다. 불필요한 정보를 줄이고 핵심 내용만 전달함으로써 혼선을 방지할 수 있다. 또한, **피드백 활성화**를 통해 상호작용을 강화하면 오해를 줄이고 지속적인 개선이 가능하다. 이를 보완하기 위해 **비언어적 의사소통**도 중요하다. 표정, 몸짓, 눈맞춤 등을 적절히 활용하면 메시지의 신뢰도를 높일 수 있다. 더불어, **적극적 경청**을 통해 상대방의 말을 주의 깊게 듣고 공감하며 반응하면 원활한 소통이 이루어진다. 마지막으로, **커뮤니케이션 도구**를 효과적으로 활용해야 한다. 이메일, 메신저, 화상회의 등 다양한 도구를 적절히 사용하면 상황에 맞는 최적의 소통이 가능해진다.

사회복지행정의 주요 과정 제7장

1 기획(Planning)

기획(Planning)은 조직이 목표를 설정하고 이를 효과적으로 달성하기 위한 전략과 계획을 수립하는 과정이다. 기획 단계에서는 조직의 내·외부 환경을 분석하고, 보유한 자원을 파악하며, 구체적인 실행 계획을 세워야 하며, 이를 통해 조직의 비전과 미션을 실현하는 데 필요한 방향성과 전략을 명확히 설정할 수 있다. 기획(Planning) 단계는 조직의 성공적인 운영을 위한 필수적인 과정이며, 목표 설정, 환경 분석, 자원 조사를 통해 조직의 강점과 기회를 극대화하고, 단기 · 중기 · 장기 전략을 수립하여 지속 가능한 성장을 도모해야 한다. 프로그램 및 서비스 개발 방향을 명확히 정립하고, 구체적인 실행 계획과 성과 평가 체계를 마련함으로써 조직의 목표 달성을 효과적으로 지원할 수 있다.

조직의 목표 설정 (Setting Organizational Goals)

조직의 목표는 조직의 방향을 정하고 구성원들에게 명확한 비전을 제시하는 중요한 요소입니다. 조직의 목표를 효과적으로 설정하기 위해서는 **명확성, 측정 가능성, 실행 가능성, 관련성, 기한 설정**(SMART 원칙)을 고려해야 하며, 조직의 목표 설정은 조직의 성장과 성공을 결정짓는 중요한 요소입니다. SMART 원칙, OKR 기법, KPI 활용 등을 통해 체계적으로 목표를 설정하고 실행하면 조직의 성과를 극대화할 수 있습니다. 목표 설정 후에는 정기적인 검토와 개선이 필요하며, 목표가 조직 전체에 공유되고 실행될 수 있도록 지속적인 관리가 이루어져야 합니다.

조직 목표 설정의 중요성

조직의 목표는 방향성을 제공하고, 의사결정의 기준이 되며, 구성원의 동기 부여와 성과 평가에 중요한 역할을 합니다. 먼저, 목표는 조직이 나아가야 할 방향을 설정하여 구성원들이 이를 공유하고 일관된 노력을 기울이도록 합니다. 또한, 조직 내 다양한 의사결정 상황에서 목표는 기준이 되어 올바른 판단을 내릴 수 있도록 돕습니다. 아울러, 명확한 목표는 구성원들에게 동기를 부여하여 생산성과 만족도를 높이는 역할을 하며, 궁극적으로 성과를 측정하고 평가할 수 있는 기준이 되어 지속적인 개선을 가능하게 합니다.

1) 사회복지 기획의 개념과 정의

개념

사회복지 기획은 사회문제를 해결하고 복지 서비스를 효과적으로 제공하기 위해 목표를 설정하고, 전략을 수립하며, 자원을 조직하는 체계적인 과정이며, 이는 단순한 계획 수립을 넘어, 복지 서비스의 효율성과 효과성을 극대화하는 데 초점을 둔다. 사회복지 기획은 다양한 사회적 요구를 반영하여 실현 가능한 프로그램을 개발하고, 실천 전략을 마련하며, 성과를 평가하는 포괄적인 접근을 포함한다.

정의

사회복지 기획은 복지 서비스를 효과적으로 제공하고, 사회문제를 체계적으로 해결하는 필수적인 과정이다. 따라서 이는 단순한 계획 수립이 아닌, 자원 배분과 정책 실천의 전략적 과정으로서, 지속 가능한 복지 시스템을 구축하는 데 중요한 역할을 하며, 사회복지 기획에 대한 정의는 학자와 기관에 따라 다소 차이가 있지만, 일반적으로 다음과 같이 정리할 수 있다.

유엔(UN)의 정의: 사회복지 기획은 사회복지 서비스와 프로그램을 조직적으로 수립하고 실행하는 과정으로, 사회적 필요를 충족시키기 위해 자원을 효과적으로 배분하는 전략적 과정이다.

길버트(Gilbert)와 스펙트(Spetch)의 정의: 사회복지 기획은 사회복지 정책을 실행 가능한 프로그램으로 구체화하는 과정으로, 정책 목표를 실현하기 위한 자원의 배분과 행동 계획을 포함한다.

국내 학자 정의: 사회복지 기획은 사회복지 욕구를 충족시키기 위해 목표를 설정하고, 이를 달성하기 위한 구체적인 실행 계획을 마련하는 과정이다. 이는 사회문제를 해결하고 복지 향상을 도모하는 핵심 도구로 작용한다.

주요 특징

사회복지 기획의 주요 특징

목표 지향적: 특정한 복지 문제를 해결하기 위해 명확한 목표를 설정한다.

체계적 과정: 문제 분석, 대안 탐색, 실행 계획 수립, 평가의 과정을 거친다.

자원 효율성: 제한된 인적·물적 자원을 효과적으로 배분, 최대의 복지효과를 창출한다.

조직 목표의 유형

가. **전략적 목표 (Strategic Goals)**: 전략적 목표는 조직이 장기적으로 추구하는 방향을 설정하고, 지속 가능한 성장을 이루기 위한 핵심적인 목표를 의미하며, 이는 조직의 비전과 사명에 기반하여 설정되며, 기업이 향후 5년, 10년 이상 달성하고자 하는 궁극적인 지향점을 정의한다.

나. 전술적 목표 (Tactical Goals)

전술적 목표는 조직이나 팀이 **단기적으로 달성해야 할 목표**로, 전략적 목표(Strategic Goals)를 실행하기 위한 구체적인 단계입니다. 일반적으로 **몇 주에서 몇 개월 내에 이루어질 수 있는 목표**이며, 실행 가능하고 측정할 수 있는 것이 특징이다.

다. 전술적 목표의 특징

가. **구체성(Specificity)**: 목표는 명확하고 구체적으로 정의되어야 합니다.

나. **단기적(Time-bound)**: 일정 기간 내 달성할 수 있어야 합니다.

다. **측정 가능(Measurable)**: 성과를 평가할 수 있어야 합니다.

라. **실행 가능(Achievable)**: 현실적으로 실행할 수 있어야 합니다.

마. **전략적 목표와 연계(Aligned)**: 상위 전략적 목표를 지원해야 합니다.

2) 운영적 목표 (Operational Goals)

운영적 목표(Operational Goals)는 조직이나 기업이 단기적으로 달성해야 하는 구체적이고 측정 가능한 목표를 의미하며, 이러한 목표는 일반적으로 조직의 전반적인 전략적 목표(Strategic Goals)를 지원하면서 일상적인 운영 및 성과 개선을 위해 설정된다. 운영적 목표는 조직의 전략적 목표를 실현하기 위한 실질적인 실행 계획이다. SMART 원칙을 적용하에는 구체적이고 측정 가능하며 실현 가능한 목표를 설정하는 것이 중요하다. 이를 통해 기업은 효과적인 성과 관리 및 지속적인 개선을 이끌어낼 수 있다.

가. 재무 목표 (Financial Goals): 재무적인 성과를 중심으로 설정하는 목표
· 예: "연 매출 20% 성장"

나. 사회적 목표 (Social Goals): 사회적 책임을 고려한 목표
· 예: "탄소 배출량 30% 감축"

운영적 목표의 특징 (SMART 원칙 기반)

가. 구체성(Specificity): 목표는 명확하고 구체적으로 정의되어야 하며, 모호한 표현보다는 실질적이고 세부적인 내용을 포함해야 한다.
예: "월별 생산량을 10% 증가시킨다."

나. 측정 가능성(Measurability): 목표 달성 여부를 객관적으로 평가할 수 있어 야 하며, 정량적 지표(숫자, 비율 등)나 정성적 평가기준을 설정해야 합니다.
예: "고객 만족도를 90% 이상으로 유지한다."

다. 달성 가능성(Achievevability): 조직의 자원, 역량, 현실적인 여건을 고려하여 설정해야 하며, 지나치게 어려운 목표는 동기를 저하시킬 수 있으며, 반대로 너무 쉬운 목표는 성과 향상에 기여하지 못한다.
예: "연간 5명의 신입사원을 채용한다."

라. 관련성(Relevance): 목표는 조직의 전략적 목표 및 비전에 부합해야 하며 조직의 장기적 성장 및 경쟁력강화에 기여할 수 있는 방향이어야 한다.
예: "친환경 생산 공정을 도입하여 지속 가능성을 강화한다."

마. 기한 설정(Time-bound): 목표에는 명확한 기한이 설정되어야 하며, 기한이 없으면 추진력이 떨어지고 우선순위에서 밀릴 가능성이 있다.
예: "6개월 내에 공급망 프로세스를 개선한다."

목표 설정 방법론

SMART 원칙활용은 효과적인 목표 설정을 위한 가장 널리 사용되는 방법론 중 하나로, 목표가 명확하고 달성 가능하도록 도와줍니다. SMART는 다음 다섯 가지 요소로 구성됩니다.

가. Specific (구체적이어야 한다)

목표는 명확하고 구체적이어야 합니다. 단순히 "운동을 열심히 한다"라는 목표보다는 보다 구체적인 수치를 포함한 목표를 설정해야 합니다.

이를 위해서는 **누가, 무엇을, 언제, 어디서, 왜 수행하는지**를 명확하게 정의해야 합니다. 예를 들어, "건강을 개선하고 체력을 향상시키기 위해 3개월 내에 체중을 5kg 감량한다."라는 목표는 보다 구체적이며, 이를 달성하기 위해 어떤 행동을 해야 하는지도 명확해집니다.

이처럼 명확한 목표 설정은 목표 달성을 위한 동기 부여와 구체적인 실행 계획을 수립하는 데 도움이 됩니다.

나. Measurable (측정 가능해야 한다)

목표의 달성 여부를 객관적으로 판단할 수 있도록 정량화해야 하며, 이를 위해 구체적인 수치, 기준, 지표를 포함해야 하며, 명확한 측정 방식을 설정하는 것이 중요하다. 예를 들어, 단순히 "신규 고객을 확보 한다"는 목표보다는 "한 달에 10건 이상의 신규 고객을 확보한 다"는 것 같이 수치화된 목표를 설정하면 달성 여부를 쉽게 판단할 수 있다. 이러한 방식은 성과를 추적하고 조정하는 데에도 도움이 되며, 목표 달성을 위한 명확한 방향성을 제공한다.

다. Achievable (달성 가능해야 한다)

목표는 도전적이지만 현실적으로 달성할 수 있어야 하며, 이를 위해 현재의 역량, 가용 자원, 환경을 면밀히 검토하고, 실현 가능한 목표를 설정하는 것이 중요하다. 지나치게 이상적이거나 비현실적인 목표는 오히려 동기 부여를 저하시킬 수 있다. 예를 들어, "하루 30분씩 운동을 주 5회 실시한다."라는 목표는 현실적으로 실천 가능하면서도 건강을 개선하는 데 충분히 도전적인 목표가 될 수 있다. 이 목표를 달성하기 위해서는 개인의 일정과 체력 수준을 고려하여 적절한 운동 방식을 선택하고, 지속적으로 실천할 수 있는 환경을 조성하는 것이 매우중요하다.

라. Relevant (관련성이 있어야 한다)

목표를 설정할 때는 반드시 관련성(Relevant)을 고려해야 하며, 이는 목표가 개인 또는 조직의 비전, 가치, 장기 목표와 일치해야 한다는 것을 의미를 뜻한다. 또한, 설정한 목표가 실제 필요한 것인지 검토하고, 다른 업무와 비교하여 우선순위를 조정하는 것이 매우 중요하다.

예를 들어, "마케팅 팀이 브랜드 인지도를 높이기 위해 SNS 팔로워 수를 20% 증가시킨다."라는 목표는 단순한 숫자 증가를 넘어 조직의 장기적인 브랜드 인지도 강화 전략과 연결될 수 있으며, 브랜드 인지도는 소비자의 신뢰와 충성도를 높이는 핵심요소이며, SNS 팔로워십 증가로 직접적으로 지원하는 요소라면 해당목표는 조직의 비전과 전략에 부합하는 관련성 있는 목표가 된다. 이처럼 목표를 설정할 때는 단순한 수치 달성이 아니라, 그것이 궁극적으로 조직의 성장과 성과 개선에 기여하는지를 고려해야 한다.

마. Time-bound (기한이 있어야 한다)

목표를 효과적으로 달성하기 위해서는 명확한 마감 기한을 설정하는 것이 중요하며, 기한이 정해지면 목표를 향한 동기 부여가 강화되며, 구체적인 실행 계획을 수립하고 실천할 가능성이 높아진다. 예를 들어, "6개월 이내에 직무 관련 자격증을 취득한다."라는 목표를 설정하면, 그에 맞춰 학습 계획을 세우고, 필요한 자료를 준비하며, 단계별로 진척도를 점검할 수 있으며, 마감 기한이 정해져 있으면 목표 달성을 위한 긴장감을 유지할 수 있고, 중도 포기하는 것을 방지하는 역할도 할 수 있으며, 이처럼 기한을 설정하는 것은 목표 달성을 위한 필수적인 요소이며, 효과적인 시간 관리와 실행력을 높이는 데 중요한 역할을 한다.

2 프로그램 및 서비스 개발 방향 설정

1) 핵심 전략 수립

조직의 목표와 일치하는 핵심 사업 및 프로그램 선정

단기(1년 이내): 빠른 성과 창출이 가능한 프로그램

중기(1~3년): 안정적인 성장 및 확대 전략

장기(3년 이상): 지속 가능성을 고려한 혁신적 사업

2) 프로그램 및 서비스 개발 방향

고객 중심 서비스 개발

고객의 니즈를 반영한 맞춤형 서비스 제공

고객 피드백을 적극 반영한 서비스 개선

디지털 전환 및 혁신 기술 활용

IT 및 데이터 기반 의사결정 강화

AI, 빅데이터, IoT 등 최신 기술 도입 고려

지속 가능한 운영 모델 구축

사회적 가치와 경제적 가치를 동시에 창출할 수 있는 모델 개발

공공기관, 민간기업, 비영리단체와의 협력 강화

3) 실행 계획 수립

구체적인 실행 로드맵 작성

단계별 목표 설정 및 일정 계획

예산 및 인력 배분

성과 측정 및 평가 체계 구축

KPI(핵심 성과 지표) 설정

주기적인 성과 모니터링 및 피드백 반영

4) 조직화(Organizing)

사회복지행정의 주요 과정은 사회복지 조직이 효과적으로 운영되도록 하는 일련의 체계적 활동을 의미합니다. 이를 통해 사회복지서비스가 대상자에게 원활하게 제공되며, 조직의 목표를 달성할 수 있도록 합니다. 주요 과정은 다음과 같이 정리할 수 있습니다.

사회복지조직화(Social Welfare Organization)란?

사회복지조직화는 사회복지서비스의 효과성을 높이고, 사회적 문제를 체계적으로 해결하기 위한 필수적인 과정이다. 공공과 민간이 협력하여 조직을 구축하고 운영하며, 지속적인 평가와 혁신을 통해 사회복지서비스를 발전시켜 나가야 하며, 사회복지서비스의 효과성과 효율성을 높이기 위해 다양한 사회적 자원과 인력을 조직하고 체계적으로 운영하는 과정을 의미한다. 사회복지의 목표를 달성하기 위해 공공 및 민간 기관이 협력하며,

조직의 구조와 운영 방식을 체계적으로 정비하는 것이 핵심이다.

사회복지조직화(Organizing)의 개념

사회복지조직화는 사회문제를 해결하고 복지서비스를 효과적으로 제공하기 위해 필요한 조직적 과정이다. 이는 특정 지역사회나 국가 차원에서 복지 자원을 동원하고 체계적으로 분배하는 역할을 한다.

사회복지조직화의 필요성

사회복지서비스의 확대와 복잡성 증가하며, 공공 및 민간 자원의 효율적 활용하여, 복지서비스의 중복 방지 및 균형적 배분을 하고 지역사회의 적극적인 참여 유도한다.

5) 사회복지조직화의 주요 요소

가. 조직 구조(Structure)

사회복지조직은 일반적으로 위계적 구조를 가지며, 정부기관, 비영리단체(NGO), 기업 등이 참여한다.

① **공공기관:** 중앙정부, 지방정부, 공공복지시설
② **민간기관:** 비영리단체(NGO), 자선단체, 사회적 기업
③ **혼합형 기관:** 공공과 민간이 협력하여 운영하는 형태
(예: 민관협력 복지센터)

나. 운영 방식(Management System)

① **중앙집권형:** 정부주도로 운영되는 복지조직(예: 국민연금, 기초생활보장제도)
② **분권형:** 지역사회중심으로 운영되는 복지조직(예: 지역사회복지관, 협동조합)
③ **네트워크형:** 공공과 민간이 협력하여 유기적으로 운영하는 방식

다. 자원 동원(Resource Mobilization)

사회복지서비스를 제공하기 위해 필요한 재정, 인적 자원, 물적 자원을 확보하는 과정이다.

① 정부 지원금 및 보조금
② 기부금 및 후원금

③ 자원봉사자 및 사회복지 전문가

라. 서비스 제공(Service Delivery)

사회복지서비스의 내용과 전달 체계를 의미한다.

① 예방적 서비스: 사회적 문제 예방(예: 아동복지 예방프로그램)

② 치료적 서비스: 기존 문제 해결(예: 노인 돌봄 서비스)

③ 재활 서비스: 사회적 재적응 지원(예: 장애인 직업훈련)

6) 사회복지조직화의 유형

사회복지조직화는 다양한 방식으로 이루어질 수 있으며, 목표와 운영 방식에 따라 유형이 나뉜다.

가. 행정적 조직화 : 정부나 공공기관 중심으로 운영되는 조직이며, 법률과 정책에 의해 복지서비스를 제공한다.

나. 지역사회 조직화 : 지역사회의 문제를 해결하기 위해 주민이 주도하는 조직과 지역 자원과 네트워크를 활용하여 복지서비스를 제공한다.

다. 자원봉사 조직화 : 개인 또는 단체의 자발적인 참여를 기반으로 운영되는 조직이며, 비영리단체(NGO)나 종교 단체가 주도한다.

라. 기업의 사회공헌 조직화(CSR) : 기업이 사회적 책임(CSR)의 일환으로 운영하는 복지조직

마. 사회복지조직화의 과정 : 사회복지조직화 과정은 지역사회 및 사회적 요구 분석을 통해 문제와 필요성을 파악한 후, 정부 및 민간 자원을 조사·확보하고, 조직 구조 및 운영 계획을 수립하여 대상자 맞춤형 복지서비스를 제공·실행하며, 성과 평가와 피드백을 바탕으로 지속적으로 개선하는 순환적 과정이다.

바. 사회복지조직화의 발전 방향 : 사회복지조직화는 지역사회와의 유기적인 협력을 강화하여 주민 참여를 활성화하고, 빅데이터 및 인공지능과 같은 첨단 기술을 활용하여 서비스의 효율성과 맞춤형 지원을 극대화하며, 취약계층을 포함한 모든 이용자

가 손쉽게 접근할 수 있도록 서비스 전달체계를 개선하고, 공공과 민간의 지속적인 연계를 통해 재정적 안정성과 운영의 지속 가능성을 확보함으로써 보다 효과적이고 포괄적인 복지 시스템으로 발전해 나가야 한다.

기획(Planning)

① 조직의 목표를 설정하고 이를 달성하기 위한 전략과 계획을 수립하는 단계
② 환경 분석(SWOT 분석 등)과 자원 조사
③ 프로그램 및 서비스 개발 방향 설정

조직화(Organizing)

① 목표 달성을 위해 필요한 자원(인력, 예산, 시설 등)을 조직적으로 배치
② 역할과 책임을 명확히 정의하고 부서 및 업무 분장
③ 협력 체계 구축 및 효율적인 운영 구조 마련

인사관리(Staffing)

① 적절한 인력을 확보하고 유지하기 위한 과정
② 채용, 교육, 훈련, 승진, 평가, 보상 등 포함
③ 직원들의 역량 개발과 동기부여

지휘 및 리더십(Directing &Leading)

① 조직 구성원들이 목표를 향해 효과적으로 활동할 수 있도록 방향 제시
② 동기부여, 의사소통, 갈등 관리 등을 포함
③ 효과적인 리더십을 통해 조직의 생산성과 효율성 증진

조정 및 조율(Coordinating)

① 부서 간, 직원 간 업무 조정을 통해 효율적인 운영 보장
② 협력 체계 유지 및 팀워크 촉진
③ 업무 수행 과정에서의 갈등 관리

재정 및 예산관리(Budgeting &Financial Management)

① 조직 운영을 위한 재정 계획 및 예산 편성
② 예산 집행, 회계 및 재무 관리

③ 투명하고 효율적인 재정 운영을 위한 모니터링

통제 및 평가(Controlling &Evaluating)

① 조직의 운영 및 서비스가 목표와 일치하는지 점검

② 성과 평가 및 프로그램 효과성 분석

③ 피드백을 통한 개선 및 수정 조치

이러한 과정은 사회복지 조직이 원활히 운영되고, 서비스가 효과적으로 전달되도록 하는 핵심적인 요소입니다. 각 과정이 유기적으로 연계되어야 하며, 지속적인 평가와 개선을 통해 보다 나은 사회복지행정을 실현할 수 있습니다.

3 인사관리(Staffing)

사회복지 인사관리(Staffing) 개요

사회복지 인사관리(Staffing)는 사회복지 조직에서 인력을 적절하게 확보하고, 배치하며, 유지·관리하는 과정이다. 이는 사회복지 서비스의 질을 결정하는 중요한 요소로, 효과적인 인사관리를 통해 조직의 목표를 효율적으로 달성할 수 있다.

사회복지 인사관리의 개념

사회복지 조직에서 인사관리란 직원(사회복지사, 행정직, 지원직 등)의 채용, 배치, 교육훈련, 평가, 보상, 승진 및 조직 내 동기부여를 포함하는 광범위한 관리 활동을 의미한다. 이를 통해 조직의 운영 효율성을 극대화하고, 사회복지 서비스를 효과적으로 제공할 수 있도록 한다.

사회복지 인사관리의 중요성

사회복지 분야의 인사관리는 비영리 조직이 많고 공공성이 강조되며, 서비스 제공자가 직접적인 대인 서비스를 수행하는 특성을 가지므로 조직의 성과와 서비스의 질에 직접적인 영향을 미친다. 따라서 숙련된 인력을 확보하고 유지함으로써 사회복지 서비스의 질을 향상시키고, 적절한 인력 배치와 동기부여를 통해 조직의 지속 가능성을 확보하며, 공정한 보상과 근무 환경을 제공하여 직원들의 직무 만족도를 증대시키고 이직률을 낮출 수 있으며, 나아가 인적 자원을 효율적으로 활용하여 조직의 목표 달성에 기여하는 것이 필수적이다.

1) 사회복지 인사관리의 주요 기능

채용 및 배치는 기관의 목표와 역할에 부합하는 적합한 인력을 모집하고 효과적으로 배치하는 과정이다. 이를 바탕으로, 직원의 역량 강화를 위해 지속적인 교육과 전문성 개발 기회를 제공하는 교육 및 훈련이 필수적이다. 또한, 공정한 평가를 통해 성과를 측정하고 이에 따른 적절한 보상을 제공함으로써 직원들의 동기를 부여하는 평가 및 보상 체계가 중요하다. 더불어, 직원들의 복리후생과 근무 환경을 개선하여 만족도를 높이는 복지 및 근무환경 조성 역시 조직의 지속적인 발전을 위한 필수 요소이다. 이러한 모든 과정을 체계적으로 운영하기 위해서는 기관의 비전과 목표에 맞는 인사제도를 설계하고 운영하는 인사관리 정책 수립이 뒷받침되어야 한다.

가. 인력계획 (Human Resource Planning)

인력계획(Human Resource Planning, HRP)은 조직이 현재 및 미래의 인적 자원 수요를 예측하고 이에 맞는 인력을 확보 · 배치 · 개발 · 활용하는 전략적 관리 과정으로, 조직의 지속적인 성장과 경쟁력 확보를 위해 필수적인 요소이다. 인력계획은 조직의 목표와 경영 환경을 고려하여 인력의 과잉 또는 부족을 방지하고, 적절한 인력 구성을 통해 생산성을 극대화하는 것을 목표로 한다.

이를 위해 **환경 분석, 현재 인력 평가, 미래 인력 수요 및 공급 예측, 인력 수급 차이 분석, 인력 확보 및 개발 전략 수립, 실행 및 평가** 등의 단계를 거쳐 체계적으로 수행된다. 단기 · 중장기 · 전략적 인력계획 등으로 구분되며, 채용 · 승진 · 교육 · 직무 재설계·외주 활용 등의 전략을 통해 조직의 인적 자원을 효과적으로 관리한다.

또한, 급변하는 경영 환경과 기술 변화에 대응하기 위해 유연한 인력 운영이 필요하며, 데이터 기반의 인력 수요 예측과 내부 역량 개발을 병행하는 것이 중요하다. 궁극적으로 인력계획은 조직의 목표 달성을 지원하고, 지속 가능한 성장을 가능하게 하는 핵심적인 경영 전략이다.

나. 사회복지 채용 및 선발 (Recruitment &Selection in Social Welfare)

사회복지 인사관리는 단순한 인력 관리가 아니라, 조직의 성과와 서비스의 질을 결정하는 중요한 요소이다. 적절한 인력 확보, 효과적인 교육훈련, 공정한 보상 체계 구축, 조직문화 개선 등을 통해 직원들의 만족도를 높이고, 궁극적으로 양질의 사회복지 서비스를 제공하는 것이 목표이며, 사회복지 현장에서 인사관리의 역할을 강화함으로써 지속 가능한 복지 서비스가 가능해질 것이다. 이를 위해 정부 및 기관의 적극적인 지원이 필요하며, 사회복지 분야에서 채용 및 선발은 기관의 미션과 가치에 부합하는 인재를 확보하는 중요한 과정이다. 본 과정은 적절한 인재를 모집하고 평가하여 조직의 목표를 효과적으로 수행할 수 있도록 하는 데 목적이 있다.

2) 지휘(Directing)의 개념과 중요성

지휘(Directing)는 조직의 목표를 효과적으로 달성하기 위해 구성원들에게 방향을 제시하고 동기를 부여하며, 그들의 활동을 조정하는 관리 기능이다. 이는 조직 내 인적 자원을 효율적으로 활용하여 생산성을 극대화하고, 목표 달성을 촉진하는 핵심 요소로 작용한다. 지휘의 중요성은 조직의 성과와 직결되며, 명확한 목표 설정과 원활한 의사소통을 통해 구성원의 참여를 유도할 수 있다. 또한, 효과적인 지휘는 팀워크를 강화하고 동기부여를 촉진하여 조직의 경쟁력을 높이는 데 기여한다. 따라서 조직이 성공적으로 운영되기 위해서는 체계적이고 효율적인 지휘가 필수적이다.

지휘(Directing)의 개념

지휘(Directing)는 조직의 목표를 효과적으로 달성하기 위해 구성원들에게 방향을 제시하고, 동기를 부여하며, 의사소통을 촉진하는 관리 기능을 의미하며, 이는 경영의 핵심 요소 중 하나로, 조직 내에서 계획(Planning), 조직(Organizing), 통제(Controlling)와 함께 필수적인 역할을 한다. 지휘는 단순한 명령 전달이 아니라, 조직 구성원들이 자발적으로 목표 달성에 기여할 수 있도록 유도하는 과정이며, 리더십과 밀접한 관련이 있으며, 따라서 지휘는 효과적인 의사소통, 동기부여, 권한 위임, 리더십 등을 포함하는 개념이다.

지휘 및 리더십(Directing)

지휘(Directing)는 조직 내에서 리더가 구성원들에게 목표를 달성하도록 방향을 제시하고 동기를 부여하는 과정이며, 이는 경영의 주요 기 · 능 중 하나로, 계획(Planning), 조직화(Organizing), 통제(Controlling)와 함께 조직이 목표를 달성하는 데 필수적인 역할을 한다.

리더십(Leadership)은 지휘기능의 핵심요소로, 구성원들에게 동기를 부여하고 이끌어가는 능력을 의미하며, 강력한 리더십을 발휘하면 조직구성원들의 사기를 높이고, 효과적인 의사결정을 촉진하며, 조직의 성과를 극대화할 수 있다.

지휘(Directing)의 중요성

지휘는 조직이 원활하게 운영되도록 하는 중요한 기능으로, 다음과 같은 이유에서 필수적이다.

조직 목표 달성

조직의 목표를 설정하는 것만으로는 충분하지 않으며, 이를 효과적으로 수행하도록 유도하는 것이 필수적이며, 목표를 달성하기 위해서는 조직 구성원들이 이를 명확히 이해하고, 목표 달성을 위한 구체적인 전략과 실행 방안을 마련해야 한다.

이를 위해 조직의 리더는 지휘 기능을 활용하여 구성원들이 목표 달성을 위해 올바른 방향으로 나아가도록 유도해야 하며, 효과적인 지휘는 명확한 목표 설정, 적절한 역할 분배, 동기 부여, 그리고 지속적인 피드백을 포함해야 한다. 또한, 조직 내 소통을 강화하고 협업 문화를 조성함으로써 목표 달성을 위한 최적의 환경을 조성할 수 있으며, 더 나아가, 조직의 목표는 구성원들의 개별 목표와 연계되어야 하며, 조직 전체가 공동의 목표를 공유하고 이를 향해 나아갈 수 있도록 지속적인 교육과 성과 관리가 필요하다. 이를 통해 조직은 목표 달성을 극대화할 수 있으며, 궁극적으로 지속 가능한 성장과 발전을 이루게 된다.

동기부여 제공

구성원들은 단순히 지시를 따르는 것이 아니라, 동기부여를 통해 자발적으로 업무에 몰입할 때 높은 성과를 낼 수 있고, • 효과적인 동기부여는 구성원의 내재적 동기와 외재적 동기를 균형 있게 자극하는 것이 중요하며, 지휘 과정에서 적절한 보상과 격려를 제공함으로써 구성원들의 생산성을 향상시킬 수 있으며, 이를 위해 공정한 평가 시스템과 인정 문화를 조성해야 한다. 또한, 비전과 목표를 명확히 제시하고, 개인의 성장 기회를 제공함으로써 구성원들이 스스로 동기를 부여받고 업무에 몰입할 수 있도록 해야 한다.

3) 효과적인 의사소통 촉진

조직 내에서 원활한 정보 흐름은 구성원들이 효과적으로 업무를 수행하는 데 필수적인 요소이다. 명확한 의사소통을 통해 업무 목표를 공유하고, 기대치를 조정하며, 협업을 촉진할 수 있으며, 이를 위해 지휘 기능을 활용하여 명확한 지침을 제공하고, 피드백을 주고받으며 조직의 원활한 운영을 보장해야 한다.

또한, 개방적이고 수평적인 의사소통 환경을 조성함으로써 구성원들이 자유롭게 의견을 개진하고 문제를 해결할 수 있도록 지원해야 한다. 따라서, 효과적인 의사소통은 오해를 줄이고, 신뢰를 구축하며, 조직의 생산성과 창의성을 증진하는 중요한 요소로 작용합니다. 이를 위해 정기적인 회의, 디지털 커뮤니케이션 도구 활용, 피드백 시스템 강화 등의 전략을 도입할 수 있다.

협력과 조정의 중요성

조직은 다양한 부서와 구성원들로 이루어져 있으며, 각자의 역할이 원활하게 수행될 때 조직 전체의 목표를 효과적으로 달성할 수 있다. 이를 위해서는 개별 구성원과 부서 간의 원활한 협력이 필수적이며, 이를 조정하는 과정이 중요하다. 조직 내 협력은 공동의 목표를 달성하기 위해 구성원들이 서로 정보를 공유하고 지원하는 과정이며, 효과적인 협력은 생산성 향상, 창의적 문제 해결, 신속한 의사결정에 기여하고, 조직 문화, 신뢰 형성, 개방적인 의사소통은 협력을 촉진하는 핵심 요소이다.

조정은 조직 내 다양한 업무와 기능이 원활하게 연결되도록 관리하는 과정이며, 이는 계층적 조정, 수평적 조정, 공식적 조정, 비공식적 조정과 같은 방식으로 이루어질 수 있다. 계층적 조정은 지휘와 명령 체계를 통해 조직을 조정하며, 명확한 보고 체계를 구축한다. 수평적 조정은 부서 간 협력을 촉진하기 위해 상호 정보 공유 및 의사소통을 강화하는 방식이며, 공식적 조정은 규정, 절차, 시스템을 활용하여 업무를 표준화하는 과정이고, 비공식적 조정은 개인 간 신뢰와 관계를 기반으로 협력을 촉진하는 방식이다.

효과적인 협력과 조정을 위해서는 명확한 목표 설정, 개방적인 의사소통 체계 구축, 리더십 발휘, 적극적인 피드백과 조정, 정보 기술 활용 등의 전략이 필요하며, 조직의 비전과 목표를 명확히 정의하고, 모든 구성원이 이를 이해할 수 있도록 해야 하며, 개방적이고 신속한 정보 공유 체계를 마련해야 한다. 조직의 리더는 협력적인 문화를 조성하고 갈등을 효과적으로 해결해야 하며, 정기적인 회의와 피드백을 통해 업무 조정과 개선을 지속적으로 수행해야 한다. 또한, 협업 도구와 시스템을 적극적으로 활용하여 업무 조정과 효율성을 극대화하는 것이 중요하다.

결론적으로, 협력과 조정은 조직 운영에서 필수적인 요소이며, 이를 효과적으로 수행할 때 조직의 성과와 경쟁력이 극대화된다. 조직 구성원 간의 신뢰를 바탕으로 협력 문화를 조성하고, 적절한 조정 방식을 도입하여 원활한 업무 수행이 가능하도록 해야 한다.

변화와 혁신 촉진

현대 경영 환경은 기술의 발전, 시장의 변화, 경쟁 심화 등으로 인해 빠르게 변화하고 있으며, 이러한 환경 속에서 조직이 생존하고 지속적으로 성장하기 위해서는 유연한 사고와 신속한 대응이 필수적이다. 변화와 혁신을 단순한 선택이 아니라 필연적인 요소로 인식하고, 이를 조직 문화에 내재화하는 것이 중요하다.

변화와 혁신의 필요성

현대 사회와 경제 환경은 빠르게 변화하고 있으며, 기업, 조직, 개인 모두 지속적인 혁신을 통해 변화에 적응해야 하며, 변화와 혁신을 촉진하는 것은 경쟁력을 유지하고 지속가능한 성장을 이루기 위한 필수적인 요소이다. 다음은 변화와 혁신이 필요한 주요 이유이다.

급변하는 시장 환경

현대 시장 환경은 **디지털 혁신, 글로벌화, 신기술의 발전** 등의 요인으로 인해 빠르게 변화하고 있다. 이러한 변화 속에서 기업이 지속적으로 성장하고 경쟁력을 유지하기 위해서는 다음과 같은 전략적 대응이 필요하다.

디지털 전환을 통한 혁신과 경쟁력 강화

급변하는 비즈니스 환경 속에서 기업이 지속적으로 성장하고 경쟁력을 유지하기 위해서는 디지털 전환을 통한 혁신이 필수적이다. 인공지능(AI), 빅데이터, 클라우드 컴퓨팅과 같은 신기술을 적극적으로 활용하여 비즈니스 프로세스를 최적화해야 한다. 이를 통해 디지털 플랫폼을 구축하고, 고객 경험을 개선함으로써 차별화된 가치를 제공할 수 있다.

특히, 고객 중심 전략을 강화하는 것이 중요하며, 변화하는 고객의 요구를 신속하게 파악하고 맞춤형 서비스를 제공함으로써 고객 만족도를 높이고 충성도를 확보할 수 있다. 데이터 분석을 활용하여 소비자 행동을 예측하고, 고객과의 접점을 확대하는 것이 기업의 지속 가능성을 높이는 핵심 요소가 된다.

또한, 기존의 성공 방식이 더 이상 유효하지 않을 가능성이 높아짐에 따라 전통적인 경영 전략을 재검토할 필요가 있다. 이를 위해 애자일(Agile) 조직 문화를 도입하고, 혁신적인 비즈니스 모델을 개발하며, 협업과 개방형 혁신(Open Innovation) 전략을 활용하는 것이 효과적이다. 이러한 새로운 접근 방식을 통해 기업은 급변하는 시장 환경에 유연하게 대응할 수 있다.

글로벌 경쟁력을 확보하는 것도 중요한 과제이다. 신흥 시장을 개척하고 현지화 전략을 수립함으로써 국제무대에서의 입지를 강화해야 한다. 또한, 지속가능한 경영

(Environmental, Social, Governance, ESG)을 고려하여 글로벌 기업으로서의 사회적 책임을 다하는 것이 필수적이다.

결국, 기업이 생존하고 성장하기 위해서는 지속적인 혁신, 유연한 조직 운영, 그리고 데이터 기반의 의사결정을 통해 변화에 민첩하게 대응해야 한다. 이를 통해 기업은 경쟁력을 강화하고, 빠르게 변화하는 시장 환경에서도 성공을 거둘 수 있을 것이다.

4 경쟁 우위 확보

경쟁 우위를 확보하고 유지하기 위해서는 비용 우위, 차별화, 집중 전략을 적절히 활용해야 하며, 또한, 기술 혁신, 고객 경험 강화, 지속 가능성, 글로벌 확장 전략을 병행하며, 변화하는 환경에 신속하게 대응할 수 있는 유연한 조직 문화를 갖추는 것이 필수적이며, 기업이 지속적으로 경쟁력을 유지하기 위해서는 단순한 비용 절감이나 차별화 전략만으로는 부족하며, 장기적인 성장과 혁신을 위한 종합적인 접근 방식이 필요하다.

경쟁 우위(Competitive Advantage)란 기업이 경쟁자보다 우월한 가치를 제공할 수 있는 능력을 의미로, 경쟁 우위를 확보하기 위해서는 차별화된 전략이 필요하고 이는 비용 우위, 제품 차별화, 고객 관계, 기술 혁신 등 다양한 요소를 포함할 수 있다.

1) 기술 발전과 디지털 트랜스포메이션

가. 인공지능(AI), 빅데이터, 사물인터넷(IoT) 등 새로운 기술이 산업 전반에 영향을 미치고 있다.

나. 기술혁신을 적극적으로 수용하는 조직만이 지속가능한 성장을 이룰 수 있다

다. 디지털 전환을 통해 효율성을 높이고 새로운 비즈니스모델을 창출할 필요가 있다.

2) 조직의 생존과 지속 가능성

조직의 생존과 지속 가능성(sustainability)은 단기적인 이익 극대화가 아니라 장기적인 관점에서 경제적, 사회적, 환경적 요소를 종합적으로 고려하는 방식으로 이루어져야 한다. 지속 가능성을 확보하기 위해서는 변화하는 환경에 대한 적응력, 혁신적인 비즈니스 모델, 윤리적 경영, 친환경 전략이 필수적이다. 결국, 조직의 생존과 지속 가능성은 조직 내부의 역량뿐만 아니라 외부 이해관계자와의 협력 및 사회적 책임을 통해 실현될 수

있다. 있으며, 조직의 생존과 지속 가능성은 현대 경영학 및 조직이론에서 핵심적인 주제이다. 조직은 외부 환경과의 상호작용 속에서 변화하고 적응하며, 지속 가능한 성장을 추구해야 한다. 조직이 생존하기 위해서는 경제적, 사회적, 환경적 요소를 균형 있게 고려해야 하며, 이를 통해 장기적인 경쟁력을 확보할 수 있다. 본 논문에서는 조직의 생존과 지속 가능성에 대한 이론적 배경을 살펴보고, 주요 요인을 분석한 후, 이를 바탕으로 지속 가능한 조직 운영 방안을 제시하고자 한다.

지속 가능성은 조직이 단기적인 이익을 추구하는 것을 넘어 장기적으로 존속하고 성장할 수 있도록 경제적, 사회적, 환경적 요소를 균형 있게 고려하는 개념이다. 이를 위해 조직은 변화하는 외부 환경에 유연하게 대응하고, 혁신을 지속하며, 이해관계자와의 협력을 강화해야 한다. 또한, 조직이 의존하는 자원을 효율적으로 관리하고, 사회적 책임을 다하며, 환경 친화적인 경영 전략을 도입하는 것이 중요하다. 결국, 지속 가능성은 조직이 단순히 생존하는 것을 넘어 사회와 공존하며 가치를 창출하는 방향으로 나아가야 함을 의미한다.

3) 리더십의 정의

리더십(Leadership)이란 특정한 목표를 달성하기 위해 개인이나 조직을 효과적으로 이끌고, 동기 부여하며, 방향을 제시하는 능력과 과정이며, 리더십은 단순히 권위나 지위를 의미하는 것이 아니라, 구성원들에게 비전과 동기를 부여하고, 협력을 이끌어내어 공동의 목표를 달성하도록 돕는 역량을 포함한다는 것이며, 시대와 환경에 따라 변화하며, 효과적인 리더가 되기 위해서는 다양한 리더십 스타일을 이해하고 상황에 맞게 적용하는 것이 매우중요다.

① 리더십의 주요 기능

비전 제시(Vision Setting): 조직이 나아가야 할 방향을 명확히 설정

동기 부여(Motivation): 구성원들이 목표 달성을 위해 노력하도록 자극

의사결정(Decision Making): 조직의 전략적 방향을 설정하고 실행

조직문화 형성(Culture Building): 조직의 가치와 문화를 조성하여 공동체의식 형성

② 리더십의 주요 유형

권위형 리더십(Autocratic Leadership): 리더가 모든 의사결정을 내리고 구성원에게 지시하는 방식으로 신속한 의사결정이 가능하지만 구성원의 자율성이 낮음

민주형 리더십(Democratic Leadership): 구성원들의 의견을 수렴하고 의사결정 과정에 참여시키는 방식이며, 창의성과 팀워크가 촉진되지만 의사결정이 느려질 수 있다.

자유방임형 리더십(Laissez-Faire Leadership): 구성원들에게 자율성을 최대한 부여하고 간섭하지 않는 방식이며, 창의성이 극대화될 수 있지만 조직의 통제력이 약화될 가능성이 있다.

변혁적 리더십(Transformational Leadership): 비전을 제시하고 구성원들에게 동기를 부여하여 변화를 이끄는 방식으로 장기적인 성과 향상과 조직문화 혁신에 기여한다.

거래적 리더십(Transactional Leadership): 보상과 처벌을 통해 조직 목표를 달성하는 방식으로 단기적인 성과 향상에는 효과적이나 창의성 저하 가능성이 있다.

5 고객 기대 변화에 대한 대응 전략

현대 시장 환경은 기술 발전, 글로벌화, 사회적 변화 등으로 인해 빠르게 변화하고 있으며, 이에 따라 고객의 기대도 지속적으로 변하고 있다. 기업이 지속적으로 성장하고 경쟁력을 유지하기 위해서는 이러한 고객 기대 변화에 효과적으로 대응하는 것이 필수적이다. 고객 기대 변화에 대응하기 위한 전략은 고객 기대는 시대와 기술 변화에 따라 끊임없이 변화하고 있으며, 기업은 이를 신속하고 유연하게 반영해야 한다. 데이터 기반 의사결정, 맞춤형 서비스, 디지털 전환, 브랜드 신뢰 구축 등의 전략을 적극적으로 실행함으로써 고객 만족도를 극대화하고 지속 가능한 경쟁력을 확보할 수 있다.

1) 고객 기대 변화의 주요 원인

기술 발전: 디지털 전환: AI, IoT, 빅데이터, 블록체인 등의 기술이 발전하면서 고객은 더 빠르고 개인화된 서비스를 기대한다.

모바일 및 온라인 서비스 증가: 모바일 앱과 온라인 플랫폼의 발전으로 고객은 편리하고 즉각적인 서비스 제공을 기대한다.

AI 기반 추천 및 자동화 서비스: AI 추천 알고리즘이 발전하면서 고객은 맞춤형 제품과 서비스를 기대한다.

정보의 확산 및 접근성 증가

소셜 미디어의 영향: 고객은 다양한 채널(유튜브, 인스타그램, 틱톡 등)에서 리뷰와 경험을 쉽게 공유하고, 이를 통해 기대치가 높아진다.

비교 가능성 증가: 고객은 다양한 브랜드와 제품을 비교할 수 있는 정보에 쉽게 접근할 수 있어 더 나은 경험을 기대한다.

〈소비자 라이프스타일 변화〉

개인화된 경험 중시: 소비자들은 획일적인 제품보다 자신만을 위한 맞춤형 서비스를 원합니다.

가치 소비 증가: 윤리적 소비, 친환경 제품, 지속 가능성 등을 중시하는 소비자가 증가하면서 기업에 대한 기대도 변하고 있습니다.

구독 경제 확산: 넷플릭스, 아마존 프라임, 애플뮤직 등 구독형 서비스가 확산되면서 고객들은 지속적인 가치를 제공하는 서비스를 기대한다.

2) 고객 중심적 사고 개념

고객 중심적 사고(Customer-Centric Thinking)는 조직이 고객의 필요와 기대를 중심으로 모든 전략과 운영 방식을 설계하는 경영 철학을 의미한다. 이는 단순히 고객 만족을 목표로 하는 것을 넘어, 고객의 요구를 선제적으로 파악하고 지속적인 가치를 제공하는 것을 핵심으로 한다.

사회복지 영역에서 고객 중심적 사고는 서비스 이용자인 국민, 사회적 약자, 지역사회 구성원 등의 요구와 기대를 세심하게 분석하고, 이를 기반으로 복지 정책과 프로그램을 기획·운영하는 접근 방식이다. 사회복지 고객은 시대적 변화와 함께 기대 수준이 높아지고 있으며, 맞춤형 서비스와 개별적 요구를 충족할 수 있는 대응이 필요하며, 결과적으로, 고객 중심적 사고는 사회복지 서비스의 질을 향상시키고, 궁극적으로 이용자의 삶의 질을 높이는 중요한 전략적 접근법이다.

고객니즈분석: 고객의 기대, 문제, 선호도를 조사하고 이를 서비스개선에 반영

개별 맞춤형 서비스 제공: 획일적 지원이 아닌 개인별, 상황별 맞춤형 복지서비스 설계

고객과의 지속적 소통: 피드백을 반영하여 서비스 품질을 지속적으로 향상

서비스 혁신과 유연성: 변화하는 사회적 환경과 고객의 요구에 따라 정책과 서비스를 유연하게 조정

3) 고객 경험(Customer Experience, CX)의 중요성 증가

빠른 응답과 즉각적인 해결 기대: 고객은 문제 해결 속도가 빨라질 것을 기대하며, 실시간 챗봇, AI 고객 지원 등을 선호한다.

옴니채널 경험 요구: 고객은 오프라인, 온라인, 모바일 등 다양한 채널에서 일관된 브랜드 경험을 기대한다.

감성적 연결 및 브랜드 충성도 강화: 기업의 가치, 미션, 윤리 등이 소비자의 기대에 부합해야 브랜드 충성도를 유지할 수 있다.

브랜드 신뢰도 및 가치 강화

랜드 신뢰도와 가치를 강화하기 위해서는 고객과의 투명한 커뮤니케이션이 필수적이다. 기업은 정직하고 개방적인 소통을 통해 고객에게 신뢰를 주어야 하며, 이를 위해 제품 정보, 서비스 정책, 기업 운영 방식 등을 명확하게 공개하는 노력이 필요하다. 또한, 환경친화적이고 윤리적인 경영 방식을 실천함으로써 지속 가능성과 사회적 책임을 다하는 브랜드 이미지를 구축해야 한다. 친환경 제품 개발, 공정 무역 원칙 준수, 사회 공헌 활동

강화 등은 브랜드의 신뢰도를 높이는 데 기여할 수 있다. 이를 통해 고객은 브랜드의 가치를 더욱 높이 평가하고, 장기적인 충성도를 유지할 가능성이 커진다.

민첩한 혁신과 지속적인 개선

민첩한 혁신과 지속적인 개선을 위해 애자일(Agile) 방법론을 적용하여 변화에 신속하게 대응할 수 있도록 한다. 애자일 접근 방식은 유연성과 협업을 기반으로 하며, 짧은 개발 주기를 반복하면서 지속적으로 피드백을 반영하여 최적의 결과를 도출하는 것이 핵심이다. 이를 통해 시장 변화에 빠르게 적응하고, 고객의 요구 사항을 반영한 맞춤형 제품 및 서비스를 제공할 수 있다. 또한, 정기적인 제품 및 서비스 개선을 통해 품질을 향상시키고 고객 만족도를 지속적으로 높인다. 고객 의견을 적극적으로 수렴하고 데이터 기반의 의사 결정을 통해 효율적인 개선 프로세스를 운영함으로써 경쟁력을 확보하며, 혁신적인 아이디어를 지속적으로 실현할 수 있는 환경을 조성한다.

지휘(Directing)의 주요 요소

지휘(Directing)는 조직의 목표를 효과적으로 달성하기 위해 구성원들을 이끌고 동기부여하며 조정하는 관리기능 중 하나이며, 효과적으로 달성하기 위해 필수적인요소이다. 리더십을 발휘하고, 구성원들에게 동기부여하며, 명확한 의사소통과 조정을 통해 업무를 원활히 수행하도록 유도해야 하다. 또한, 적절한 권한 위임과 피드백을 활용하여 조직의 효율성과 생산성을 극대화할 수 있다.

리더십(Leadership)

리더십(Leadership)은 조직의 목표를 효과적으로 성취하기 위해 구성원들에게 방향을 제시하고 동기를 부여하며, 조직의 성과와 문화를 형성하는 핵심 역량입니다. 이는 신뢰 구축, 비전 설정, 효과적인 의사결정, 문제 해결, 원활한 커뮤니케이션, 동기 부여, 변화 관리 등의 요소를 포함하며, 리더십 스타일(예: 권위적, 민주적, 자유방임형 등)에 따라 조직의 분위기와 성과에 결정적인 영향을 미칩니다. 특히, 사회복지 영역에서는 리더십이 보다 인간 중심적이고 윤리적인 접근을 요구하며, 복지 대상자의 권익을 보호하고 서비스의 질을 향상시키기 위한 협력적이고 포용적인 태도가 필수적입니다. 사회복지 조직에서의 리더는 단순한 관리자가 아니라, 사회적 가치 실현을 위해 정책을 조정하고 자원을 효과적으로 배분하며, 지역사회와의 연계를 강화하여 지속 가능한 복지를 실현하는 역할을 수행해야 합니다. 또한, 복지 환경의 변화에 따라 유연하고 혁신적인 사고를 바탕으로 새로운 복지 모델을 개발하고, 구성원들과 함께 공동체 발전을 도모하는 리더십이 요구됩니다.

동기부여(Motivation)

동기부여(Motivation)는 조직 구성원들이 자발적으로 최선을 다하도록 유도하는 과정으로, 이는 사회복지 분야에서도 매우 중요한 요소입니다. 조직에서는 물질적 보상(급여, 인센티브)뿐만 아니라 비물질적 보상(승진, 인정, 자율성) 등을 활용하여 직원들의 동기를 높이며, 이는 사회복지기관에서도 클라이언트의 복지를 향상시키기 위한 종사자들의 헌신과 업무 만족도를 높이는 데 기여합니다. 특히, 마슬로우의 욕구 단계 이론은 인간의 기본적인 생리적 욕구부터 자아실현 욕구까지의 단계를 설명하며, 이는 사회복지 서비스 제공 시 클라이언트의 다양한 욕구를 충족시키는 데 적용될 수 있습니다. 또한, 허즈버그의 동기-위생 이론은 직무만족을 유발하는 요인과 불만족을 방지하는 요인을 구분하며, 사회복지 종사자들이 의미 있는 업무 수행을 통해 동기부여 될 수 있도록 조직이 지원하는 것이 중요함을 시사합니다. 맥그리거의 X-Y 이론 역시 조직 내에서 인간의 본성을 어떻게 바라보느냐에 따라 리더십 스타일과 동기부여 전략이 달라질 수 있음을 강조하며, 사회복지 조직에서는 Y이론을 기반으로 직원들의 자율성과 자기계발을 촉진하는 환경을 조성하는 것이 효과적일 수 있습니다. 이처럼 동기부여 이론들은 사회복지 조직에서 종사자들의 업무 효율성과 만족도를 높이고, 궁극적으로 클라이언트에게 보다 나은 복지 서비스를 제공하는 데 기여할 수 있습니다.

의사소통(Communication)

조직 내에서 명확한 지시와 피드백이 이루어지는 과정에서, 개방적인 조직문화와 경청, 비언어적 요소의 활용이 효과적인 의사소통을 위한 필수 요소이며, 일방적 의사소통이 아닌 쌍방향 소통을 통해 오해를 줄이고 업무 및 사회복지 서비스의 효율성을 높일 수 있습니다.

조정(Coordination)

조정(Coordination)은 조직 내 다양한 부서와 팀 간의 협력을 유도하여 조화를 이루도록 하는 과정으로, 목표 달성을 위해 각 부서의 역할과 책임을 명확히 하고 업무의 중복이나 갈등을 최소화하는 것이 중요합니다. 특히 사회복지 분야에서는 다양한 기관, 전문가, 자원봉사자, 지역사회와의 유기적인 협력을 통해 효과적인 서비스 제공이 이루어져야 합니다. 이를 통해 사회복지 조직은 자원의 효율적 배분과 대상자 중심의 맞춤형 지원을 극대화할 수 있으며, 궁극적으로 조직의 시너지 효과를 높여 보다 효과적인 복지 서비스를 제공할 수 있습니다.

권한 위임(Delegation of Authority)

권한 위임은 조직 운영의 필수적인 요소이며, 이를 통해 효율적인 업무 수행과 구성원의 성장, 조직의 지속적인 발전을 이룰 수 있다. 특히 사회복지 조직에서는 신속한 의사결정과 서비스 품질 향상을 위해 권한 위임이 필수적으로 요구되며, 성공적인 권한 위임을 위해서는 명확한 지침 제공, 신뢰 구축, 지속적인 피드백이 이루어져야 하고, 이를 통해 조직 구성원들의 역량을 강화하고 보다 효과적인 복지 서비스를 제공할 수 있으며, 효과적으로 달성하기 위해 적절한 권한과 책임을 부하 직원에게 이전하는 과정이다. 이는 조직의 효율성을 높이고, 의사결정 속도를 향상시키며, 구성원들의 역량 개발을 촉진하는 중요한 관리 기법이며, 상위 관리자는 핵심적인 전략적 의사결정에 집중할 수 있고, 직원들은 위임된 권한 내에서 주도적으로 업무를 수행함으로써 조직의 생산성과 운영 효율성을 증대시킬 수 있다.

권한 위임의 필요성(Delegation of Authority)

권한 위임은 조직 내에서 업무를 보다 효율적으로 수행하기 위해 상위 관리자가 일정한 권한과 책임을 하위 구성원에게 위임하는 과정이다. 이는 조직 운영의 필수적인 요소로, 다음과 같은 이유에서 필요하다.

의사결정의 신속성

조직이 점점 복잡해지고 규모가 커짐에 따라, 모든 의사결정을 최고 관리자가 수행하는 것은 비효율적입니다.
적절한 권한 위임을 통해 조직 내에서 빠른 의사결정이 가능해지고, 변화에 신속하게 대응할 수 있습니다.

관리자의 업무 부담 완화

상위 관리자는 중요한 전략적 의사결정에 집중하고, 일상적인 업무는 하위 관리자나 직원들에게 위임함으로써 업무 부담을 줄일 수 있습니다.
이를 통해 조직 전체의 업무가 원활하게 운영될 수 있으며, 상위 관리자는 보다 장기적인 비전 수립과 핵심 과제에 집중할 수 있습니다.

또한, 하위 관리자와 직원들의 책임감과 자율성이 강화되어 조직의 효율성이 높아지고, 전반적인 업무 만족도 역시 향상될 수 있다.

조정(Coordinating)과 통제(Controlling)는 조직의 목표를 효과적으로 달성하기 위해 필수적인 경영 기능이다. 이는 조직의 자원과 활동을 효율적으로 정렬하고, 목표 달성을 위한 실행 과정을 점검 및 수정하는 역할을 하며, 조직의 목표 달성을 위한 필수적인 기능으로, 조정은 협력을 촉진하고 자원을 최적화하며, 통제는 성과를 점검하고 오류를 수정하는 역할을 한다. 이를 효과적으로 수행할 경우 조직의 운영 효율성과 생산성이 향상될 수 있다

조정(Coordinating)의 개념: 조정은 조직 내의 다양한 요소(사람, 자원, 부서 등)를 유기적으로 연결하여 일관된 방향으로 움직이도록 조정하는 과정이다. 이를 통해 조직 내 활동 간의 조화를 이루고, 업무의 중복이나 충돌을 최소화하여 효율성을 극대화할 수 있다.

조정의 필요성: 조정은 조직 내에서 필수적인 기능으로, 다양한 이유로 인해 반드시 필요하다. 먼저, **자원의 효율적 활용**이 중요한데, 조직이 보유한 제한된 인적, 물적, 재정적 자원을 최적화하여 낭비를 방지하고 최대한의 효과를 끌어낼 수 있도록 한다. 또한, **업무의 연계성 강화**를 통해 부서 간 협력을 촉진하고 업무가 원활하게 흐르도록 조정함으로써 조직 전체의 생산성을 높인다. 더 나아가, **목표 일치**를 이루는 것이 중요한데, 조직의 전반적인 목표와 개별 부서 및 팀의 목표를 정렬함으로써 조직이 동일한 방향으로 나아갈 수 있도록 돕는다. 마지막으로, **갈등 해소**를 통해 부서 간 또는 개인 간의 갈등을 조정하고 해결하여 원활한 업무 진행을 보장함으로써 조직 운영의 효율성을 극대화할 수 있다.

통제(Controlling): 조직의 목표와 실제 성과가 일치하는지를 평가하고, 필요할 경우 수정 조치를 취하는 과정을 의미하며, 이는 조직의 효율성과 효과성을 유지하고 개선하는 데 필수적인 관리 기능 중 하나이다.
성과 기준 설정 – 조직의 목표와 기대되는 성과 수준을 명확히 정의한다.
실제 성과 측정 – 조직의 활동과 결과를 평가측정 가능한 데이터로 기록한다.
성과 비교 및 분석 – 실제성과와 목표 비교하여 차이를 분석, 문제점파악.
수정 조치 실행 – 목표달성을 위해 필요한 개선 조치를 결정하고 실행한다.

효과적인 통제 시스템을 구축하기 위해서는 신속한 피드백, 명확한 기준, 적절한 평가 방법이 필수적입니다. 이를 통해 조직은 변화하는 환경에 대응하고 지속적으로 성과를 향상시킬 수 있다.

통제의 필요성: 통제는 목표 달성 여부를 확인하여 계획과 실제 성과의 차이를 분석하고, 업무 수행 과정에서의 오류 및 비효율성을 파악하여 시정하며, 예상치 못한 변화에 대한 대응력을 강화하여 조직의 안정성을 유지하고, 지속적인 피드백을 통해 업무 프로세스를 향상시켜 성과를 개선함으로써 조직이 변화하는 환경 속에서도 효율성을 극대화하고 목표를 효과적으로 달성할 수 있도록 하는 필수적인 과정이다.

사전 통제(Feedforward Control)는 업무가 실행되기 전에 발생할 수 있는 문제를 예방하기 위해 계획을 수립하고, 적절한 인력을 배치하며, 효과적인 프로세스를 설계하는 과정이다. 이를 통해 오류를 사전에 방지하고, 업무의 효율성과 정확성을 높이며, 조직의 목표 달성을 지원한다.

동시 통제(Concurrent Control)는 업무가 진행되는 동안 즉각적인 피드백을 제공하고 필요한 수정 조치를 취하는 방식의 관리 기법이다. 이를 위해 실시간 모니터링 시스템을 활용하여 업무 진행 상황을 지속적으로 추적하고, 직접 감독을 통해 문제 발생 시 즉각적인 개입이 가능하도록 한다. 또한, 현장 점검을 실시하여 작업 환경과 절차를 점검하고, 기준에서 벗어나는 요소를 신속히 시정함으로써 업무의 효율성과 정확성을 높인다. 이러한 방식은 오류를 사전에 방지하고 생산성을 극대화하는 데 중요한 역할을 한다.

사후 통제(Feedback Control): 사후 통제는 업무가 완료된 후 성과를 평가하고 개선점을 도출하는 과정이다. 이는 조직이 목표를 효과적으로 달성했는지를 확인하고, 향후 유사한 업무 수행 시 보다 나은 결과를 얻기 위한 중요한 관리 활동 중 하나이다. 이 과정에서는 다양한 방법을 활용하여 성과를 분석하고 개선 방향을 수립한다. 예를 들어, 재무 분석을 통해 기업의 수익성과 비용 구조를 점검하고, 비효율적인 요소를 식별하여 개선할 수 있다. 또한 고객 피드백을 수집하여 서비스 품질을 평가하고, 고객 만족도를 높이기 위한 전략을 마련할 수도 있다. 성과 보고서를 통해 각 부서나 개인의 업무 성과를 객관적으로 검토하고, 필요한 보완 조치를 논의하는 것도 중요한 과정이다.

사후 통제는 단순한 평가에 그치는 것이 아니라, 지속적인 개선을 위한 기반이 된다. 이를 통해 조직은 과거의 실수를 반복하지 않고, 더욱 효율적이고 효과적인 방식으로 업무를 수행할 수 있도록 발전해 나간다.

제3부

사회복지행정의 실천과 적용

제8장 사회복지 조직의 마케팅과 홍보

1 사회복지 조직의 마케팅과 홍보의 개념

사회복지 조직은 공공의 이익과 사회적 가치를 실현하기 위해 운영되는 비영리 조직으로, 효과적인 서비스 제공을 위해 다양한 마케팅과 홍보 활동을 수행한다. 일반 기업이 수익 창출을 목적으로 하는 마케팅을 수행하는 것과 달리, 사회복지 조직의 마케팅과 홍보는 조직의 미션과 가치를 알리고, 서비스 이용자를 확대하며, 후원자 및 자원봉사자를 유치하는 데 초점을 맞춘다. 사회복지 조직에서 마케팅과 홍보는 단순한 광고나 기부 요청을 넘어, 기관의 미션을 효과적으로 전달하고, 서비스 수혜자의 접근성을 높이며, 후원자 및 자원봉사자와의 지속적인 관계를 형성하는 핵심적인 활동이다. 이를 통해 조직의 지속 가능성을 확보하고, 궁극적으로 사회적 가치를 실현하는 데 기여할 수 있다.

1) 사회복지 조직 마케팅의 개요

사회복지 조직도 일반 기업과 마찬가지로 효과적인 마케팅 전략이 필요하다. 하지만 영리를 추구하는 기업과 달리, 사회복지 조직의 마케팅은 주로 **사회적 가치 창출과 공공 이익 실현**을 목표로 삼으며, 이에 따라, 사회복지 조직 마케팅은 **사회적 목적**을 기반으로 한 특수한 접근 방식을 필요로 한다.

사회복지 조직 마케팅은 **기관의 목적과 사명을 효과적으로 전달하고, 후원자 및 수혜자와의 관계를 구축하여 조직의 지속 가능성을 확보하는 활동**을 의미하며, 이러한 마케팅은 단순한 홍보를 넘어 **사회적 문제 해결을 위한 자원 동원, 인식 개선, 참여 촉진** 등의 역할을 수행한다.

목표: 후원금 확보, 봉사자 모집, 정책적 지지 확보, 서비스 이용률 증가 등

대상: 기부자, 자원봉사자, 정책 결정자, 지역사회 주민, 서비스 이용자 등

2) 사회복지 조직의 마케팅 전략

사회복지 조직은 공공의 이익을 위한 비영리 단체이지만, 지속적인 운영과 효과적인 서비스 제공을 위해 마케팅 전략이 필수적이며, 마케팅을 통해 후원자와 자원봉사자를 모집하고, 사회적 영향력을 확대하며, 서비스 이용자에게 필요한 정보를 제공할 수 있다. 하지만, 사회복지마케팅은 단순한 홍보가 아니라, 조직의 미션을 실현하고 지속가능성을 확보하기 위한 필수적인 전략이다. 효과적인 마케팅을 통해 사회적 가치를 극대화하고, 후원자와 자원봉사자의 참여를 유도하며, 서비스 이용자의 만족도를 높일 수 있다.

3) 효과적인 사회복지 조직 마케팅 기법

사회복지 조직의 마케팅은 단순한 홍보를 넘어, 공익적 가치를 효과적으로 전달하고 지속 가능한 지원을 유도하는 전략이 필요하다. 첫째, 감성적 스토리텔링을 활용하여 조직의 활동이 실제로 대상자의 삶에 어떤 긍정적인 변화를 가져왔는지 보여줌으로써 기부자와 봉사자의 공감을 이끌어낼 수 있다. 개인의 변화 사례나 성공 스토리를 중심으로 한 콘텐츠는 사람들의 정서적 반응을 유도하며, 기부 및 참여를 촉진하는 강력한 도구가 된다.

둘째, 디지털 마케팅과 소셜미디어(SNS)를 적극적으로 활용하여 다양한 연령층과 소통하고 참여를 확대하는 것이 중요하다. 페이스북, 인스타그램, 유튜브, 틱톡과 같은 플랫폼을 통해 조직의 활동을 실시간으로 공유하고, 인터랙티브 콘텐츠(예: 기부 챌린지, 라이브 스트리밍)를 제공함으로써 기부 및 자원봉사의 접근성을 높일 수 있다. 특히, 젊은 층을 타깃으로 한 바이럴 캠페인은 자연스럽게 조직의 인지도를 높이고 자발적 참여를 유도하는 효과가 있다.

셋째, 기업, 공공기관, 지역사회와의 협력을 강화하여 지속 가능한 네트워크를 구축하는 것이 필요하다. 기업과의 사회공헌(CSR) 프로그램을 연계하거나, 지역 단체 및 미디어와 협력하여 공동 캠페인을 진행함으로써 보다 광범위한 자원을 확보하고 신뢰도를 높일 수 있다. 이를 통해 조직의 영향력을 확장하고, 보다 많은 사람들에게 서비스를 제공할 수 있는 기반을 마련할 수 있다.

넷째, 투명한 운영과 성과 보고를 통해 기부자와 후원자의 신뢰를 유지하는 것이 필수적이다. 단순히 기부금을 요청하는 것이 아니라, 기부금이 어떻게 사용되었으며, 그 결과로 어떤 사회적 변화가 있었는지를 상세하게 공개해야 한다. 이를 위해 연례 보고서, SNS 업데이트, 정기 뉴스레터 등을 활용해 성과를 공유하고 피드백을 반영하는 것이 중요하다. 또한, 후원자와의 지속적인 관계 유지를 위해 감사 메시지, 기부자 인터뷰, 특별 행사 초청 등의 방법을 활용할 수도 있다.

결론적으로, 효과적인 사회복지 조직 마케팅은 감성적 접근과 디지털 기술을 활용한 전략, 협력 네트워크 구축, 그리고 투명성을 기반으로 한 신뢰 형성이 필수적이다. 이를 통해 조직은 지속 가능성을 확보하고, 보다 많은 사람들이 자발적으로 공익적 활동에 동참하도록 유도할 수 있다.

2 마케팅과 홍보 전략

1) 마케팅(Marketing)

사회복지 조직에서 마케팅은 조직의 비전과 서비스를 타겟 집단(이용자, 후원자, 자원봉사자 등)에게 효과적으로 전달하여 조직의 목표를 달성하는 과정이다. 주요 목표는 서비스 이용자의 필요를 충족하고, 재정적 및 인적 자원을 확보하며, 사회적 영향력을 확대하는 것이다.

서비스 제공(Social Service Marketing): 사회복지 서비스를 필요한 대상에게 효과적으로 전달하는 것.

후원 및 기부 마케팅(Fundraising Marketing): 후원자와 기부금을 확보하기 위한 전략.

브랜드 이미지 구축(Branding): 기관의 정체성과 신뢰성을 강화하는 활동.

대상자 중심 접근(User-Centered Approach): 서비스 이용자의 요구를 반영한 프로그램 개발한다.

사회복지 마케팅의 특징: 영리 기업과 달리 **사회적 가치 창출**이 목표와 경제적 이익보다 **공공의 복지 향상**이 우선으로 하며, 대상자(고객)가 기부자, 이용자, 자원봉사자 등 **다양한 이해관계자**로 구성된다.

홍보(Public Relations, PR): 홍보는 사회복지 조직의 활동과 성과를 대중에게 알리고, 긍정적인 인식을 형성하여 사회적 신뢰를 높이는 과정이다. 이는 기관의 공신력을 높이고, 기부금 및 지원을 유도하며, 서비스 수혜자에게 정확한 정보를 전달하는 역할을 한다.

사회복지 홍보의 주요 요소: 사회복지 홍보는 신문, 방송, SNS 등의 다양한 매체를 활용한 정보 전달과 효과적인 커뮤니케이션 전략을 통해 기관의 메시지를 명확하고 설득력 있게 전달하며, 공익활동을 포함한 이벤트 및 캠페인을 통해 대중의 인식을 개선하고 사회적 관심을 유도하는 것이 핵심이다. 또한, 웹사이트, 블로그, 이메일 마케팅 등 디지털 PR과 SNS를 적극적으로 활용하여 기관의 활동을 실시간으로 공유하고, 참여형 콘텐츠와 인터랙티브 미디어를 통해 대중과의 지속적인 소통을 강화하며 신뢰를 구축하는 것이 중요하다. 나아가, 타깃 맞춤형 홍보 전략을 수립하여 다양한 계층과 연령대의 관심을 유도하고, 미디어 관계를 활용한 보도자료 및 인터뷰 등의 PR 활동을 병행하여 기관의 사회적 영향력을 확대하는 것이 효과적인 홍보 전략이 될 수 있다.

사회복지 홍보의 특징: 사회복지 홍보는 단순한 정보 전달을 넘어, 기관의 신뢰성과 공공성을 강화하는 중요한 역할을 합니다. 이를 통해 기관의 활동과 가치가 명확하게 전달되며, 사회적 지지를 얻는 데 기여할 수 있다.

비영리 목적의 홍보는 상업적 홍보와 달리 이윤 창출보다는 공익을 우선으로 합니다. 따라서 투명성과 신뢰성이 핵심 요소이며, 기관의 미션과 비전을 명확하게 전달하는 것이 중요합니다. 효과적인 홍보를 위해서는 다양한 채널을 활용해야 하며, 전통적인 미디어(신문, 방송, 라디오 등)뿐만 아니라, 디지털 미디어(소셜 미디어, 홈페이지, 이메일 뉴스레터 등)도 적극적으로 활용할 필요가 있다. 또한, 거리 캠페인, 설명회, 체험 행사 등 오프라인 활동을 병행하면 더 많은 사람들에게 메시지를 전달할 수 있으며, 사회복지 기관의 홍보는 단발성으로 끝나는 것이 아니라, 지속적인 관계 형성을 목표로 해야 합니다. 기부자, 자원봉사자, 서비스 이용자들과 꾸준히 소통하며 신뢰를 구축하는 것이 중요하다. 따라서, 정기적인 소식 공유, 피드백 수렴, 감사 인사 등의 활동을 통해 기관에 대한 관심과 참여를 유도할 수 있다. 결국, 사회복지 홍보는 기관의 사회적 영향력을 확대하고, 더 많은 사람들이 기관의 활동에 공감하고 동참할 수 있도록 만드는 중요한 과정이다.

2) 사회복지 조직 마케팅의 특징

사회복지 조직 마케팅은 영리 기업의 마케팅과는 차별화된 특성을 가진다. 첫째, 사회적 가치와 공익성을 우선으로 하며, 단순한 수익 창출이 아닌 사회적 문제 해결과 복지 증진을 목표로 한다. 둘째, 대상자가 고객이면서도 지원을 받는 수혜자일 수 있어 이중적인 관계를 고려한 마케팅 전략이 필요하다. 셋째, 공공기관, 기업, 자원봉사자 등 다양한 이해관계자와 협력이 중요하며, 신뢰와 투명성을 바탕으로 한 관계 형성이 필수적이다. 넷째, 한정된 예산과 자원 속에서 효과적인 홍보와 기부 유치를 위해 감성적 스토리텔링과 사회적 캠페인이 자주 활용된다. 마지막으로, 디지털 기술과 소셜 미디어를 적극 활용하여 참여와 관심을 유도하고, 지속적인 후원을 이끌어내는 것이 중요한 전략 중 하나다.

공공성: 영리 기업과 달리 사회적 가치를 창출하고 지역사회의 복지를 증진하는 것이 목적이다.

비영리성: 수익창출이 아니라 후원금, 정부지원금, 기부 등을 통해 운영됩니다.

관계 중심성: 이해관계자(정부, 기업, 지역사회, 서비스 이용자, 자원봉사자 등)와의 장기적인 관계 형성이 중요하다.

사회적 신뢰필요: 기관의 투명성과 신뢰성을 유지하는 것이 마케팅의 중요한 요소이다.

3) 사회복지 마케팅의 필요성

사회복지 마케팅은 사회복지 기관 및 단체가 효과적으로 서비스를 제공하고, 후원 및 자원을 확보하며, 사회적 영향력을 극대화하는 데 중요한 역할을 한다. 기존의 영리 기업이 고객과 시장을 대상으로 마케팅 전략을 수립하는 것처럼, 사회복지 기관도 수혜자, 후원자, 자원봉사자 및 지역사회와 효과적으로 소통하고 관계를 구축하기 위해 마케팅이 필요합니다. 사회복지 마케팅은 단순한 홍보 활동을 넘어, 기관의 지속 가능성을 높이고 사회적 가치를 극대화하는 핵심 전략이며, 인지도 향상, 후원 및 재정 자원 확보, 자원봉사자 모집, 기관 신뢰성 강화, 사회적 문제에 대한 인식 확산, 차별화 전략 수립 등을 통해 기관이 보다 효과적으로 운영될 수 있도록 도와주며, 따라서 사회복지 기관은 체계적이고 전략적인 마케팅을 통해 사회적 미션을 더욱 성공적으로 실현한다.

4) 사회복지 서비스의 인지도 및 접근성 향상

사회복지 기관이 제공하는 다양한 서비스가 필요로 하는 사람들에게 효과적으로 전달되기 위해서는 마케팅이 필수적이며, 마케팅을 활용하면 기관의 목적과 프로그램을 널리 알릴 수 있으며, 특히 도움이 필요한 취약계층이 서비스 정보를 쉽게 접할 수 있도록 한다. 예를 들어, 장애인 복지, 노인 복지, 아동 보호 등의 서비스를 필요로 하는 대상자가 기관의 존재를 모르면 도움을 받을 기회조차 갖지 못할 수 있다. 따라서 체계적인 마케팅 전략을 통해 인지도와 접근성을 높이는 것이 중요하다.

가. 후원 및 재정 자원 확보

사회복지 기관은 정부 지원뿐만 아니라 개인, 기업, 단체 등의 후원과 기부에 크게 의존하는 경우가 많으며, 효과적인 마케팅 전략을 활용하면 기관의 비전과 목표를 후원자에게 효과적으로 전달하여 기부를 유도할 수 있다. 특히, 디지털 마케팅을 활용한 온라인 캠페인, 크라우드 펀딩, 기업 사회공헌(CSR) 연계 마케팅 등을 통해 보다 폭넓은 후원 기반을 마련할 수 있다.

나. 자원봉사자 모집 및 유지

사회복지 활동은 많은 경우 자원봉사자의 적극적인 참여에 의해 운영된다. 그러나 자원봉사 활동이 필요한 기관은 많지만, 이를 알리고 지속적으로 봉사자를 모집하는 것은 쉽지 않다. 효과적인 마케팅 전략을 통해 봉사활동의 가치와 의미를 전달하면, 더 많은 사람들이 사회복지 활동에 참여하도록 유도할 수 있다. 또한, 자원봉사자들과 지속적인 관계를 유지하고 이들의 경험을 긍정적으로 형성하기 위한 브랜딩 전략도 필요하다.

다. 기관의 신뢰성과 사회적 영향력 강화

사회복지 기관의 신뢰도는 후원자 및 이용자들의 참여를 결정짓는 중요한 요소이다. 투명한 운영 방식과 효과적인 성과 보고를 통해 신뢰를 확보해야 하며, 이를 위해 마케팅이 중요한 역할을 한다. 예를 들어, 기관의 활동을 정기적으로 보고하는 뉴스레터, 홈페이지 업데이트, SNS 홍보 등을 통해 기관의 신뢰도를 높일 수 있으며, 또한, 성공적인 서비스 제공 사례를 홍보하면 기관의 긍정적인 사회적 영향력을 더욱 확대할 수 있다.

라. 사회적 문제에 대한 인식 확산 및 공감대 형성

사회복지 마케팅은 단순히 기관의 서비스를 홍보하는 것을 넘어, 사회적 문제에 대한 인식을 높이고 공감대를 형성하는 역할도 한다. 예를 들어, 환경 보호, 아동 학대 예방, 장애인 인권 보호 등의 이슈를 알리는 캠페인을 통해 사회 구성원들이 적극적으로 관심을 가지고 행동에 나설 수 있도록 할 수 있다. 특히, SNS나 유튜브 등의 디지털 플랫폼을 활용하면 보다 많은 사람들에게 메시지를 효과적으로 전달할 수 있다.

마. 경쟁 속에서 차별화 전략 수립

현대 사회에서는 다양한 비영리 단체 및 사회적 기업들이 존재하며, 이들은 한정된 자원과 후원금을 두고 경쟁하는 상황에 놓여 있다. 효과적인 마케팅 전략을 통해 기관의 차별화된 강점과 독창적인 프로그램을 강조하면, 더 많은 사람들에게 선택받을 수 있다. 브랜드 아이덴티티(Brand Identity)를 확립하고, 기관만의 고유한 가치(Value Proposition)를 명확히 전달하는 것이 중요하다.

바. 마케팅 전략 수립 과정

마케팅 전략 수립 과정은 기업의 목표 달성과 시장 경쟁력 강화를 위해 체계적으로 진행된다. 먼저 **시장 분석**을 통해 산업 동향, 경쟁사, 소비자 니즈를 파악하고, 정량적 데이터(시장 점유율, 성장률 등)와 정성적 데이터(소비자 트렌드, 브랜드 인식 등)를 종합적으로 검토한다. 이를 바탕으로 **목표 고객을 선정**하는데, 연령, 성별, 지역, 라이프스타일 등 다양한 세분화 기준을 적용하여 핵심 타겟을 설정한다.

다음 단계에서는 브랜드의 차별점을 강조할 수 있는 **포지셔닝 전략**을 수립하며, 경쟁 브랜드와의 비교 분석을 통해 자사만의 강점과 시장 내 입지를 명확히 한다. 이를 실행하기 위해 마케팅 믹스(4P 전략: 제품(Product), 가격(Price), 유통(Place), 프로모션(Promotion))을 구성하는데, 제품의 특성과 USP(Unique Selling Proposition)를 반영한 제품 전략, 시장 반응을 고려한 가격 정책, 효과적인 유통망 구축, 광고·홍보·판촉을 포함한 프로모션 전략을 체계적으로 설계한다.

전략 실행 단계에서는 효과적인 **커뮤니케이션 전략과 디지털 마케팅 활용 방안**을 설정하는 것이 중요하다. 소셜 미디어, 검색 광고, 콘텐츠 마케팅 등 다양한 디지털 채널을 활용하여 브랜드 메시지를 전달하고, 소비자와의 상호작용을 극대화한다. 또한, 성과 측정을 위한 **지표(KPI) 설정**과 분석을 통해 마케팅 활동의 효과를 점검하고, 데이터를 기반으로 전략을 지속적으로 개선한다. 이를 통해 변화하는 시장 환경과 소비자 요구에 신속하게 대응하며, 장기적인 브랜드 성장과 수익 창출을 도모할 수 있다.

3 사회복지 홍보 도구와 매체 활용

사회복지 홍보는 사회복지 기관이나 단체가 제공하는 서비스와 프로그램을 알리고, 사회적 관심과 지지를 유도하며, 대상자들에게 필요한 정보를 전달하는 중요한 역할을 한다. 효과적인 홍보를 위해서는 다양한 도구와 매체를 활용할 수 있으며, 사회복지홍보는 다양한 도구와 매체를 활용하여 목표 대상자들에게 효과적으로 정보를 전달하고 참여를 유도하는 것이 중요하다. 전통적인 홍보 매체뿐만 아니라 디지털 홍보 및 참여 형 홍보 전략을 병행하여, 사회복지 서비스에 대한 접근성과 인식을 높이는 것이 효과적인 홍보의 핵심이다.

- **전통적 홍보 도구와 매체:** 전통적인 홍보 매체는 직접적인 접근과 신뢰도를 기반으로 하며, 대중과의 상호작용이 가능한 형태로 운영된다.

- **인쇄 매체(Print Media):** 포스터, 전단지, 리플릿, 브로슈어, 뉴스레터와 기관의 서비스와 활동을 요약하여 전달할 수 있으며, 지역사회 배포를 통해 접근성을 높일 수 있다.

- **방송 매체(Broadcast Media):** 라디오, TV 공익광고, 지역 방송 인터뷰 등 대중에게 사회복지 기관의 필요성과 활동을 널리 알릴 수 있으며, 감성적인 접근이 가능하다.

- **직접 홍보(Direct Promotion):** 캠페인, 세미나, 설명회, 가두 홍보, 홍보부스 운영 및 지역사회와의 직접적인 소통을 통해 신뢰도를 높이고 참여를 유도할 수 있다.

1) 디지털 및 온라인 홍보 도구와 매체: 디지털 및 온라인 홍보 도구와 매체는 정보화 사회에서 빠르고 광범위한 접근가능하며, 다양한 대상에게 맞춤형 홍보가 가능하여 효율적인 소통과 정보 전달이 이루어진다.

- **소셜 미디어(Social Media):** 페이스북, 인스타그램, 유튜브, 트위터 등 이용자와의 상호작용이 가능하며, 실시간 정보 제공과 확산성이 뛰어나다. 또한, 다양한 멀티미디어 콘텐츠를 활용하여 홍보 효과를 극대화할 수 있다.

- **웹사이트 및 블로그(Web &Blog):** 기관 홈페이지, 블로그 운영 기관의 활동과 복지 서비스에 대한 정보를 체계적으로 제공하며, 공식적인 홍보 채널로 활용할 수 있다. 또한, 검색 엔진 최적화(SEO)를 통해 지속적인 정보 노출이 가능하다.

- **이메일 및 모바일 홍보(E-mail &Mobile Promotion):** 뉴스레터 발송, 문자메시지(SMS, 카카오톡, 알림톡) 활용 기관의 공지사항, 서비스 신청 안내 등을 대상자 맞춤

형으로 제공할 수 있다. 아울러, 자동화된 맞춤형 메시지 발송을 통해 홍보 효과를 극대화할 수 있다.

- **참여형 및 체험형 홍보 도구와 매체:** 대중이 직접 참여하고 체험할 수 있는 홍보 방식을 활용하면, 사회복지에 대한 관심과 지지를 더욱 효과적으로 높일 수 있다.

- **이벤트 및 캠페인(Event &Campaign):** 사회공헌 프로그램, 자원봉사 행사, 기부 캠페인 참여형 홍보를 통해 사람들의 관심을 유도하고, 브랜드 인식을 강화할 수 있다.

- **스토리텔링 및 감성 홍보(Storytelling &Emotional Promotion):** 이용자 경험 공유, 사례 영상 제작, 인터뷰 진행 사회복지 서비스의 필요성을 공감할 수 있도록 하며, 감동적인 스토리 전달이 가능하다.

- **체험 프로그램 및 교육(Experience Program &Education):** 사회복지 관련체험 프로그램, 복지관 견학, 교육 워크숍 참여자들에게 사회복지 서비스의 중요성을 직접 경험하게 하여 긍정적인 인식을 유도한다.

2) 성공적인 사회복지 홍보 사례 분석

사회복지 홍보는 복지 서비스의 필요성을 알리고, 대중의 참여와 지원을 유도하며, 복지 기관의 신뢰도를 높이는 중요한 역할을 하며, 효과적인 홍보는 다양한 전략과 매체를 활용하여 사람들에게 감동을 주고, 행동을 유도하는 방식으로 이루어진다. 이들 사례를 종합해 보면, 성공적인 사회복지 홍보는 ① **감성적인 스토리텔링,** ② **디지털 미디어 활용,** ③ **유명인 및 인플루언서 참여,** ④ **실질적인 참여 유도** 등의 전략을 활용하여 효과를 극대화하고 있고, 앞으로도 사회복지 홍보는 다양한 채널과 창의적인 접근 방식을 통해 발전할 필요가 있으며, 이를 통해 더 많은 사람들이 사회복지 활동에 관심을 갖고 참여할 수 있도록 해야 할 것이다.

① 감성적인 스토리텔링

감성적인 스토리텔링은 사람들의 감정을 자극하고 공감할 수 있도록 이야기를 구성하는 기법이다. 이는 단순한 정보 전달을 넘어 사람들의 마음을 움직이도록 하며, 브랜드나 메시지에 대한 강한 인상을 남긴다. 감성적인 스토리텔링의 핵심 요소로는 개인적인 경험, 극적인 전개, 공감할 수 있는 캐릭터, 희망적인 메시지 등이 있다. 예를 들어, 사회적 메시지를 전달하는 캠페인에서는 실화를 기반으로 감동적인 영상을 제작하거나, 관객이 자신의 경험과 연결할 수 있도록 스토리를 구성한다. 감성적인 스토리텔링은 광고, 마케팅, 영화, SNS 콘텐츠 등 다양한 분야에서 활용된다.

② 디지털 미디어 활용

디지털 미디어는 현대 사회에서 필수적인 커뮤니케이션 도구로 자리 잡았다. 다양한 디지털 플랫폼(예: 유튜브, 인스타그램, 틱톡, 블로그 등)을 활용하면 메시지를 효과적으로 전달할 수 있으며, 사용자와의 즉각적인 상호작용도 가능하다. 특히, 짧고 강렬한 영상 콘텐츠, 인터랙티브 웹사이트, 증강현실(AR) 및 가상현실(VR) 기술을 활용한 콘텐츠 등이 주목받고 있다. 디지털 미디어를 효과적으로 활용하기 위해서는 타겟층을 고려한 플랫폼 선택과 맞춤형 콘텐츠 제작이 중요하다. 또한, 알고리즘을 활용한 최적화 전략을 적용하면 더 많은 도달률과 높은 참여도를 얻을 수 있다.

③ 유명인 및 인플루언서 참여

유명인 및 인플루언서를 활용한 마케팅 전략은 신뢰도와 관심도를 높이는 효과적인 방법이다. 유명 인사나 특정 분야에서 영향력이 있는 인플루언서가 브랜드나 캠페인을 소개하면, 그들의 팬층이 자연스럽게 메시지를 접하고 공감하게 된다. 이는 특히 SNS 플랫폼에서 강력한 효과를 발휘하며, 브랜드의 신뢰도를 높이는 데 기여한다. 인플루언서의 참여 방식에는 직접적인 광고 협업, 제품 리뷰, 챌린지 참여, 브랜드 대사 활동 등이 있다. 단순한 홍보를 넘어서 진정성 있는 메시지를 전달할 때 더 큰 효과를 발휘한다.

④ 실질적인 참여 유도

단순히 정보를 전달하는 것만으로는 소비자의 관심과 행동을 유도하기 어렵다. 따라서 실질적인 참여를 유도하는 전략이 필요하다. 이벤트, 챌린지, 인터랙티브 콘텐츠, 사용자 생성 콘텐츠(UGC) 활용 등이 주요 방법이다. 예를 들어, 브랜드가 특정 해시태그를 이용한 챌린지를 열어 사용자들이 직접 콘텐츠를 만들고 공유하도록 유도하면 자연스럽게 브랜드의 인지도와 참여도가 높아진다. 또한, 리워드(포인트, 할인 쿠폰, 기프티콘 등)를 제공하는 방식도 참여율을 높이는 데 효과적이다. 실질적인 참여 유도 전략은 기업, 비영리 단체, 정부 캠페인 등 다양한 분야에서 활용된다.

제9장 사회복지행정의 리더십과 의사결정

사회복지행정에서 리더십과 의사결정은 조직 운영의 핵심 요소로, 복지서비스의 질을 높이고 조직의 목표를 효과적으로 달성하기 위해 필수적이다. 따라서 사회복지조직의 관리자들은 효과적인 리더십 역량을 갖추고, 전략적인 의사결정 능력을 개발하는 것이 매우 중요하다.

1 사회복지행정의 리더십

리더십의 정의

리더십(Leadership)은 조직 내에서 목표를 설정하고 이를 효과적으로 달성하기 위해 구성원들에게 동기를 부여하고 방향을 제시하는 과정이며, 사회복지행정에서 리더십은 조직의 비전과 목표를 달성하기 위해 구성원들과 협력하고 조직을 효율적으로 운영하는 데 중요한 역할을 한다.

사회복지행정에서 리더십의 개념

사회복지 조직 내에서 효과적인 운영과 서비스 제공을 위한 핵심 역량 구성원들에게 동기를 부여하고 조직의 목표를 성취하도록 지원하는 능력 조직의 변화와 혁신을 주도하며 복지서비스의 질적 향상을 도모하는 과정을 말한다.

2 사회복지행정에서 요구되는 리더십 유형

1) 거래적 리더십 (Transactional Leadership)

조직의 규칙과 절차를 중시하며 보상과 처벌을 통해 구성원의 행동을 관리
단기 목표 달성에 효과적이나, 구성원의 자율성과 창의성을 저해할 수 있음
〈예: 성과 기반 인센티브제도, 명확한 역할 분담〉

2) 변혁적 리더십 (Transformational Leadership)

비전과 사명을 강조하며, 구성원의 내적 동기를 유도
조직의 혁신과 변화에 효과적이며, 장기적인 성과 향상에 기여
〈예: 조직 문화 개선, 가치 중심의 목표 설정〉

3) 서번트 리더십 (Servant Leadership)

구성원과 클라이언트의 필요를 우선시하며 봉사하는 리더십
구성원의 성장과 발전을 도모하며, 조직 내 협력과 참여를 촉진
〈예: 조직 내 수평적 관계 구축, 직원 복지 증진〉

4) 분산적 리더십 (Distributed Leadership)

특정 개인이 아니라 조직 내 다양한 구성원이 리더십을 공유
팀워크와 협업을 강조하며, 조직의 유연성과 창의성을 높임
〈예: 팀 단위 의사결정, 참여적 의사결정 구조〉

3 사회복지행정 리더십의 주요 기능

비전 제시: 조직의 목표를 명확하게 설정하고, 구성원에게 방향성을 제공
동기 부여: 구성원의 사기를 진작시키고, 조직 목표 달성을 위한 의욕을 고취
의사결정 및 문제해결: 조직 내·외부 환경을 분석하고, 효과적인 해결책을 모색
조직문화 형성: 신뢰와 협력을 기반으로 긍정적인 조직 문화를 조성

자원 관리: 인적, 물적 자원을 효율적으로 배분하여 조직의 성과를 극대화
공감과 소통강화: 조직구성원 및 클라이언트와의 원활한의사소통을 통해 신뢰
역량 개발: 직원 교육 및 훈련을 통해 조직의 역량을 강화
윤리적 리더십 실천: 투명하고 공정한 의사결정으로 조직의 신뢰도를 제고
협력 네트워크 구축: 지역사회 및 관련 기관과의 협력을 통해 시너지 창출
혁신과 변화 관리: 변화하는 환경에 유연하게 대응하고 조직의 발전을 도모

1) 사회복지행정에서의 의사결정

의사결정의 정의

의사결정(Decision Making)은 조직 내에서 문제를 인식하고 해결 방안을 선택하는 과정이다. 사회복지행정에서 의사결정은 정책 수립, 자원 배분, 프로그램 개발 등과 밀접하게 관련된다.

의사결정의 과정

문제 인식, 정보 수집 및 분석, 대안 개발, 대안 평가 및 선택,
실행 및 모니터링, 평가 및 피드백

사회복지행정에서 의사결정의 특징

공익성과 형평성을 고려한 의사결정과 다양한 이해관계자(정부, 민간기관, 서비스 이용자 등) 간 협력 필요하며, 복잡성과 불확실성이 높은 환경에서 이루어지는 결정 과정의 특징을 가지고 있다.

의사결정의 유형

합리적 의사결정: 체계적이고 논리적인 분석을 바탕으로 최적의 해결책을 선택
점증적 의사결정: 기존 정책이나 결정에서 점진적으로 발전하는 형태
혼합 탐색 모형: 합리적 모형과 점증적 모형을 결합하여 의사결정
쓰레기통 모형: 복잡하고 예측할 수 없는 환경에서 우연적으로 이루어지는 의사결정

2) 사회복지행정에서 리더십과 의사결정의 관계

효과적인리더십은 조직의 의사결정 과정을 원활하게 하여 조직의 목표를 달성하는데 기여하며, 조직 구성원들의 참여를 유도하고 협력을 강화하여 합리적이고 효과적인 의사

결정을 이끌어내면서, 조직의 비전과 목표 설정, 변화 관리, 위기 대응 등에서 리더십과 의사결정이 중요한 역할 한다.

리더는 단순히 명령을 내리는 사람이 아니라 조직의 비전을 제시하고, 구성원을 이끌며, 문제를 해결하고, 혁신을 추진하는 역할을 한다. 따라서 효과적인 리더가 되기 위해서는 성격적 특성, 대인관계 능력, 전략적 사고, 조직 운영 능력, 팀 리딩 및 동기부여 능력, 변화 관리 능력 등의 다양한 요소를 갖추어야 한다. 이러한 특성과 능력을 지속적으로 개발하고 강화하는 것이 성공적인 리더십의 핵심이다.

4 리더의 주요 특성 (Personal Traits of a Leader)

성격적 특성

비전(Vision): 미래를 예측하고 조직의 방향을 설정할 수 있는 능력

자신감(Confidence): 결정을 내리고 팀원들에게 확신을 심어줄 수 있는 태도

성실성(Integrity): 도덕적 기준을 준수하고 정직하며 신뢰할 수 있는 태도

책임감(Responsibility): 자신의 행동과 결정에 대한 책임을 질 수 있는 태도

유연성(Flexibility): 변화에 적응하고 다양한 상황에 맞춰 전략을 수정할 수 있는 능력

대인관계 특성

소통 능력(Communication Skills): 명확하고 효과적으로 의견을 전달하고, 경청할 수 있는 능력

공감력(Empathy): 타인의 감정을 이해하고 배려할 수 있는 능력

협력(Cooperation): 팀원과의 협력을 통해 공동 목표를 달성하려는 자세

동기부여(Motivation): 팀원들이 스스로 최선을 다하도록 격려할 수 있는 능력

1) 리더의 핵심 능력 (Key Competencies of a Leader)

리더십은 조직이나 집단을 이끄는 개인이 갖춰야 할 특성과 능력의 조합이다. 효과적인 리더는 특정한 자질과 역량을 바탕으로 조직의 목표를 설정하고, 팀원들을 동기부여하며, 문제를 해결하고 성과를 창출할 수 있어야 한다.

전략적 사고 및 문제 해결 능력

분석력(Analytical Thinking): 문제의 핵심을 파악하고 해결 방안을 제시할 수 있는 능력

창의력(Creativity): 기존의 틀을 깨고 새로운 해결책을 모색할 수 있는 능력

판단력(Decision Making): 여러 선택지 중 최선의 결정을 내릴 수 있는 능력

조직 관리 및 운영 능력

계획 및 실행 능력(Planning &Execution): 목표를 설정하고 이를 효과적으로 실행할 수 있는 능력

위기 관리(Crisis Management): 예측하지 못한 문제를 해결하고 조직을 안정적으로 운영할 수 있는 능력

자원 관리(Resource Management): 인적, 물적 자원을 효율적으로 활용할 수 있는 능력

팀 리딩 및 동기부여 능력

코칭 및 멘토링(Coaching &Mentoring): 팀원들의 성장과 발전을 도울 수 있는 능력

갈등 관리(Conflict Management): 조직 내 갈등을 효과적으로 조정하고 해결하는 능력

목표 설정 및 평가(Goal Setting &Evaluation): 명확한 목표를 설정하고 성과를 측정할 수 있는 능력

변화 및 혁신 관리 능력

변화 주도(Change Leadership): 새로운 환경에 적응하고 변화를 이끌어 갈 수 있는 능력

혁신성(Innovation Thinking): 조직이 지속적으로 발전할 수 있도록 창의적인 접근을 할 수 있는 능력

〈사회복지조직의 리더십〉

사회복지조직에서 리더십은 조직의 목표 달성과 클라이언트(서비스 대상자)에게 보다 효과적인 서비스를 제공하는 데 중요한 역할을 하며, 사회복지조직의 특성상 공공성과 윤리성이 강조되며, 비영리적 목적을 가지기 때문에 일반 기업과는 다른 리더십 유형과 접근 방식이 요구된다.

2) 사회복지조직의 리더십 개념

사회복지조직의 리더십은 조직 내에서 비전과 가치를 설정하고, 구성원들이 목표를 달성할 수 있도록 동기부여하며, 효과적인 의사결정을 통해 조직의 지속 가능성을 높이며, 단순한 명령과 통제가 아니라, 협력과 소통을 중심으로 운영한다. 따라서, 사회복지조직의 리더십은 단순한 조직 운영을 넘어, 공익을 실현하고 사회적 가치를 창출하는 데 중요한 역할을 한다. 변혁적 리더십과 서번트 리더십을 중심으로 조직의 비전과 목표를 설정하고, 구성원들이 최상의 서비스를 제공할 수 있도록 지원하는 것이 필수적입니다. 리더는 지속적인 혁신과 윤리적 의사결정을 통해 사회복지조직이 효과적으로 운영될 수 있도록 노력해야 한다.

3) 사회복지조직에서 중요한 리더십 유형

가. 변혁적 리더십(Transformational Leadership)

사회복지조직에서 가장 이상적인 리더십 유형
조직의 비전을 명확하게 제시하고 구성원들에게 동기를 부여
조직 문화를 혁신하고 지속적인 변화와 발전을 유도
윤리적 가치와 공공성을 고려한 의사결정 강조

나. 서번트 리더십(Servant Leadership)

사회복지조직에서 자주 요구되는 리더십 유형
구성원과 클라이언트를 위한 헌신적인 봉사와 지원을 강조
인간 중심적 접근을 통해 조직원들의 성장과 조직의 발전을 도모

다. 거래적 리더십(Transactional Leadership)

명확한 목표와 보상을 통해 조직을 운영하는 리더십 유형
규율과 절차를 강조하여 조직의 안정성을 유지
사회복지조직에서는 상대적으로 제한적으로 활용됨
(행정 및 재정 운영에 유용)

라. 분산적 리더십(Distributed Leadership)

조직 내 다양한 구성원이 리더십을 공유하며 협력적 관계를 형성

리더 혼자가 아닌 팀과 조직 전체가 리더십을 발휘하는 방식
이끄는 리더

5 사회복지조직의 리더십 역할

사회복지조직에서 리더십은 조직의 비전과 목표를 설정하고, 구성원들이 효과적으로 업무를 수행할 수 있도록 방향을 제시하는 중요한 역할을 한다. 특히 사회복지조직은 인간 중심의 서비스를 제공하는 특성이 있기 때문에, 리더는 단순한 관리자가 아니라 구성원과 클라이언트의 요구를 이해하고 조정하는 조력자의 역할을 수행해야 한다. 또한, 변화하는 사회적 환경과 정책에 신속하게 대응하며, 조직 내 협력과 소통을 촉진하는 것이 필수적이다. 리더십의 유형에 따라 조직 문화와 운영 방식이 달라질 수 있으며, 특히 변혁적 리더십은 구성원의 동기부여를 높이고 조직의 혁신을 촉진하는 데 효과적이다. 따라서 사회복지조직의 리더는 윤리적 가치관을 바탕으로 공정성을 유지하고, 지속 가능한 발전을 위한 전략적 의사결정을 수행해야 한다.

가. 사회복지조직 리더십의 도전 과제

사회복지조직의 리더십은 급변하는 사회 환경 속에서 다양한 도전 과제에 직면하고 있다. 첫째, 복잡해지는 사회문제와 정책 변화에 적절히 대응해야 한다. 사회복지 서비스 수요가 증가하고 정책이 변화함에 따라 리더는 조직의 방향성을 효과적으로 설정하고 유연한 대응 전략을 마련해야 한다. 둘째, 한정된 재정과 인적 자원을 효율적으로 관리하는 것이 필수적이다. 공공 및 민간 자원의 확보와 효율적인 배분을 통해 지속 가능한 운영을 보장해야 한다. 셋째, 조직 구성원 간의 소통과 협력을 촉진하는 것이 중요하다. 특히, 다학제적 팀워크와 조직 문화 개선을 통해 보다 효과적인 서비스 제공이 가능하다. 넷째, 디지털 전환과 혁신의 필요성이 커지고 있다. 정보기술을 활용한 서비스 제공 방식 개선과 데이터 기반 의사결정 능력이 리더십의 중요한 요소로 자리 잡고 있다. 이러한 도전 과제 속에서 사회복지조직의 리더는 변화에 유연하게 대응하고, 지속적인 역량 개발과 전략적 리더십을 통해 조직의 발전을 도모해야 한다.

나. 효과적인 사회복지조직 리더십 전략

사회복지조직의 리더십은 조직의 목표를 달성하고 지속 가능한 발전을 이루기 위해 필수적인 요소이다. 효과적인 리더십을 위해서는 먼저 비전 중심의 리더십이 중요하다. 조

직의 사명과 가치를 명확하게 설정하고 공유함으로써 모든 구성원이 같은 방향을 향해 나아갈 수 있도록 해야 한다. 이를 위해 중장기 목표를 수립하고, 조직이 추구하는 핵심 가치를 실현하는 데 집중해야 한다.

또한, 참여와 소통을 강화하는 리더십이 필요하다. 구성원과 이해관계자의 의견을 적극적으로 수렴하고, 개방적이고 투명한 의사결정 구조를 마련함으로써 조직의 신뢰도를 높일 수 있다. 수직적 지시보다는 수평적 협력을 강조하고, 구성원들이 자율적으로 참여할 수 있는 환경을 조성하는 것이 중요하다.

사회 변화와 정책 흐름에 대응할 수 있도록 변화와 혁신을 주도하는 리더십도 요구된다. 기존의 운영 방식에 안주하기보다 창의적인 문제 해결을 장려하고, 새로운 서비스 모델을 도입하여 변화하는 사회적 요구에 유연하게 대응해야 한다. 이를 위해 구성원들에게 혁신적인 아이디어를 제안하고 실험할 수 있는 기회를 제공해야 한다.

이와 함께, 윤리적 리더십을 기반으로 한 신뢰 구축이 필수적이다. 공정성과 책임감을 바탕으로 조직을 운영하며, 투명한 의사결정을 통해 구성원뿐만 아니라 클라이언트 및 지역사회와의 신뢰를 형성해야 한다. 윤리적 원칙을 준수하는 리더십은 조직의 지속 가능성을 높이는 중요한 요인이 된다.

뿐만 아니라, 팀워크와 협력을 강화하는 리더십을 실천해야 한다. 내부 협업과 부서 간 연계를 통해 시너지를 창출하고, 외부 기관과의 네트워크를 확장함으로써 보다 효과적인 복지 서비스를 제공할 수 있다. 사회복지조직은 다양한 이해관계자와 협력해야 하는 특성이 있으므로, 조직 내외의 긴밀한 협력이 성과 향상의 핵심이 된다.

조직의 성장을 위해서는 성과 중심의 관리도 중요하다. 명확한 성과 지표를 설정하고 구성원들에게 지속적인 피드백을 제공하며, 교육과 역량 강화 프로그램을 운영하여 조직의 발전을 유도해야 한다. 단순한 업무 수행이 아닌 목표 지향적인 성과 관리를 통해 조직이 보다 효율적으로 운영될 수 있다.

마지막으로, 위기관리와 회복탄력성을 강화하는 리더십이 요구된다. 사회복지조직은 예측하기 어려운 환경 변화와 위기에 직면할 수 있기 때문에, 긴급 상황 대응 매뉴얼을 마련하고 훈련을 실시해야 한다. 변화에 빠르게 적응할 수 있는 조직 문화를 조성함으로써 예상치 못한 상황에서도 조직의 운영이 안정적으로 유지될 수 있도록 해야 한다.

결론적으로, 사회복지조직의 리더는 조직의 비전을 명확히 설정하고, 구성원과의 소통을 강화하며, 변화와 혁신을 주도하는 동시에 윤리적 리더십을 바탕으로 신뢰를 구축해야 한다. 또한, 팀워크와 협력을 강화하고, 성과 중심의 관리 및 위기 대응 능력을 갖추어야 한다. 이러한 리더십 전략을 실천함으로써 사회복지조직은 보다 효과적으로 운영될 수 있으며, 궁극적으로 더 나은 복지 서비스를 제공할 수 있을 것이다.

제10장 의사결정 이론과 방법

의사결정 이론과 방법은 **개인이거나 조직이 최적의 선택을 내리기 위해 활용하는 이론적 틀과 체계적인 방법론**을 의미하며, 이는 다양한 상황에서 정보, 목표, 제약 조건 등을 고려하여 합리적인 결정을 내리는 과정을 연구하는 학문이다.

1 의사결정의 개념

의사결정(Decision Making)이란 주어진 문제나 상황에서 여러 대안 중 최적의 선택을 하는 과정이다. 개인, 조직, 정부 등 다양한 주체가 의사결정을 수행하며, 이 과정은 합리적인 분석과 판단을 기반으로 이루어진다. 의사결정은 정보 수집, 대안 분석, 최적안 선택, 실행 및 평가의 단계를 거친다. 결론적으론 의사결정 이론과 방법은 개인과 조직의 성공적인 전략 수립에 필수적인 역할을 하며, 규범적 이론은 최적의 선택을 분석하는 데 도움을 주고, 기술적 이론은 인간의 실제 의사결정 패턴을 설명하며, 처방적 이론은 실무적인 해결책을 제시한다. 이를 바탕으로 상황에 맞는 의사결정 방법을 선택하여 보다 합리적이고 효과적인 결정을 내릴 수 있다.

1) 의사결정 이론

의사결정 이론(Decision Theory)은 사람들이 어떻게 결정을 내리는지, 그리고 최적의 결정을 내리기 위해 어떤 원칙을 따라야 하는지를 연구하는 학문이다. 이 이론은 크게 **규범적(Normative) 이론, 기술적(Descriptive) 이론, 처방적(Prescriptive) 이론**으로 구분된다.

규범적(Normative) 의사결정 이론

규범적(Normative) 의사결정 이론은 합리적인 의사결정을 위한 이상적인 기준을 제시한다. 즉, 사람이 제한 없이 정보를 처리할 수 있고, 논리적으로 완벽하게 사고한다고 가정할 때, 최적의 의사결정을 내리는 방법을 연구한다. 수학적, 논리적 모델을 기반으로 하며, 대표적인 예로 기대효용 이론(Expected Utility Theory)과 베이즈 의사결정 이론(Bayesian Decision Theory)이 있다. 이러한 이론은 의사결정자가 최대한의 효용(utility)을 얻을 수 있도록 하는 방식을 제시하며, 이상적인 환경을 가정한다. 즉, 완전한 정보(Perfect Information)와 무제한적인 계산 능력을 가진 의사결정자가 존재한다고 가정하는 것이다. 그러나 현실에서는 인간의 인지적 한계와 정보의 불완전성으로 인해 이러한 이상적인 가정을 충족시키기 어렵다는 한계가 있으며, 이에 따라 실무에서는 규범적 이론을 그대로 적용하기보다, 현실적인 제약을 고려한 기술적(Descriptive) 또는 처방적(Prescriptive) 접근 방식이 병행되어 활용된다.

기술적(Descriptive) 의사결정 이론

기술적(Descriptive) 의사결정 이론은 사람들이 실제로 어떻게 의사결정을 내리는지를 설명하는 이론이다. 이는 규범적(Normative) 의사결정 이론이나 처방적(Prescriptive) 의사결정 이론과 대비되며, 규범적 의사결정 이론은 최적의 의사결정이 무엇인지, 즉 합리적인 개인이 논리적이고 수학적인 원칙을 기반으로 최상의 결정을 내리는 방식을 연구한다. 반면 처방적 의사결정 이론은 의사결정 방식이 아니 사람들이 보다 나은 결정을 내릴 수 있도록 돕는 방법론과 도구를 개발하는 데 초점을 맞춘다. 이에 반해 기술적 의사결정 이론은 실제로 사람들이 의사결정을 내리는 과정을 연구하며, 다양한 심리적, 인지적, 사회적 요인이 의사결정에 미치는 영향을 분석한다. 즉, 이상적인현실에서 사람들이 어떻게 판단하고 선택하는지를 실증적으로 탐구하는 것이며, 결론적으로 정리하면, 기술적 의사결정 이론은 인간의 실제 의사결정 과정을 연구하여 보다 현실적인 통찰을 제공하고, 이상적인 의사결정 모델을 따르기보다는, 사람들이 제한된 정보와 인지적 한계 속에서 어떻게 결정을 내리는지를 설명하며, 심리학, 행동경제학, 사회학 등 다양한 학문과 접목되어 발전해 왔다. 이를 바탕으로 의사결정 오류를 줄이고, 보다 효과적인 선택을 할 수 있도록 돕는 연구가 지속되고 있다.

2 기술적 의사결정 이론의 주요 특징

제한된 합리성(Bounded Rationality): 경제학자 허버트 사이먼(Herbert Simon)이 제안한 개념으로, 인간의 의사결정은 완전한 정보와 무한한 계산 능력을 가정하는 규범적 모델과 달리, 인지적 한계와 정보의 불완전성 속에서 이루어진다는 점을 강조하며, 사람들은 최적의 선택이 아니라 '만족스러운 (satisficing)' 선택을 하는 경향이 있다.

휴리스틱(Heuristics)과 편향(Biases): 심리학자 대니얼 카너먼(Daniel Kahneman)과 아모스 트버스키(Amos Tversky)의 연구에 따르면, 사람들은 복잡한 의사결정을 단순화하기 위해 다양한 휴리스틱(경험적 규칙)을사용하며, 이 과정에 여러 인지적 편향(cognitive biases)이 발생할 수 있다. 예를 들면 들면, 대표성 휴리스틱(Representativeness Heuristic), 가용성 휴리스틱 (Availability Heuristic) 등이 있다.

프레이밍 효과(Framing Effect): 같은 정보라도 제시되는 방식(프레임)에 따라 사람들의 의사결정이 달라질 수 있다. 예를 들어, 손실을 강조하는 방식(손실 프레임)과 이익을 강조하는 방식(이익 프레임) 중 어떤 프레임을 사용하느냐에 따라 선택이 달라질 수 있다.

정서와 감정의 역할: 기술적 의사결정 이론에서는 인간의 감정이 의사결정 과정에 미치는 영향을 연구한다. 사람들은 종종 합리적 분석보다는 직관과 감정을 기반으로 결정을 내리며, 특히 위험이나 불확실성이 높은 상황에서 감정의 역할이 더욱 중요해집니다.

사회적 영향과 집단 의사결정: 의사결정은 개인이 독립적으로 내리는 것이 아니라, 사회적 맥락과 타인의 의견에 영향을 받는 경우가 많습니다. 군중 심리, 동조 효과(Conformity Effect), 집단 사고(Groupthink) 등이 기술적 의사결정 이론에서 연구되는 주요 주제이다.

1) 기술적 의사결정 이론의 응용 분야

기술적 의사결정 이론은 다양한 분야에서 중요한 역할을 하며, 각 영역에서 인간의 의사결정 과정을 분석하고 최적의 결정을 내리는 데 기여한다.

행동경제학(Behavioral Economics)에서는 사람들이 경제적 선택을 할 때 합리적이지 않은 결정을 내리는 이유를 설명하는 데 활용된다. 전통적인 경제학 이론이 전제하는 합리적인 인간(호모 이코노미쿠스) 모델과 달리, 행동경제학은 감정, 인지 편향, 사회적 요인 등의 영향을 고려하여 실제 의사결정 과정을 분석한다. 예를 들어, 손실 회피(loss aversion)나 프레이밍 효과(framing effect)와 같은 개념은 사람들이 정보를 어떻게 인식하고 의사결정을 내리는지에 대한 중요한 통찰을 제공된다.

마케팅 및 소비자 행동 분야에서는 기술적 의사결정 이론을 활용하여 소비자들이 특정 제품을 선택하는 방식과 광고, 브랜드 이미지, 가격 전략 등이 그들의 선택에 미치는 영향을 연구한다. 기업들은 소비자 심리를 이해함으로써 효과적인 마케팅 전략을 수립하고, 구매 의도를 높이는 다양한 기법을 개발할 수 있습니다. 예를 들어, 한정된 시간 동안만 제공되는 할인 이벤트(스카시티 효과)나 추천 알고리즘을 통한 맞춤형 광고 전략은 소비자의 구매 결정을 유도하는 대표적인 사례이다.

정책 및 공공행정 분야에서는 시민들의 의사결정 패턴을 분석하여 보다 효과적인 정책을 설계하는 데 활용된다. 정책 입안자들은 시민들이 정책을 어떻게 인식하고 받아들이는지를 고려하여, 더 나은 커뮤니케이션 전략을 개발하고 정책의 실효성을 높일 수 있다. 예를 들어, 연금 가입률을 높이기 위해 자동 가입(옵트아웃) 시스템을 도입하는 것은 사람들이 기본 옵션(default option)을 따르는 경향을 활용한 정책 사례이다.

의료 및 건강관리 분야에서도 기술적 의사결정 이론이 중요한 역할을 한다. 환자들이 치료 옵션을 선택하는 과정에서 다양한 심리적 요인이 영향을 미칠 수 있으며, 의료진 또한 의사결정을 내릴 때 인지적 편향이나 경험적 판단에 의존할 수 있다. 따라서, 환자 중심의 의사결정 지원 시스템을 개발하거나, 의료진이 보다 객관적인 결정을 내릴 수 있도록 돕는 정책적·기술적 접근이 필요하다. 예를 들어, 증거 기반 의사결정(evidence-based decision making)과 인공지능을 활용한 진단 보조 시스템은 보다 정확한 판단을 내리는 데 기여할 수 있으며, 리스크 관리 및 기업 경영에서도 기술적 의사결정 이론이 활용된다. 기업의 경영진은 다양한 위험 요소를 고려하면서 전략적 결정을 내려야 하는데, 이 과정에서 심리적 편향이 개입할 가능성이 높다. 예를 들어, 과도한 자신감(overconfidence bias)이나 현상 유지 편향(status quo bias) 등은 기업의 중요한 의사결정 과정에서 부정적인 영향을 미칠 수 있다. 따라서, 객관적인 데이터 분석과 체계적인 의사결정 프레임워크를 적용하는 것이 기업의 장기적인 성공을 위해 필수적이다.

이처럼 기술적 의사결정 이론은 다양한 분야에서 활용되며, 인간의 의사결정 과정에 대한 심층적인 이해를 바탕으로 효과적인 전략을 수립하는 데 중요한 도구로 작용된다.

3 갈등 해결과 협상의 정의와 개념

갈등(conflict)은 개인이나 집단 간의 이해관계, 목표, 가치 등이 충돌하면서 발생하는 대립적 상황을 의미와 조직, 사회, 국가 등 다양한 수준에서 나타날 수 있으며, 갈등 해결과 협상은 조직과 개인이 원활한 관계를 유지하고 생산성을 높이기 위한 핵심 요소이다. 갈등은 적절한 해결 전략을 통해 긍정적인 효과를 낼 수 있고, 협상은 상호 이익을 창출하는 도구로 활용될 수 있다. 효과적인 갈등 관리와 협상 기술을 익히는 것은 개인과 조직의 성공에 중요한 영향을 미친다.

자원 부족: 제한된 자원을 둘러싼 경쟁에서 갈등이 발생

의사소통 문제: 정보 전달의 오류, 오해, 불신 등

목표의 차이: 서로 다른 이해관계나 우선순위의 충돌

가치관 및 신념 차이: 문화적, 윤리적, 이념적 차이

역할 및 권한 충돌: 조직 내 권한과 역할 분배의 불명확성

1) 갈등의 개념

갈등은 개인이나 집단 간의 이해관계, 목표, 가치 등이 서로 충돌하거나 대립하는 상황을 의미한다. 이는 자원 배분, 의견 차이, 감정적 대립, 신념과 가치관의 차이 등 다양한 원인에서 비롯될 수 있으며, 사회적, 경제적, 정치적 맥락에서 광범위하게 발생한다. 갈등은 단순한 의견 차이에서부터 심각한 대립과 충돌까지 다양한 형태로 나타나며, 그 양상에 따라 기능적 갈등과 역기능적 갈등으로 나뉠 수 있다.

기능적 갈등은 조직이나 사회 내에서 긍정적인 변화를 유도하며, 창의적 문제 해결과 혁신을 촉진하는 역할을 한다. 예를 들어, 조직 내에서 건설적인 토론을 통해 더 나은 결정을 도출하거나, 경쟁을 통해 개인과 기업의 성장이 이루어지는 경우가 이에 해당한다. 반면, 역기능적 갈등은 불신과 긴장감을 조성하고 협력을 저해하며, 극단적인 경우 사회적 불안과 분열을 초래할 수 있다.

따라서 갈등을 효과적으로 조정하고 해결하는 것이 개인 및 사회적 관계에서 중요한 과제로 여겨진다. 이를 위해 갈등 관리 전략이 필요하며, 협상, 중재, 타협, 조정 등의 방법을 활용하여 갈등을 건설적으로 해결할 수 있다. 궁극적으로 갈등을 올바르게 다루는 것은 개인의 성장뿐만 아니라 조직과 사회의 발전에도 중요한 역할을 한다.

2) 갈등 해결의 주요 접근 방식

경쟁적 접근(Competitive Approach): 한쪽의 승리를 목표로 하는 방식 (예: 법적 소송).

협력적 접근(Collaborative Approach): 상호간의 이익을 고려하여 해결하는 방식(예: 상생 전략).

회피적 접근(Avoidance Approach): 갈등을 피하거나 무시하는 방식.

타협적 접근(Compromising Approach): 서로일부씩 양보하여 해결하는 방식.

순응적 접근(Accommodating Approach): 상대방의 요구를 수용하여 해결하는 방식.

갈등의 유형

갈등의 유형은 크게 개인 내부 갈등, 대인 간 갈등, 집단 간 갈등으로 나눌 수 있다. 개인 내부 갈등은 한 사람이 두 가지 이상의 선택지 사이에서 고민하며 발생하는 심리적 갈등을 의미하며, 도덕적 갈등, 목표 충돌, 역할 갈등 등의 형태로 나타날 수 있다. 대인 간 갈등은 서로 다른 가치관, 이해관계, 의사소통의 차이로 인해 발생하며, 가족, 친구, 직장 동료 등 다양한 관계에서 나타나며 오해, 경쟁, 권력 다툼 등이 원인이 될 수 있다. 집단 간 갈등은 조직, 국가, 이념 집단 등 서로 다른 집단 간에 목표나 이해관계가 충돌할 때 발생하며, 이는 사회적 긴장과 경쟁을 초래할 수 있다. 또한, 구조적 갈등과 문화적 갈등도 중요한 유형으로 볼 수 있다. 구조적 갈등은 권력, 자원, 지위의 불평등으로 인해 발생하며, 사회 계층이나 조직 내에서 빈번하게 나타난다. 문화적 갈등은 서로 다른 문화적 배경을 가진 집단 간에 가치관과 행동 방식의 차이로 인해 발생하며, 다문화 사회에서 중요한 이슈가 된다. 이러한 갈등은 적절한 해결 방식에 따라 부정적인 결과를 초래할 수도 있지만, 긍정적인 변화와 발전의 기회로 작용할 수도 있다.

기능적 갈등: 조직 또는 개인의성장과 발전에 긍정적인 영향을 미치는 갈등

역기능적 갈등: 생산성 저하, 관계 악화 등 부정적인 영향을 미치는 갈등

내부 갈등: 개인의 내면에서 발생하는 갈등

대인 갈등: 개인 간의 의견 충돌로 발생하는 갈등

집단 간 갈등: 조직 내 부서, 기업 간 경쟁 등에서 나타나는 갈등

3) 갈등 해결의 방법

회피(Avoidance): 갈등 상황을 피하거나 무시하는 방식으로, 단기적으로 유용하지만 근본적인 문제 해결이 어렵다.

수용(Accommodation): 상대방의 요구를 받아들이는 방식으로, 관계 유지를 위해 사용되지만 장기적으로 불만이 쌓일 수 있다.

경쟁(Competition): 자신의 입장을 고수하여 갈등을 해결하는 방식으로, 강한 권한이 있을 때 사용되지만 반발을 초래할 수 있다.

타협(Compromise): 상호 양보를 통해 해결하는 방식으로, 비교적 공정하지만 만족도가 낮을 수 있다.

협력(Collaboration): 상호 이익을 고려하여 창의적인 해결책을 찾는 방식으로, 가장 효과적인 해결 방법이지만 시간이 많이 소요될 수 있다.

4 협상(Negotiation)의 정의와 개념

협상이란 두 개 이상의 당사자가 자신의 이익을 극대화하면서도 상호 수용 가능한 합의를 도출하기 위해 의견을 조율하는 과정이다. 협상은 비즈니스, 외교, 정치, 법률, 일상생활 등 다양한 상황에서 필수적인 의사결정 기술이다.

1) 협상의 개념

협상(Negotiation)은 이해관계가 다른 당사자들이 대화를 통해 서로에게 유리한 해결책을 모색하는 과정이며, 갈등 해결의 중요한 도구로 작용과 협상과정에서 상호간의 양보와 조정이 이루어지며, 성공적인 협상은 당사자모두가 만족할 수 있는 '윈-윈(Win-Win)' 결과를 목표로 한다.

협상의 주요 유형

분배적 협상(Distributive Negotiation): 한쪽의 이익이 상대방의 손실이 되는 제로섬(Zero-Sum) 게임 방식의 협상.

통합적 협상(Integrative Negotiation): 상호간의 이익을 극대화할 수 있는 해결책을 찾는 방식.

원칙적 협상(Principled Negotiation): 감정이 아닌 객관적인 기준을 기반으로 합의를 이끌어내는 방식.

복합적 협상(Multiparty Negotiation): 다수의 당사자가 참여하는 협상으로, 다양한 이해관계를 조정해야 하는 특징이 있음.

2) 협상의 주요 원칙

협상은 단순한 의견 조율이 아니라, 효과적인 의사결정과 합의를 이끌어내는 과정이다. 성공적인 협상을 위해서는 전략적인 접근과 신중한 태도가 필요하다. 협상의 목적은 단순히 상대를 이기는 것이 아니라, 상호 이익을 극대화하고 지속 가능한 관계를 형성하는 데 있다. 협상은 단순한 대화가 아니라, 전략적 사고와 감성 지능이 요구되는 복합적인 과정이다. 협상의 주요 원칙을 숙지하고 이를 실천하면 더 나은 결과를 도출할 수 있을 뿐만 아니라, 상대방과의 신뢰 관계도 형성할 수 있으며, 협상은 연습과 경험을 통해 점점 더 발전할 수 있는 기술이므로, 꾸준히 실전 경험을 쌓고 피드백을 반영하는 것이 중요하다.

가. 상호 이익을 고려한 협상 (Win-Win)

협상의 핵심은 단순히 한쪽이 승리하는 것이 아니라, 양측이 모두 이익을 얻는 결과를 창출하는 것이다. 이른바 '윈-윈(Win-Win)' 전략을 통해 협력적인 분위기를 조성하고, 장기적인 관계를 고려한 해결책을 모색해야 한다. 상대방을 압박하여 단기적인 승리를 거두더라도, 장기적으로 관계가 악화되면 결국 손해로 돌아올 수 있다. 따라서 상대방의 입장을 존중하면서도 서로 만족할 수 있는 최적의 대안을 찾는 것이 중요하다.

나. 철저한 준비와 정보 수집

협상에서 승리하기 위해서는 사전에 충분한 정보 수집과 분석이 필수적이다. 상대방의 요구사항, 목표, 협상 스타일을 파악하고, 시장 상황이나 법적 요건 등을 철저히 조사해야 한다. 또한, 협상이 결렬될 경우를 대비해 '최선의 대안(BATNA: Best Alternative to a Negotiated Agreement)'을 마련하는 것도 중요하다. 사전 준비가 철저할수록 협상 과정에서 자신감을 가지고 주도권을 유지할 수 있다.

다. 명확한 목표 설정

협상에 임하기 전, 자신이 원하는 바를 명확히 설정하는 것이 중요하다. 협상의 핵심 목표와 우선순위를 정하고, 어떤 부분에서 양보할 수 있는지, 어떤 부분에서는 반드시 지켜야 하는지를 미리 결정해야 한다. 목표가 불분명하면 협상 과정에서 혼란이 발생할 수 있으며, 상대방의 전략에 휘둘릴 가능성이 높아진다.

라. 감정 조절과 관계 구축

협상은 단순한 논리 싸움이 아니라, 인간관계와 감정이 깊이 개입된 과정이다. 상대방과의 신뢰를 쌓고 원활한 관계를 유지하는 것이 중요하다. 협상 도중 감정이 격해지면 이성적인 판단이 어려워지고, 합의 도출이 어려워질 수 있다. 따라서 차분한 태도를 유지하며 감정을 조절하는 것이 필수적이다. 상대방의 감정을 이해하고 공감하는 태도를 보이면 협상의 분위기가 더욱 긍정적으로 흐를 가능성이 높아진다.

마. 적극적인 경청과 효과적인 커뮤니케이션

협상에서 중요한 것은 상대방의 말을 경청하는 것이다. 상대방이 무엇을 원하는지, 어떤 우려를 가지고 있는지를 이해하면 보다 효과적인 대안을 제시할 수 있다. 또한, 자신의 입장을 전달할 때는 명확하고 설득력 있게 표현해야 한다. 모호한 표현보다는 구체적인 데이터와 논리를 활용하여 신뢰를 주는 것이 중요하다. 비언어적 요소(제스처, 표정, 목소리 톤 등)도 협상의 중요한 요소로 작용할 수 있다.

바. 창의적인 문제 해결

협상은 단순한 가격 흥정이 아니라, 다양한 해결책을 모색하는 과정이다. 서로의 이해관계를 최대한 고려하면서 창의적인 대안을 제시하면 협상의 성공 가능성이 높다. 예를 들어, 가격이 문제가 된다면 추가적인 서비스 제공이나 계약 조건 조정 등을 통해 새로운 해결책을 마련할 수 있다. 문제 해결 능력이 뛰어난 협상가는 협상에서 더욱 유리한 위치를 차지할 수 있다.

사. 힘의 균형과 전략적 양보

모든 협상에서는 힘의 균형이 존재합니다. 때로는 상대방이 협상에서 더 강한 입장을 가질 수도 있고, 반대로 자신이 우위를 점할 수도 있다. 중요한 것은 자신의 협상력을 객관적으로 평가하고, 전략적으로 접근하는 것이다. 또한, 무조건적인 양보보다는 상호 이익을 고려한 '전략적 양보(Trade-Off)'를 통해 더 큰 이익을 얻을 수 있도록 해야 한다. 예를 들어, 상대방이 원하는 부분을 양보하는 대신 자신이 원하는 것을 확보하는 방식으로 협상을 진행하는 것이 바람직하다.

아. 객관적 기준 활용

협상 과정에서 감정적인 대립을 피하기 위해서는 객관적인 기준을 활용하는 것이 효과적이다. 예를 들어, 시장 가격, 업계 표준, 법적 규정, 전문가 의견 등의 객관적인 자료를 제시하면 상대방을 설득하는 데 도움이 된다. 객관적인 기준을 활용하면 공정성을 유지할 수 있으며, 협상의 신뢰도를 높일 수 있다.

자. 협상 마무리와 실행

성공적인 협상은 단순히 합의를 이끌어내는 것으로 끝난 것이 아니다. 합의 내용을 명확히 문서화하고, 실행 계획을 수립하는 것이 중요하다. 또한, 협상 후에도 지속적인 커뮤니케이션을 통해 약속이 제대로 이행되는지 점검해야 한다. 협상 과정에서 형성된 관계를 유지하는 것도 중요하며, 향후 협상을 대비하여 긍정적인 인상을 남기는 것이 필요하다.

3) 협상 과정

협상과정은 **준비, 개시, 탐색, 제안 및 조정, 합의 및 실행**의 단계로 진행된다.

먼저, **준비 단계**에서는 협상의 목표를 명확히 설정하고, 상대방의 입장과 요구 사항을 분석하는 것이 중요하며, 이를 위해 관련 자료를 조사하고, 협상 전략을 수립하며, 최악의 경우(BATNA, 최선의 차선책)를 대비한 대안도 마련해야 한다.

개시 단계에서는 협상의 분위기를 설정하고 상호 신뢰를 구축하는 과정이 이루어지며, 첫인상이 협상 결과에 영향을 미칠 수 있으므로, 긍정적인 태도를 유지하고 원활한 커뮤니케이션을 유도하는 것이 필요하다.

다음으로, **탐색 단계**에서는 각자의 입장을 공유하며 상호 이해를 증진하는 과정이 포함되며, 이 단계에서는 적극적인 경청과 효과적인 질문을 통해 상대방의 숨겨진 니즈를 파악하고, 협상의 핵심 쟁점을 도출하는 것이 중요하다.

이어지는 **제안 및 조정 단계**에서는 각자의 요구사항을 반영한 제안을 제시하고, 상호 이익이 되는 방향으로 조정이 이루어진다. 이때, 양측이 만족할 수 있는 윈-윈(win-win) 전략을 모색하며, 지나친 양보 없이 합리적인 타협을 이끌어내야 한다.

마지막으로, **합의 및 실행 단계**에서는 협상 결과를 공식화하여 계약서나 합의서를 작성하고, 실질적인 실행 방안을 구체화하고, 협상 후에도 지속적인 관계를 유지하는 것이 중요하며, 필요할 경우 추가 협상을 통해 조정이 이루어질 수도 있다.
성공적인 협상을 위해서는 논리적인 접근뿐만 아니라, 감성적 요소와 관계 구축, 유연한 태도 등이 필수적이며, 상황에 따라 창의적인 해결책을 제시하는 능력도 요구된다.

준비(Preparation): 목표 설정, 정보 수집, 전략 수립
개시(Openning): 상호 입장 발표, 분위기 조성
탐색(Exploration): 요구사항 분석, 협상 가능 범위 확인
제안 및 교환(Bargaining &Proposing): 구체적인 제안 및 양보
합의 및 마무리(Closure): 최종 합의 도출 및 계약 체결

4) 갈등 해결과 협상의 관계

갈등 해결과 협상은 상호 밀접한 관계를 가지며, 효과적인 협상은 갈등 해결의 핵심 도구로 작용한다. 갈등은 이해관계의 충돌에서 비롯되며, 이를 해결하기 위해 당사자 간의 대화와 조정이 필요하다. 협상은 이러한 과정에서 상호 이익을 고려하면서 합리적인 해결책을 찾는 방식으로 진행된다. 협상이 성공적으로 이루어지면 갈등이 완화되거나 해소될 수 있으며, 반대로 협상이 실패하면 갈등이 더욱 심화될 수도 있다. 따라서 갈등을 해결하기 위해서는 효과적인 협상 전략과 상호 이해가 필수적이다.

응답 1: 갈등 해결 과정에서 협상은 단순한 타협을 넘어 창의적인 해결책을 도출하는 중요한 도구로 작용한다. 협상을 통해 당사자들은 서로의 입장을 명확히 이해하고, 협력을 통해 갈등의 본질적인 원인을 해결할 수 있다. 이러한 과정에서 상호 신뢰가 구축되며, 궁극적으로 지속 가능한 해결책을 마련할 수 있다. 또한 협상 과정에서 감정적 요소가 중요한 역할을 하며, 감정 조절과 공감적 소통이 협상의 성공 여부를 좌우할 수 있다. 따라서 효과적인 협상을 위해서는 논리적인 접근뿐만 아니라 감성적 지능(EQ)도 필요하다.

갈등 해결과 협상의 관계를 더욱 효과적으로 활용하기 위해서는 사전 준비가 필수적이다. 상대방의 입장과 요구를 분석하고, 협상 목표를 명확히 설정하는 것이 중요하다. 또한, 협상 전략을 탄력적으로 조정할 수 있는 유연성이 필요하며, 상호 만족을 극대화하는 '윈-윈' 전략이 바람직하다. 이를 통해 갈등을 단순히 해결하는 것이 아니라, 장기적으로 긍정적인 관계를 형성하고 협력적인 환경을 조성할 수 있다.

제4부

사회복지행정의 미래와 도전

제11장 사회복지행정의 윤리와 가치
제12장 사회복지서비스의 전달 체계
제13장 커뮤니케이션

제11장 사회복지행정의 윤리와 가치

1 사회복지행정의 윤리개념

사회복지행정에서 윤리는 조직 운영 및 서비스 제공 과정에서 필수적인 요소로, 사회복지사의 전문성과 도덕성을 유지하고 클라이언트의 권리를 보호하는 데 중요한 역할을 하며, 사회복지행정의 윤리 개념은 다양한 원칙을 포함하며, 이를 통해 공공복지를 실현하는 데 기여한다.

첫째, **공공성 및 사회적 책임**은 사회복지행정의 가장 기본적인 윤리 원칙이다. 사회복지행정은 공공의 이익을 최우선으로 하며, 특히 사회적 약자의 권익을 보호하는 데 집중해야 한다. 이를 위해 조직과 실무자는 공정하고 투명한 행정을 수행하며, 사회적 신뢰를 확보해야 한다.

둘째, **자율성과 책임성**의 조화가 필요합니다. 사회복지 행정가와 실무자는 윤리적 의사결정을 내릴 수 있는 자율성을 보장받아야 하지만, 동시에 그에 따른 책임도 명확히 져야 한다. 공정하고 객관적인 판단을 바탕으로 사회적 가치를 실현하려는 노력이 중요하다.

셋째, **클라이언트의 권리 보호**는 윤리적 실천에서 가장 중요한 요소 중 하나이며, 사회복지 서비스 이용자의 존엄성과 자율성을 존중하고, 차별 없이 동등한 서비스를 제공해야 한다. 또한, 개인 정보 보호와 비밀 유지 원칙을 철저히 준수하여 클라이언트의 신뢰를 유지해야 한다.

넷째, **공정성과 형평성**이 보장되어야 한다. 사회복지 자원의 배분과 서비스 제공 과정에서 공정성을 유지하고, 모든 사람에게 차별 없이 기회를 제공해야 하며, 특히, 사회적 약자와 소외 계층이 적절한 지원을 받을 수 있도록 형평성을 고려한 정책 운영이 필수적이다.

다섯째, **전문성과 도덕성 유지**가 중요합니다. 사회복지사는 지속적인 교육과 훈련을 통해 전문성을 함양하고, 윤리적 기준을 준수하여 도덕적 행위를 실천해야 하며, 윤리강령과 행동지침을 철저히 따르며, 개인적 이익보다 공익을 우선시하는 태도를 가져야 한다.

여섯째, **투명성과 책무성**이 강조되고, 사회복지기관과 행정 조직은 운영 과정에서 투명성을 유지되며, 예산과 자원의 사용에 대해 명확한 책임을 져야 한다. 내부 감시와 평가 체계를 구축하여 지속적인 개선을 이루는 것이 중요하다.

일곱째, **협력과 연대**가 필요하다. 사회복지 행정은 지역사회 및 타 기관과 협력하여 보다 효과적인 복지 시스템을 구축해야 한다. 다양한 이해관계자들과의 소통과 협력을 통해 복지서비스의 질을 향상시키는 것이 필수적이다.

마지막으로, **윤리적 의사결정과 갈등 해결**이 요구되며, 복잡한 윤리적 딜레마 상황에서 체계적인 의사결정 과정을 적용하여 최선의 해결책을 찾아야 한다. 윤리위원회 및 내부 지침을 활용하여 윤리적 문제를 신속하고 공정하게 해결하는 것이 중요하다.

이와 같이 사회복지행정에서 윤리는 단순한 원칙이 아니라 실천을 위한 구체적인 지침이 되어야 한다. 이를 통해 보다 신뢰받는 복지 행정을 실현하고, 궁극적으로 사회적 복지를 향상시키는 데 기여할 수 있다.

1) 윤리의 개념과 중요성

윤리는 또한 사회복지 조직 내에서 신뢰를 구축하는 데 중요한 역할을 한다. 조직 구성원들이 윤리적 가치를 공유하고 이를 실천할 때, 조직의 내부 결속력이 강화되며, 대외적으로도 신뢰받는 기관으로 자리 잡을 수 있다. 이는 사회복지 서비스 제공자의 도덕적 책임을 높이고, 서비스 이용자와의 관계에서 공정성과 존중을 보장하는 기반이 된다.

더 나아가, 윤리는 사회복지 행정에서 의사결정의 기준이 된다. 복잡한 윤리적 딜레마 상황에서 조직과 실천가들은 윤리적 원칙을 바탕으로 합리적인 결정을 내릴 수 있으며, 이는 조직의 지속 가능성과 전문성을 강화하는 요소로 작용한다. 이를 위해 사회복지 조직은 명확한 윤리 강령을 수립하고, 실천가들에게 윤리 교육과 지속적인 지침을 제공해야 한다.

2) 사회복지행정에서의 윤리적 원칙

사회복지행정에서의 윤리적 원칙은 공정성, 책임성, 투명성, 존엄성 존중, 전문성 유지 등으로 요약될 수 있다. 첫째, 공정성은 모든 클라이언트에게 차별 없이 동등한 서비스를 제공하고, 자원의 배분과 서비스 접근에서 공평성을 유지하는 것을 의미한다. 이는 인종, 성별, 나이, 경제적 상태 등에 따른 차별을 배제하고, 필요에 따라 적절한 서비스를 받을 수 있도록 하는 것을 포함한다.

둘째, 책임성은 사회복지사가 자신의 역할과 의무를 성실히 수행하며 결과에 대해 책임을 지는 것을 말한다. 이는 클라이언트에게 신뢰를 주기 위해 업무 수행 과정에서의 신뢰성과 정직성을 유지하고, 직무 수행 결과에 대해 투명하게 보고하는 것을 포함된다. 또한, 업무 수행 시 발생할 수 있는 윤리적 갈등이나 딜레마 상황에서도 책임 있는 의사결정을 내리는 것을 요구한다.

셋째, 투명성은 행정 과정과 의사결정 과정을 명확히 공개하여 이해관계자와 클라이언트에게 신뢰를 주는 것을 의미하며, 이를 위해 예산의 사용 내역, 프로그램 기획 및 평가 과정, 서비스 제공 절차 등을 투명하게 공개하고 이해관계자와의 소통을 강화하여 신뢰도를 높인다.

넷째, 존엄성 존중은 클라이언트의 인권과 자율성을 보호하고 그들의 의견과 선택을 존중하는 것을 의미하며, 이는 클라이언트의 사생활 보호와 비밀 유지를 포함하고, 클라이언트가 자신의 문제 해결 과정에 적극적으로 참여할 수 있도록 돕는 것을 포함된다. 또한, 클라이언트의 문화적 배경과 개인적 신념을 존중하며, 그들의 권익을 대변하고 옹호하는 역할도 포함된다.

마지막으로, 전문성 유지는 사회복지사가 지속적으로 지식과 기술을 업데이트하고 윤리적 딜레마 상황에서도 전문성을 발휘하는 것을 의미한다. 이를 위해 사회복지사는 지속적인 교육과 훈련을 통해 자신의 역량을 강화하고, 전문적인 기준과 윤리적 가이드라인을 준수하며, 동료 간의 피드백과 슈퍼비전을 통해 전문성을 향상시키는 노력이 필요하다.

이와 같은 윤리적 원칙들은 사회복지행정의 신뢰성과 공공성을 강화하고, 클라이언트의 권익을 보호하며, 사회복지사의 전문성을 높이는 데 필수적인 기준이 된다. 이를 바탕으로 사회복지행정은 공공의 이익을 실현하고, 사회 정의와 복지 증진에 기여할 수 있다.

인간존엄성과 권리존중: 모든 인간은 존엄성을 가지며, 클라이언트의 권리를 보호해야 하며, 차별 없이 공정한서비스를 제공한다. 사회적 정의: 공정한 자원 배분과 형평성 원칙을 준수하며, 소외 계층과 취약계층을 우선적으로 보호하고 지원해야 한다.

전문성 유지와 책임성: 사회복지사는 자신의 전문성을 유지하고 지속적으로 역량을 개발해야 하며, 기관과 실천가는 서비스 제공에 대한 책임을 져야 한다.

비밀보장 및 개인정보 보호: 클라이언트의 정보는 법적·윤리적으로 보호되어야 하며, 정보 유출로 인한 피해를 방지하기 위해 보안 조치를 철저히 해야 한다.

공정성과 투명성: 행정과정에서 공정한의사결정을 해야 하며, 부정부패를 방지 조직 운영과 정책 수립은 투명하게 이루어져야 한다.

3) 사회복지행정 윤리의 적용 영역

사회복지행정에서 윤리는 다양한 적용 영역에서 중요한 역할을 한다. 첫째, 서비스 제공 과정에서 클라이언트의 권리와 존엄성을 존중하며 공정하고 차별 없는 서비스를 제공해야 하며, 여기에는 개인정보 보호, 자율성 존중, 비밀 유지, 공정한 접근 기회 보장이 포함된다. 또한, 클라이언트의 자기결정권을 존중하면서도 필요한 경우 보호적 개입이 요구될 수 있는 상황에 대한 윤리적 판단이 필요하다.

둘째, 조직 관리 및 운영에서는 투명성과 책임성을 바탕으로 재정 관리 및 의사결정을 해야 하며, 이해충돌을 방지하고 공공자원을 효율적으로 사용해야 한다. 특히, 예산의 편성 및 집행, 후원금 및 기부금의 관리에서 윤리적 책무를 다해야 하며, 이에 대한 정기적인 감사와 보고를 통해 투명성을 유지해야 한다.

셋째, 직원 관계에서는 상호 존중과 공정한 대우를 통해 직무 만족도와 조직 문화를 향상시켜야 한다. 이는 인사 관리, 평가 및 승진 과정에서의 공정성과 성평등, 직장 내 괴롭힘 방지 등을 포함한다. 또한, 직원들의 윤리적 딜레마 상황에 대한 상담과 교육을 통해 윤리적 민감성을 높이고, 내부 고충 처리 시스템을 마련하여 조직 내에서 윤리적 문제가 발생했을 때 신속하고 공정하게 해결할 수 있도록 해야 한다.

넷째, 전문성 유지 및 향상의 영역에서는 사회복지행정가가 최신 지식과 기술을 습득하고 전문성을 유지하기 위해 지속적인 교육과 훈련에 참여해야 한다. 윤리적 의사결정 능력을 강화하기 위한 윤리교육 및 사례연구도 이에 포함된다.

마지막으로, 대외 관계 및 협력에서는 지역사회 및 이해관계자들과의 신뢰 구축을 위해 정직하고 윤리적인 커뮤니케이션이 필요하며, 특히, 정책 옹호 활동 및 대외 홍보 시 사실에 근거한 정보를 제공하며, 이해관계자 간 갈등을 공정하게 조정해야 한다. 또한, 타 기관과의 협력 및 연계 시 클라이언트의 정보 공유에 대한 윤리적 문제를 신중히 고려해야 한다.

이처럼 사회복지행정에서 윤리는 서비스 제공, 조직 운영, 직원 관계, 전문성 유지, 대외 관계 등 다양한 영역에서 적용되며, 이는 사회복지기관의 신뢰도와 효과성을 높이는 데 필수적이다.

사회복지 조직의 운영: 공정한 인사관리 및 예산 운영과 윤리적 의사결정 시스템 구축

사회복지사와 클라이언트의 관계: 윤리적 딜레마상황에서의 올바른 선택과 클라이언트 권리보호 및 자기결정권 존중

정책 및 프로그램 개발: 공익을 고려한 정책 수립과 지속 가능하고 형평성 있는 프로그램 운영

2 사회복지행정에서의 윤리적 딜레마와 해결 방안

사회복지행정에서는 종종 윤리적 딜레마에 직면하게 되며, 예를 들어, 자원의 한정성으로 인해 모든 클라이언트에게 동등한 서비스를 제공하기 어려울 때 공정성과 형평성 사이에서 갈등이 발생할 수 있다. 또한, 클라이언트의 개인정보 보호와 투명한 정보 공개 사이에서 윤리적 딜레마가 생기기도 한다. 이러한 문제를 해결하기 위해서는 첫째, 윤리 강령과 법적 규정을 명확히 이해하고 준수해야 한다. 둘째, 의사 결정 과정에서 다각적인 관점에서 문제를 분석하고, 이해 관계자들과 소통하며 투명한 의사 결정을 해야 한다. 셋째, 윤리적 문제에 대한 지속적인 교육과 사례 연구를 통해 사회복지사들의 윤리적 감수성을 높이는 것이 중요하다. 마지막으로, 윤리적 딜레마 상황에서 논의할 수 있는 내부 자문 시스템을 마련하여 전문가 간의 협의를 통해 최선의 해결책을 모색해야 한다. 이를 통해 사회복지행정에서의 윤리적 딜레마를 보다 체계적이고 윤리적으로 해결할 수 있을 것이다.

윤리강령 준수: 한국사회복지사협회의 윤리강령을 비롯한 관련 법규와 가이드라인을 준수해야 한다.

윤리적 의사 결정모델 활용: 윤리적문제발생시 다양한 관점을 고려하는 의사결정모델(예: 로웬버그와 돌고프의 윤리적 의사결정 모델 등)을 활용하여 공정한 결정을 내려야 한다.

윤리 교육과 훈련: 사회복지사 및 행정가를 대상으로 정기적인 윤리 교육을 실시하여 윤리적 감수성을 높여야 한다.

윤리적 조직 문화 조성: 조직 내부에 윤리적 가치를 강조하는 문화와 시스템을 구축하여 직원들이 윤리적 기준을 자연스럽게 준수 하도록 유도해야 한다.

1) 사회복지행정의 윤리적 가치

사회복지행정의 윤리적 가치는 사회복지 서비스의 공정성과 투명성을 보장하며, 수혜자의 권리를 보호하고 존엄성을 존중하는 데 있습니다. 사회복지 행정가는 개인의 사생활을 침해하지 않으며, 공정하고 평등한 서비스를 제공해야 할 윤리적 의무를 가집니다. 이는 특히 정보의 기밀성 유지와 사생활 보호, 차별 금지 및 평등한 대우를 포함합니다.

또한, 자원의 효율적 배분과 공공의 이익을 고려하여 정책을 수립하고 집행해야 하며, 이를 통해 사회적 약자를 보호하고 사회적 정의를 실현할 수 있습니다. 사회복지 행정가는 자신의 권한을 남용하지 않고, 청렴성과 정직성을 유지하며, 부패와 비리를 방지해야 합니다. 이는 공공 자원의 투명한 사용과 책임감을 동반한 의사결정을 가능하게 합니다.

사회복지행정의 윤리적 가치는 또한 사회복지 전문가와 클라이언트 간의 신뢰 구축에 중요한 역할을 합니다. 윤리적 기준을 지킴으로써 수혜자는 자신의 권리와 필요가 존중받고 있다는 신뢰감을 얻으며, 이는 서비스의 효과성을 높이는 데 기여합니다. 아울러, 사회복지 행정가는 정책 결정 과정에서 다양한 이해관계자의 의견을 존중하고 참여를 보장해야 하며, 이를 통해 정책의 민주성과 정당성을 확보할 수 있습니다.

결국, 윤리적 가치를 준수함으로써 사회복지행정은 사회적 책임을 다하고, 더 나은 공동체를 위한 긍정적인 변화를 이끌어낼 수 있습니다. 이는 사회복지의 궁극적 목표인 인간의 존엄성 보장과 사회적 평등 실현에 기여하며, 신뢰받는 사회복지 체계를 구축하는 데 중요한 기반이 됩니다.

평등성과 형평성 (Equality &Equity): 모든 사람이 동등한 기회를 가질 수 있도록 하며, 사회적 약자를 배려하는 형평성을 고려한 행정을 운영하며, 불평등한 사회 구조에서 소외된 계층에게 더 많은 지원과 자원을 배분함으로써 공정한 사회를 실현한다.

인간 존엄성과 가치 존중: 모든 인간은 존엄하고 가치 있는 존재이므로, 사회복지행정은 인간의 기본권보장하고 존중하는 방향으로 운영되어야 하며, 클라이언트의 자기결정권을 보장하고 그들의 의견을 존중하는 것이 매우중요하다.

사회적정의: 공정한 자원 분배와 차별 없는 서비스제공이 이루어져야 하고, 사회적 약

자와 소외계층을 보호하고, 모든 사람이 동등한 기회를 가질 수 있도록 조치해야 한다.

공익성과 책임성: 사회복지행정은 특정 개인이나 집단의 이익이 아니라, 공익을 최우선으로 고려해야 하며, 사회복지 기관과 종사자는 재정 및 운영의 투명성을 확보하고, 서비스 제공 과정에서 책임감을 가져야 한다.

효율성과 효과성: 한정된 복지 자원을 효과적으로 활용하여 최대한 많은 사람들이 혜택을 받을 수 있도록 해야 하며, 행정 체계를 최적화하여 복지서비스의 질을 높이고, 불필요한 행정적 절차를 줄이는 것이 필요하다.

전문성과 지속성: 사회복지 종사자는 전문적인 지식을 갖추고 윤리적 기준을 준수해야 하고, 사회복지 프로그램은 일시적인 지원이 아니라 지속 가능하도록 설계되어야 한다.

2) 사회복지행정의 윤리

사회복지행정의 윤리는 복지 행정가들이 의사결정을 내리고 서비스를 제공할 때 준수해야 하는 도덕적 기준과 규범을 의미한다. 윤리적 실천을 위해 다음과 같은 원칙이 요구된다.

이용자 중심의 서비스 제공: 클라이언트의 권리와 복지를 최우선으로 고려해야 하며, 이용자의 필요를 반영한 행정을 운영해야 하고, 강압적이거나 비윤리적인 방법으로 이용자를 대하지 않아야 한다.

비밀 유지 및 개인정보 보호: 복지서비스를 이용하는 사람들의 개인정보 보호는 매우 중요한 윤리적 원칙이며, 클라이언트의 동의 없이 개인 정보를 유출하거나 남용해서는 안 된다.

공정성과 평등성: 모든 사람에게 동등한 기회를 제공해야 하며, 성별, 연령, 인종, 장애 여부 등에 따른 차별이 없어야 하고, 자원을 배분할 때 객관적이고 공정한 기준을 적용해야 한다.

전문성 유지와 지속적인 자기 개발: 사회복지 행정가는 최신 복지 정책과 제도를 숙지하고, 지속적인 학습과 연구를 통해 전문성을 유지해야 하고, 복지서비스의 질을 향상시키기 위해 노력해야 하며, 윤리적 기준을 준수해야 한다.

정직성과 투명성: 사회복지 기관의 운영 과정에서 재정 및 행정상의 투명성을 확보해야 하며, 부정행위(예: 예산 유용, 부당한 행정 처리 등)를 방지하고, 공정한 평가 시스템을 구축해야 한다.

협력과 연대: 복지서비스 제공자는 다양한 이해관계자(정부, 민간단체, 지역사회 등)와 협력하여 복지 행정을 수행해야 하며, 사회복지 분야의 전문가들은 서로 협력하여 더 나은 복지 환경을 조성해야 한다.

3 사회복지행정에서 윤리적 딜레마

1) 윤리적 딜레마의 개념

윤리적 딜레마(Ethical Dilemma)란 두 개 이상의 윤리적 가치가 충돌하여 어느 하나를 선택하기 어려운 상황을 의미한다. 사회복지행정에서 윤리적 딜레마는 클라이언트, 기관, 정책, 사회적 가치 등이 서로 충돌하는 과정에서 발생하며, 올바른 결정을 내리는 것이 쉽지 않은 경우가 많으며, 결론적으론 사회복지행정에서 윤리적 딜레마는 불가피하게 발생하지만, 윤리 강령과 원칙, 협력적 의사결정 과정을 통해 최선의 해결책을 모색할 수 있다. 윤리적 고민이 반복되는 문제는 제도적 변화와 정책 개선을 통해 근본적으로 해결하는 것이 중요하다.

사회복지행정에서의 주요 윤리적 딜레마 유형

클라이언트의 권리 vs. 기관의 정책: 사회복지기관은 특정한 정책과 규정을 따르며 운영되지만, 이러한 정책이 클라이언트의 개별적 요구와 충돌할 때 딜레마가 발생할 수 있다.

전문직 윤리 vs. 행정적 효율성: 사회복지사는 윤리 강령에 따라 클라이언트 중심의 서비스제공해야 하지만, 기관은 예산과 자원의 효율적 운영을 요구 한다. 개인정보 보호 vs. 공공의 이익: 클라이언트의 개인정보는 보호되어야 하지만, 특정한 경우(아동 학대, 가정 폭력, 범죄 관련 사항)에는 공공의 이익을 위해 정보 공유가 필요할 수 있다.

공정성 vs. 형평성: 자원의 배분에서 공정한 기준을 유지하는 것이 중요하지만, 일부 취약 계층에게는 추가적인 지원이 필요할 수 있다.

정책 준수 vs. 사회 정의: 기존의 법률과 정책이 사회 정의에 어긋날 경우, 이를 따를 것인지 또는 변화시키려 할 것인지 고민해야 한다.

윤리적 딜레마 해결 방안

윤리 강령 및 원칙 준수: 한국사회복지사협회의 윤리 강령을 참고하여 윤리적 판단을 내릴 수 있도록 하며, 클라이언트의 존엄성, 비밀보장, 공정성 등의 원칙을 고려하여 행동해야 한다.

의사결정 모델 활용: 윤리적 의사결정 모델(예: NASW 윤리적 의사결정 모델)을 활용하여 단계적으로 문제를 분석하고 최선의 결정을 내릴 수 있다. 문제 인식 → 대안 탐색 → 가치 비교 → 최선의 선택 → 결과 평가 등의 절차를 따를 수 있다.

슈퍼비전 및 팀 협의: 혼자 결정하기 어려운 경우, 상급자(슈퍼바이저)나 동료 사회복지사와 협의하여 윤리적으로 적절한 판단을 내릴 수 있도록 한다.

정책 개선 및 제도적 변화 촉진: 구조적으로 반복되는 윤리적 딜레마는 제도 개선을 통해 해결해야 하므로, 정책 제안 및 법률 개정 등의 방법을 모색할 필요가 있다.

2) 사회복지의 윤리적 기준

사회복지는 인간의 존엄성과 권리를 보호하고, 사회적 약자를 지원하며, 공정한 사회를 구현하는 것을 목표로 한다. 따라서 사회복지사는 윤리적 기준을 준수하며 전문적인 책임을 다해야하며, 윤리적 가치를 바탕으로 공정하고 책임감 있게 서비스를 제공해야 하며, 윤리적 원칙을 지키는 것은 단순한 규칙 준수가 아니라, 사회복지의 궁극적인 목적을 달성하기 위한 필수 요소이다.

인간 존엄성과 가치 존중: 모든 인간은 동등한 가치를 지니며, 존엄성을 보호받아야 하며, 클라이언트의 자율성과 선택권을 존중해야 한다.

사회적 정의 실현: 빈곤, 차별, 불평등을 해소하고 공정한 기회를 제공하며, 사회적 약자가 차별받지 않도록 보호하고 권익을 옹호해야 한다.

비밀보장과 프라이버시 보호: 클라이언트의 개인 정보를 보호하고, 동의 없이 공개하지 않아야 하며, 다만, 타인의 생명이나 안전이 위협받을 경우 예외적으로 정보를 공유할 수 있다.

전문성 유지와 책임감: 사회복지사는 지속적으로 전문성을 개발하고, 윤리적 기준을 준수, 업무 수행시 개인이익보다 클라이언트의 복지를 우선해야 한다.

3) 사회복지 윤리적 딜레마

클라이언트의 권리 vs. 기관의 규정: 클라이언트가 원하는 서비스가 기관의 규정이나 정책과 충돌할 경우 발생 한다. 예: 경제적 어려움을 겪는 클라이언트가 추가 지원을 요청하지만 기관 규정상 지원이 불가능한 경우.

비밀 유지 vs. 사회적 책임: 사회복지사는 클라이언트의 개인정보를 보호해야 하지만, 경우에 따라 이를 공개해야 할 수도 있다. 예: 가정폭력 피해자가 상담 중 학대를 받고 있다고 밝혔을 때, 비밀을 유지해야 할지 신고해야 할지 고민하는 상황.

자율성 존중 vs. 보호의 의무: 클라이언트가 자신의 삶을 결정할 권리가 있지만, 그 결정이 심각한 위험을 초래할 경우 보호할 책임도 있다. 예: 정신질환을 가진 노숙인이 치료를 거부할 때, 그의 자율성을 존중해야 할지 강제 치료를 고려해야 할지 고민하는 경우.

개인적 신념 vs. 직업적 윤리: 사회복지사가 개인적으로 반대하는 가치관을 가진 클라이언트를 도와야 할 때 발생한다. 예: 사회복지사가 특정 종교나 정치적 신념을 가진 클라이언트를 공정하게 지원해야 하는 상황을 말한다.

자원의 부족 vs. 공정한 분배: 지원이 필요한 사람이 많지만 예산이나 인력이 제한적일 때 발생하는 문제이다. 예: 한정된 복지 기금으로 더 많은 사람이 혜택을 받도록 해야 할지, 특정 취약 계층에게 집중적으로 지원해야 할지 결정해야 하는 경우.

4 윤리적 딜레마 해결 방법

사회복지 윤리강령 준수: 한국사회복지사협회의 윤리강령을 따르며, 원칙과 기준을 고려해야 한다.

전문적 가치와 원칙 적용: 인간의 존엄성, 정의, 평등 등 사회복지의 핵심 가치를 고려해야 한다.

동료 및 슈퍼바이저(상급자)와 상담: 혼자 결정하기 어려운 경우, 다른 전문가들과 논의하여 최선의 해결책을 찾는다.

법적 기준 검토: 윤리적 판단뿐만 아니라 법적책임도 고려하여 결정해야 한다. 클라이언트의 관점 존중: 클라이언트의 입장에서 문제를 바라보고, 가능한 한 그들의 권리를 보장하는 방향으로 해결한다.

1) 사회복지 윤리 강령

많은 국가에서 사회복지 윤리를 규정하는 강령이 존재한다. 예를 들어, 한국사회복지사협회는 「사회복지사 윤리강령」을 제정하여 다음과 같은 원칙을 강조한다.

〈클라이언트에 대한 윤리〉

비밀 유지 (Confidentiality) – 클라이언트의 개인 정보와 민감한 데이터를 보호하고, 허가 없이 공유하지 않는다.

정직성과 투명성 (Honesty &Transparency) – 클라이언트에게 정확하고 솔직한 정보를 제공하며, 오해를 유발하는 행동을 하지 않는다.

이해충돌 회피 (Avoiding Conflicts of Interest) – 개인적 이익이 클라이언트의 이익과 충돌하지 않도록 주의해야 한다.

전문성 유지 (Professionalism &Competence) – 지속적인 학습과 발전을 통해 클라이언트에게 최상의 서비스를 제공한다.

공정성과 존중 (Fairness &Respect) - 클라이언트를 차별하지 않고 공정하게 대우하며, 존중하는 태도를 유지한다.

〈동료 및 기관에 대한 윤리〉

존중과 배려: 동료 간 상호존중을 바탕으로 협력하며, 차별과 편견 없이 공정하게 대우하며, 서로의 의견을 경청하고 배려하는 태도를 유지한다.

책임과 신뢰: 맡은 업무를 성실히 수행하며, 기관과 동료에게 신뢰를 주는 행동을 실천하며, 부당한 이익을 추구하지 않고, 기관의 규정을 준수한다.

공정성과 청렴성: 기관 내 모든 업무에서 공정성을 유지하고, 부패 및 비윤리적 행위를 배제하며, 이해충돌 상황을 피하며, 투명한 의사결정을 한다.

협력과 팀워크: 기관의 목표 달성을 위해 협력하며, 개인의 이익보다 공동의 이익을 우선하며, 동료 간 갈등이 발생할 경우 원만한 해결을 위해 노력한다.

기밀 유지와 보호: 기관의 기밀 정보를 외부에 유출하지 않으며, 개인정보 보호를 철저히 하며, 업무 수행 중 알게 된 동료 및 기관의 정보를 악용하지 않는다.

〈사회에 대한 윤리〉

사회에 대한 윤리는 우리가 사회에서 어떻게 행동해야 하는지에 대한 도덕적 기준을 설정하며, 이는 개인의 행동이 사회 전체에 미치는 영향을 고려하며, 공동체의 공익과 개인의 권리 간의 균형을 찾는 과정이다. 사회 윤리는 불평등, 차별, 환경 보호, 정의 등 다양한 사회적 문제를 다루고 있으며, 각 개인이 사회적 책임을 다하도록 유도한다. 또한, 법과 규범, 문화적 가치가 함께 작용하여 사회 내에서 올바른 행동과 상호작용을 형성하는 데 중요한 역할을 한다.

〈전문적 책임과 윤리〉

전문적 책임과 윤리는 특정직업이나 분야에 전문가가 지켜야 할 도덕적 의무와 행동 기준을 의미하며, 이는 사회와 고객에게 신뢰를 주고, 전문성을 유지하며, 공공의 이익을 보호하는 데 중요한 역할을 한다.

전문적 책임: 전문가가 자신의 역할을 수행함에 있어 갖추어야 할 책임감을 의미이다. 이는 직업적인 기준을 준수하고, 업무에 충실하며, 성실하게 임하는 태도를 포함한다.

윤리: 윤리는 개인이나 집단이 정의하는 도덕적 원칙이며, 전문가들은 자신의 직무를 수행함에 있어 정직, 공정성, 비밀 유지, 사회적 책임 등을 지켜야 한다. 이들 윤리적 원칙은 종종 직업윤리 규범이나 협회의 코드로 명시된다.

2) 사회복지행정에서의 윤리적 문제

사회복지행정에서의 윤리적 문제는 사회복지 서비스 제공 과정에서 발생할 수 있는 다양한 도덕적, 법적, 그리고 전문적 갈등을 의미하며, 이는 사회복지사가 복지서비스를 제공하면서 직면하는 윤리적 딜레마를 해결하기 위한 기준과 원칙을 다룹니다. 주요 윤리적 문제를 아래와 같이 설명할 수 있다.

사생활 보호와 정보의 비밀 유지

사회복지사는 클라이언트의 개인적인 정보와 비밀을 보호해야 할 책임이 있으며, 때로는 법적 요구나 상황에 따라 이 정보를 외부와 공유해야 할 경우가 있을 수 있다. 예를 들어, 아동 학대 의심 시 사회복지사는 이를 신고해야 할 의무가 있고, 이런 상황에서 사회복지사는 클라이언트의 비밀을 지키는 것과 법적 의무 사이에서 갈등을 겪을 수 있다.

공정성 문제

사회복지사는 모든 클라이언트에게 공정하고 차별 없이 서비스를 제공해야 한다. 그러나 자원이나 서비스가 한정적일 때, 특정 클라이언트에게 우선순위를 두거나 자원을 배분하는 과정에서 불공정하게 느껴질 수 있는 상황이 발생할 수 있다. 예를 들어, 긴급한 상황에서 어떤 클라이언트를 우선 지원해야 할지 결정할 때의 윤리적 갈등이 있을 수 있다.

자율성 존중과 강제성

사회복지사는 클라이언트의 자율성을 존중해야 하지만, 때로는 클라이언트가 스스로의 이익을 충분히 이해하지 못하거나, 위험한 선택을 할 수 있다. 이때 사회복지사는 클라이언트의 자율성을 존중하는 것과, 그들에게 최선의 결정을 강제로라도 해야 할지에 대한 윤리적 고민을 해야 한다.

역할의 경계 문제

사회복지사는 전문적 관계를 유지해야 하지만, 때로는 클라이언트와 개인적 관계가 얽히거나, 사회복지사가 직접적인 도움을 주는 것 이상의 역할을 하게 될 수 있다. 예를 들어, 클라이언트에게 개인적인 금전적 지원을 하는 경우 등은 윤리적으로 문제가 될 수 있다.

전문적 한계와 전문성

사회복지사는 자신의 전문성과 역할의 한계를 잘 알고 있어야 한다. 만약 사회복지사가 자신이 처리할 수 없는 문제에 대해 개입하거나, 전문적이지 않은 방법으로 문제를 해결하려 한다면 이는 윤리적으로 문제가 될 수 있다. 이럴 때는 다른 전문가와의 협력이나 의뢰가 필요하다.

조직과 클라이언트의 이해충돌

사회복지사는 조직의 정책과 규정을 따르면서도, 클라이언트의 필요와 욕구를 충족시켜야 한다. 그러나 때로는 조직의 정책이 클라이언트에게 불리하게 작용할 수 있다. 이때 사회복지사는 조직과 클라이언트 간의 갈등을 해결하는데 윤리적 판단을 내려야 한다.

사회복지사의 개인적 가치와 직업적 가치의 충돌

사회복지사는 개인적인 신념이나 가치관을 가질 수 있다. 그러나 클라이언트의 가치관이나 신념이 사회복지사의 개인적 가치와 충돌할 때, 이를 어떻게 다루어야 할지에 대한 윤리적 고민이 필요하다. 사회복지사는 자신의 가치관을 클라이언트에게 강요하지 않도록 주의해야 한다.

이러한 윤리적 문제들은 사회복지사와 클라이언트, 그리고 사회 복지 서비스 제공 기관 간의 신뢰와 관계를 유지하는 데 중요한 역할을 합니다. 사회복지사는 윤리적 원칙을 준수하고, 상황에 맞는 적절한 판단을 내려야 하며, 필요한 경우 전문적인 윤리적 지침을 참조하여 결정을 내려야 한다.

3) 사회복지의 가치와 원칙

사회복지의 가치와 원칙은 사람들의 삶의 질 향상과 사회적 평등을 증진하는 데 중요한 역할을 한다. 사회복지의 가치는 대체로 인간 존엄성, 사회적 정의, 연대와 협력의 정신에 바탕을 두고 있다. 이를 통해 사회복지는 사회적 약자나 소외된 사람들에게 기회를 제공하고, 그들이 인간다운 삶을 살아갈 수 있도록 돌보며, 사회복지의 가치와 원칙은 각 개인의 권리와 존엄성을 존중하고, 사회적 약자들이 인간다운 삶을 살아갈 수 있도록 돕는 중요한 역할을 한다.

사회복지의 가치

인간 존엄성: 사회복지의 핵심 가치는 모든 인간이 존엄하고 가치 있는 존재임을 인정하는 것이다. 각 사람은 존중받아야 하며, 그들의 권리와 자유가 보장되어야 한다.

사회적 정의: 사회복지는 모든 사람들이 평등하게 자원을 분배받고, 불평등을 해소하며, 차별을 제거하는 것을 목표로 하며, 이를 통해 사회적 약자들이 사회에 적극적으로 참여하고, 그들의 권리를 보장받을 수 있도록 한다.

인간의 권리: 모든 사람은 건강한 삶을 살 권리, 교육받을 권리, 고용될 권리 등을 가지고 있으며, 사회복지는 이러한 권리들을 보장하고 증진하기 위한 활동을 한다.

연대와 협력: 사회복지에서는 개인과 공동체 간의 상호 지원과 협력이 중요하며, 서로 돕고 이해하는 마음을 바탕으로 사회적 결속을 강화해야한다.

5 사회복지의 원칙

자기결정의 원칙: 개인은 자신의 삶과 관련된 결정을 스스로 내릴 수 있는 권리가 있으며, 사회복지 실천에서는 클라이언트가 스스로 문제를 해결할 수 있도록 지원하며, 그들의 자율성을 존중해야한다.

비차별의 원칙: 모든 사람은 인종, 성별, 나이, 장애, 경제적 상황 등에 관계없이 차별받지 않아야 하며, 사회복지는 이러한 비차별적 원칙을 준수하며 서비스를 제공한다.

비밀보장의 원칙: 사회복지 실천에서 클라이언트의 개인 정보는 철저히 보호되어야 하며, 이는 클라이언트의 신뢰를 구축하는 중요한 원칙이다.

전문성의 원칙: 사회복지사는 전문적인 교육과 훈련을 바탕으로 서비스를 제공해야 하며,

클라이언트에게 적합한 서비스를 제공할 수 있도록 지속적으로 역량을 개발해야 한다.

통합적 접근의 원칙: 사회복지 실천에서는 클라이언트를 단편적으로 바라보지 않고, 그들이 처한 사회적, 경제적, 문화적 배경을 종합적으로 고려하여 문제를 해결하려는 노력이 필요하다.

제12장 사회복지서비스의 전달 체계

1 사회복지서비스의 전달체계의 개념

사회복지서비스 전달 체계(Social Welfare Service Delivery System)는 사회복지서비스가 대상자에게 효과적으로 제공되기 위한 구조와 과정의 총체를 의미하며, 이는 공공 및 민간 기관, 서비스 제공자, 자원, 정책, 법제도 등이 유기적으로 결합하여 사회적 약자나 도움이 필요한 사람들에게 적절한 복지 서비스를 전달하는 체계를 포함한다. 결론적으론, 사회복지서비스 전달 체계는 복지 서비스가 필요한 사람들에게 효과적으로 전달되도록 돕는 중요한 시스템입니다. 효율적이고 형평성 있는 전달 체계를 구축하기 위해서는 정부와 민간이 협력하여 서비스 중복을 줄이고, 접근성을 높이며, 지속적인 개선 노력이 필요하다.

1) 사회복지 서비스

사회복지서비스는 개인이나 가족, 집단, 지역사회의 복지 증진을 위해 제공되는 다양한 지원과 프로그램을 말하며, 이는 사람들이 삶의 질을 높이고 사회적 위험(예: 빈곤, 실업, 질병, 장애 등)을 극복할 수 있도록 돕는 것을 목적을 말하며, 또한, 사회복지서비스는 신체적, 정신적, 정서적 안녕을 증진시키고, 사회적 통합과 자립을 지원하여 사회 구성원들이 보다 안정적이고 존엄성 있는 삶을 영위할 수 있도록 한다.

이러한 서비스는 공공 부문과 민간 부문에서 모두 제공되며, 국가의 정책 및 제도에 따라 다양한 형태로 이루어진다. 예를 들어, 경제적 어려움을 겪는 이들을 위한 생계 지원, 노인과 장애인을 위한 돌봄 서비스, 아동 및 청소년을 위한 교육 및 보호 프로그램, 정신건강 상담 및 치료 서비스 등이 포함된다. 또한, 실업자나 저소득층을 위한 직업 훈련 및 취업 지원 프로그램, 주거 안정을 위한 주택 보조금 및 임대 지원, 건강관리를 위한 의료서비스 지원 등도 중요한 사회복지서비스의 일환이다.

사회복지서비스는 예방적 차원에서도 중요한 역할을 한다. 예를 들어, 가정 내 폭력 예방 프로그램, 학교 폭력 및 왕따 방지 교육, 중독 예방 및 재활 프로그램 등은 개인과 가족이 위기 상황에 처하지 않도록 사전에 도움을 주는 방식이다. 또한, 위기 상황에 처한 사람들에게는 긴급 구호 및 상담 서비스를 제공하여 신속한 지원과 회복을 도모한다.

이와 같이 사회복지서비스는 인간의 기본적인 욕구를 충족시키고 사회적 불평등을 완화함으로써 보다 포용적이고 공정한 사회를 만드는 데 기여한다. 더 나아가, 사회적 연대와 공동체 의식을 강화하고, 사회 구성원들이 상호 협력하며 성장할 수 있는 환경을 조성함으로써 사회 전체의 지속 가능성과 안정성을 높이는 역할을 하고 있다.

목적:

*__개인 및 가족의 복지 증진:__ 경제적, 심리적, 사회적 안정을 도모
*__사회 통합 및 안정:__ 취약 계층의 사회적 배제 방지
*__인권 및 사회정의 실현:__ 모든 사람이 기본적인 삶의 질을 누릴 수 있도록 보장
*__종류: 경제적 지원 서비스:__ 생계비 지원, 주거 보조금, 의료비 지원 등
*__보건 및 의료 서비스:__ 건강 관리, 재활 서비스, 정신 건강 상담 등
*__교육 및 직업 지원:__ 직업 훈련, 취업 알선, 장학금 지원 등
*__돌봄 및 보호 서비스:__ 아동 보호, 노인 돌봄, 장애인 지원
긴급 구호, 위기 상담
*__상담 및 심리 지원 서비스:__ 개인 상담, 가족 상담, 심리 치료 등
*__지역사회 복지 프로그램:__ 지역 커뮤니티 프로그램, 자원봉사 연계 등
*__사회복지서비스의 원칙보편성:__ 모든 사람이 차별 없이 이용 가능해야 함
*__개별성:__ 개인의 상황과 필요에 맞는 맞춤형 서비스 제공
*__연계성:__ 다양한 자원과 서비스를 효과적으로 연결
*__효율성 및 효과성:__ 자원을 효율적으로 사용하고 실질적인 효과를 추구

제공 주체

*__공공 부문:__ 정부 및 지방자치단체 (예: 국민연금공단, 사회복지관)
*__민간 부문:__ 비영리 단체(NGO), 종교단체, 민간 복지기관
*__지역사회 및 자원봉사자:__ 커뮤니티 센터, 자원봉사 조직 등

2) 한국에서의 사회복지서비스 예시

* **국민기초생활보장제도:** 저소득층 생계비 및 의료비 지원
* **장애인 복지 서비스:** 장애인연금, 활동지원 서비스
* **노인 복지 서비스:** 기초연금, 장기요양보험제도
* **아동 및 청소년 복지:** 아동수당, 청소년 상담센터
* **긴급복지지원제도:** 갑작스러운 위기상황 발생 시 생계비 및 의료비긴급 지원

3) 사회복지서비스의 전달 체계

사회복지서비스의 전달 체계는 사회복지 서비스가 필요로 하는 개인이나 집단에게 효과적으로 전달되도록 하기 위한 조직적이고 체계적인 구조를 말하며, 이 체계는 다양한 정부 기관, 민간 기관, 지역 사회 단체 및 서비스 제공자들이 협력하여 이루어진다. 결론적으로, 사회복지서비스의 전달 체계는 여러 기관과 전문 인력이 협력하여 서비스 대상자에게 필요한 서비스를 효과적으로 제공하는 중요한 역할을 하며, 이 체계를 잘 구축하고 개선하는 것이 서비스의 질을 높이는 데 필수적이다.

〈공공부문과 민간부문 간의 협력〉

공공부문: 국가나 지방정부는 사회복지서비스의 주요 제공자로서 법적, 재정적 기반을 제공한다. 정부는 법률을 제정하고 예산을 배정하며, 사회복지 기관의 설립과 운영을 관리하며, 공공부문은 국가 전체적인 정책을 수립하고, 기초적인 서비스를 제공하는 데 중점을 둔다.

민간부문: 민간 기업이나 비영리 기관은 서비스 제공에 있어 중요한 역할을 하며, 보충적인 서비스나 특수한 서비스를 제공합니다. 예를 들어, 병원, 상담 센터, 자원봉사 단체 등이 이에 해당된다.

2 사회복지서비스 제공의 계층적 구조

1차 서비스(기초 서비스): 기초적인 복지 서비스를 말하며, 식량, 주거, 의료 등 기본적인 욕구를 충족하는 서비스이며, 이는 주로 지방자치단체나 지역 사회 복지기관에서 제

공된다.

2차 서비스(중간 서비스): 상담, 교육, 직업 훈련, 정신 건강 지원 등 보다 심화된 서비스가 포함되며, 전문적인 사회복지사나 상담가가 제공하는 서비스다.

3차 서비스(전문 서비스): 중증장애인, 고령자, 정신질환자등 특수한 서비스를 제공하는 고도의 전문화된 서비스이다. 병원, 정신건강센터, 장애인 시설 등에서 이루어진다.

1) 서비스 전달의 방식사회복지 서비스는 다양한 방식으로 전달

직접 서비스: 사회복지사는 직접 서비스 대상자와 만나 서비스를 제공한다.
예를 들어, 상담, 치료, 가정방문 등이 이에 해당된다.

간접 서비스: 사회복지사는 자원 배분이나 프로그램 계획을 통해 서비스를 제공하며, 대상자에게 직접적인 상호작용 없이 서비스를 제공된다.
예를 들어, 보조금 지급, 프로그램 기획 등이 이에 포함된다.

2) 사회복지서비스의 전달 과정

욕구 파악: 사회복지서비스의 첫 단계는 서비스대상자의 욕구를 파악하는 것. 이를 위해 사회복지사는 다양한 방법으로 정보 수집과 평가를 합니다.

서비스 계획: 욕구 파악 후, 개인화된 서비스 계획이 수립된다. 이 계획은 서비스 대상자의 상황과 필요에 맞춰 맞춤형으로 설계된다.

서비스 제공: 수립된 계획에 따라 구체적인 서비스를 제공하며, 서비스 제공 과정에서 대상자의 피드백을 반영합니다.

서비스 평가: 서비스 제공 후에는 그 효과성을 평가하고, 필요한 경우 계획을 수정하여 지속적으로 서비스의 질을 향상시킨다.

〈사회복지서비스의 장애물 및 문제점〉

자원의 부족: 한정된 예산과 자원으로 인해 일부 지역에서는 충분한 서비스를 제공하기 어려운 경우가 발생할 수 있다.

서비스 접근성: 특히 농촌 지역이나 저소득층 지역에서는 사회복지서비스에 대한 접근성이 부족할 수 있다.

조정 및 협력의 어려움: 다양한 기관들이 협력하여 서비스를 제공해야 하지만, 기관간의 협력이나 조정이 원활하지 않으면 서비스 전달에 어려움이 있다.

3 사회복지서비스 전달 시스템

사회복지서비스 전달 시스템은 사회복지 서비스를 필요로 하는 개인이나 집단에게 적절한 서비스를 제공하는 구조적인 과정과 절차를 의미하며, 이 시스템은 다양한 기관, 정책, 자원 등이 협력하여 이루어진다. 사회복지서비스 전달 시스템은 사회적 약자들에게 실질적인 도움을 제공하기 위한 복합적이고 체계적인 과정이다. 이러한 시스템이 제대로 기능하기 위해서는 정부, 민간, 지역사회가 협력하여 자원을 효율적으로 배분하고, 서비스의 질을 높이는 노력이 필요하다.

1) 정책 및 법률

사회복지서비스 전달의 기본적인 틀은 국가나 지역사회에서 시행하는 정책과 법률에 따라 결정되며, 이러한 법률은 서비스 대상, 제공 기준, 재정적 지원, 프로그램의 유형 등을 규명한다. 예를 들어, 국민기초생활보장법이나 장애인복지법과 같은 법적 근거가 서비스 제공의 기반이 된다.

서비스 제공 기관

서비스 제공 기관은 주로 공공기관(지자체, 정부 부처 등)과 민간 기관(비영리단체, 사회복지시설 등)으로 나눌 수 있다. 공공기관은 중앙정부와 지방자치단체가 주로 담당하며, 사회복지 프로그램의 계획과 운영을 통해 전체적인 정책을 집행한다. 민간기관은 비영리단체, 사회복지시설, 자원봉사단체 등이 포함되며, 정부의 지원을 받거나 자체적으로 복지 서비스를 제공하기도 한다.

서비스 대상

사회복지 서비스는 주로 소외된 계층이나 어려움을 겪고 있는 사람들을 대상으로 합니다. 여기에는 아동, 노인, 장애인, 저소득층, 정신적 또는 신체적 문제를 겪고 있는 사람들 등이 포함되며, 이들은 서비스를 받을 자격을 갖춘 사람들로, 자격심사를 통해 지원 대상이 결정된다.

서비스 종류

경제적 지원: 기초생활보장, 긴급복지지원 등

건강 및 의료 지원: 의료비 지원, 정신건강 치료, 예방접종 등

주거 지원: 공공임대주택, 주거 환경 개선 등

교육 및 직업 훈련: 직업훈련, 교육 기회 제공

심리사회적 지원: 상담, 사회적 관계망 형성 지원 등

서비스 전달 과정

접수 및 평가: 사회복지서비스를 받기 위해서는 접수와 평가가 필요하며, 사회복지사는 초기 상담을 통해 개인이나 가구의 요구를 파악하고, 적합한 서비스를 추천한다.

서비스 계획 수립: 필요에 따라 개인 맞춤형 서비스 계획이 수립된다.

서비스 제공 및 관리: 실제 서비스를 제공하고, 서비스의 진행 상태를 점검하여 필요 시 조정한다.

서비스 종결 및 평가: 서비스가 종료되면 그 효과를 평가하고, 재차 필요한 지원을 제공할 수 있는 방법을 논의합니다.

2) 자원 관리

사회복지서비스는 자원의 적절한 관리가 필수적입니다. 예산, 인력, 물적 자원의 배분과 관리가 효율적으로 이루어져야 서비스가 원활히 제공될 수 있으며, 자원의 한정성으로 인해 우선순위가 설정되고, 자원의 낭비를 줄이기 위한 노력이 필요하다.

정보 시스템

현대 사회복지서비스 전달 시스템에서는 정보화가 중요한 역할을 하며, 데이터베이스, 전자시스템을 통해 서비스의 제공 상황을 추적하고, 효율적으로 서비스를 관리할 수 있다. 예를 들어, 공공복지 정보시스템을 통해 서비스 신청, 처리, 결과 등을 실시간으로 관

리할 수 있다.

〈사회복지서비스 전달 시스템에 대한 내용을 포괄적으로 추가한 표〉

구분	내용
1. 정책 및 법률	- 사회복지서비스 제공을 위한 법적 근거 및 정책 결정 - 예) 국민기초생활보장법, 장애인복지법 등
2.서비스제공기관	- **공공기관:** 중앙정부, 지방자치단체 등에서 정책 수립 및 실행 - **민간기관:** 비영리단체, 사회복지시설, 자원봉사단체 등
3. 서비스 대상	- 소외계층 및 어려움을 겪고 있는 사람들 - 아동, 노인, 장애인, 저소득층, 정신적/신체적 문제를 겪는 사람들
4. 서비스 종류	- **경제적 지원:** 기초생활보장, 긴급복지지원 등 - **건강 및 의료 지원:** 의료비 지원, 정신건강 치료 등 - **주거 지원:** 공공임대주택, 주거 환경 개선 등 - **교육 및 직업 훈련:** 직업훈련, 교육 기회 제공 - **심리사회적 지원:** 상담, 사회적 관계망 형성 지원 등
5. 서비스 전달 과정	- **접수 및 평가:** 초기 상담을 통해 요구 사항 파악 - **서비스 계획 수립:** 맞춤형 서비스 계획 - **서비스 제공 및 관리:** 서비스를 제공하고 진행 상태 점검 - **서비스 종결 및 평가:** 서비스 효과 평가 후 추가 지원 여부 결정
6. 자원 관리	- **자원 배분:** 예산, 인력, 물적 자원의 효율적 배분 - **우선순위 설정:** 자원의 한정성을 고려한 우선순위 설정 - **자원 관리:** 자원의 낭비 방지 및 효율적 활용
7. 정보 시스템	- **전자시스템 활용:** 데이터베이스와 전자시스템을 통해 서비스 관리 및 실시간 정보 제공 - **복지 정보시스템:** 공공복지정보시스템을 통한신청, 처리, 결과관리
8. 협력 네트워크	- **정부와 민간 협력:** 정부, 지방자치단체, 민간 사회복지시설, 자원봉사자 간 협력 - **지역사회 연계:** 지역사회 내에서의 연대와 지원 네트워크 구축
9. 평가 및 개선	- **기술 혁신:** 사회복지 분야에 최신 기술(예: AI, 빅데이터)을 활용한 서비스 효율성 증가 - **지속 가능한 발전:** 사회적 변화에 따라 지속 가능하고 적응적인 시스템 발전
10. 혁신 및 발전	- **기술 혁신:** 사회복지 분야에 최신 기술(예: AI, 빅데이터)을 활용한 서비스 효율성 증가 - **지속 가능한 발전:** 사회적 변화에 따라 지속 가능하고 적응적인 시스템 발전

4 사회복지서비스의 효율성 및 효과성 평가

사회복지서비스의 효율성 및 효과성 평가는 사회복지 프로그램이 얼마나 자원(인력, 예산 등)을 효율적으로 사용하고, 서비스가 목표한 바를 얼마나 잘 달성했는지를 평가하는 과정이다. 두 개념은 다르지만 서로 밀접하게 관련되어 있으며, 이를 통해 사회복지 서비스의 질을 개선할 수 있다. 결과적으로 효율성과 효과성 평가는 사회복지 서비스가 제대로 작동하는지 확인하고, 자원의 낭비를 방지하며, 서비스가 목표한 바를 달성했는지 평가하는 중요한 도구이다. 이를 통해 사회복지 서비스의 개선점을 찾고, 더 나은 사회적 결과를 도출할 수 있도록 한다. 효율성 평가는 주로 **비용-효과 분석**(Cost-effectiveness analysis) 또는 **비용-편익 분석**(Cost-benefit analysis) 방법을 통해 이루어집니다. 예를 들어, 일정 예산 내에서 최대한의 사회복지 효과를 도출하기 위한 방법을 분석하는 것이다.

1) 효율성 평가 (Efficiency Evaluation)

효과성 평가는 사회복지 서비스가 목표로 한 목적을 얼마나 잘 달성했는지를 평가한다. 이 평가는 서비스가 대상자에게 긍정적인 변화를 일으켰는지, 즉 서비스를 통해 얼마나 많은 사람들이 실제로 혜택을 받았는지를 확인하는 과정이다. 이는 **성공적인 목표 달성 여부**를 측정하는 것으로, 주로 **결과 평가**와 **영향 평가**로 구분될 수 있다.

결과 평가: 서비스 제공 후 나타나는 구체적인 결과(예: 빈곤 감소, 생활 향상 등)를 측정한다. 이를 통해 프로그램이 기대한 목표를 달성했는지를 평가한다.

영향 평가: 서비스가 대상자 및 지역사회에 미친 전반적인 영향(예: 삶의 질 향상, 사회적 관계 개선 등)을 측정한다.

효과 분석(Cost-effectiveness analysis) 또는 **비용-편익 분석**(Cost-benefit analysis) 방법을 통해 이루어집니다. 예를 들어, 일정 예산 내에서 최대한의 사회복지 효과를 도출하기 위한 방법을 분석하는 것입니다.

비용-효과 분석: 사회복지 서비스가 제공하는 효용에 비해 비용이 적정한지를 분석한다. 예를 들어, 특정 사회복지 서비스가 제공되는 동안 소요된 자원 대비 그 서비스가 얼마나 많은 사람에게 혜택을 주었는지 확인한다.

비용-편익 분석: 서비스제공에 따른 모든 비용과 이익을 경제적 측면에서 비교 분석한다. 서비스가 사회에 미치는 경제적 가치를 평가하는 데 도움을 준다.

효과성 평가 (Effectiveness Evaluation): 효과성 평가는 사회복지 서비스가 목표로 한 목적을 얼마나 잘 달성했는지를 평가하며, 이 평가는 서비스가 대상자에게 긍정적인 변화를 일으켰는지, 즉 서비스를 통해 얼마나 많은 사람들이 실제로 혜택을 받았는지를 확인하는 과정이다. 이는 **성공적인 목표 달성 여부**를 측정하는 것으로, 주로 **결과 평가**와 **영향 평가**로 구분될 수 있다.

결과평가: 서비스제공 후 나타나는 구체적인 결과(예: 빈곤 감소, 생활 향상 등)를 측정한다. 이를 통해 프로그램이 기대한 목표를 달성했는지를 평가한다.

영향 평가: 서비스가 대상자 및 지역사회에 미친 전반적인 영향(예: 삶의 질 향상, 사회적 관계 개선 등)을 측정한다.

〈평가 방법〉
정량적 방법: 설문조사, 통계 분석, 데이터 수집을 통해 객관적인 지표를 제공한다. 서비스제공 전후의 변화나 참여자의 만족도등을 측정할 수 있다.

정성적 방법: 면담, 사례 연구, 참여 관찰 등을 통해 질적인 데이터를 수집하고, 서비스가 대상자에게 미친 영향에 대해 심도 깊은 분석을 할 수 있다.

2) 지역사회와 연계된 사회복지 서비스

지역사회와 연계된 사회복지 서비스는 주민들이 공동체 안에서 지원과 도움을 받을 수 있도록 제공되는 다양한 서비스이며, 이 서비스는 지역 사회 내의 자원, 네트워크, 그리고 주민들의 참여를 기반으로 하여 사람들의 삶의 질을 향상시키고, 취약 계층을 지원하는 것을 목표로 한다. 이와 같은 사회복지 서비스는 지역 주민들의 요구를 충족시키기 위해 지속적으로 발전하고 있으며, 지역사회의 특성과 상황에 맞추어 다양한 형태로 제공된다. 이를 통해 주민들이 더 나은 삶을 살 수 있도록 지원하는 것이 지역사회 복지의 핵심이다.

〈사회복지 서비스〉

사회복지 서비스는 사회의 구성원들이 보다 나은 삶을 살아갈 수 있도록 지원하는 중요한 제도이다. 사회복지 서비스의 목표는 경제적, 심리적, 신체적 어려움을 겪고 있는 개인이나 가족에게 필요한 지원을 제공하고, 이들이 사회의 일원으로서 존엄성을 유지하며 살아갈 수 있도록 돕는 것이다. 이러한 서비스는 국가나 지방자치단체, 비영리 단체 등 다양한 기관을 통해 제공되며, 서비스의 종류와 범위는 매우 다양하다.

첫째, 사회복지 서비스는 경제적 지원을 제공하는 분야가 있다. 이는 기초생활수급자에게 생활비를 지원하거나, 실업자에게 실업급여를 지급하는 등의 형태로 나타난다. 이러한 지원은 빈곤을 완화하고, 경제적 어려움을 겪고 있는 이들이 기본적인 생활을 영위할 수 있도록 돕는다.

둘째, 건강 및 의료 서비스가 있다. 사회복지 서비스는 건강 보험을 통해 모든 사람들이 기본적인 의료 서비스를 받을 수 있도록 지원한다. 또한, 고령자나 장애인과 같은 취약한 계층을 위한 특별한 의료 서비스나 재활 치료가 제공되기도 한다. 이는 건강한 삶을 유지하고, 치료받지 못해 생기는 사회적 불평등을 줄이는 데 중요한 역할을 한다.

셋째, 사회복지 서비스는 교육 및 취업 지원을 통해 개인의 자립을 돕는다. 이는 직업훈련, 취업 알선, 교육 프로그램 등을 통해 이루어집니다. 취약계층에게는 이와 같은 서비스를 통해 자립할 수 있는 기회를 제공하고, 사회적 차별을 극복할 수 있는 기반을 마련해 준다.

넷째, 사회복지 서비스는 심리적 지원을 포함한 분야도 존재한다. 이는 정신건강 상담, 가족 상담, 아동 및 노인 보호 서비스 등을 포함한다. 심리적인 문제를 해결하거나 예방하는 것은 사람들의 전반적인 삶의 질을 향상시키는 데 중요한 역할을 한다.

사회복지 서비스의 중요성은 단순히 개별적인 문제 해결을 넘어, 사회 전체의 안정성과 발전에 기여하는 데 있다. 사회적 약자를 지원함으로써 불평등을 줄이고, 모든 사람이 공정하게 기회를 누릴 수 있는 사회를 만드는 것이 사회복지 서비스의 핵심이다. 그러나 이러한 서비스를 제공하기 위해서는 정부의 적극적인 정책과 충분한 예산이 필요하며, 사회 전체의 인식 변화와 협력이 요구된다.

따라서 우리는 사회복지 서비스가 단지 도움이 필요한 사람들에게만 해당되는 것이 아니라, 우리 모두의 삶의 질을 향상시키고 사회적 안전망을 강화하는 중요한 제도임을 인식하고 이를 지속적으로 발전시켜 나가야 할 필요가 있다.

지역사회 복지 센터: 지역 사회 복지 센터는 주민들에게 다양한 사회복지 서비스를 제

공하는 중심지이다. 이곳에서는 상담, 자원봉사, 정신건강 지원, 가족 및 아동 지원 등 다양한 프로그램을 운영합니다. 또한, 주민들이 서로 돕고 협력할 수 있는 장소로 활용된다.

저소득층 지원 프로그램: 지역 사회에서는 저소득층이나 취약 계층을 위한 다양한 프로그램이 제공된다. 예를 들어, 공공급식, 주거 지원, 의료비 지원 등 다양한 형태로 저소득층을 돕는 서비스가 운영된다.

건강 및 복지 연계 서비스: 건강 관리와 복지 서비스를 연계하여 제공하는 프로그램이 있다. 예를 들어, 만성 질환이 있는 사람들에게는 의료 서비스와 복지 서비스를 통합적으로 제공하여 건강과 생활 안정을 동시에 지원한다.

지역사회 자원 네트워크 구축: 지역 사회 내의 자원을 효과적으로 활용하기 위해 사회복지기관, 교육기관, 병원, 경찰서, 자원봉사단체 등 다양한 기관들이 협력하여 서비스를 제공한다. 이러한 네트워크는 주민들이 복잡한 문제를 해결하는 데 도움을 준다.

심리상담 및 정신건강 지원: 지역사회 내에서 정신건강 문제를 다루는 서비스도 중요하다. 상담 및 치료 서비스를 통해 주민들이 정신적으로 안정감을 찾고, 문제를 해결할 수 있도록 지원한다.

아동 및 노인 지원 서비스: 아동과 노인을 위한 다양한 프로그램이 운영된다. 아동에게는 보육 및 교육 서비스, 노인에게는 노인복지센터 및 요양 서비스 등 필요에 맞는 지원이 이루어진다.

자원봉사 및 주민 참여: 지역사회 내에서 자원봉사 활동을 통해 주민들이 서로 돕고 협력하는 문화가 형성된다. 자원봉사는 사회복지 서비스의 중요한 부분으로, 필요한 자원을 지역 내에서 자발적으로 제공할 수 있게 한다.

커뮤니케이션 제13장

1 커뮤니케이션의 정의

커뮤니케이션(Communication)이란 정보, 생각, 감정 등을 전달하고 공유하는 과정이다. 이는 언어적, 비언어적, 시각적, 청각적 방식 등 다양한 형태로 이루어질 수 있다. 효과적인 커뮤니케이션은 개인과 조직 간의 원활한 관계를 유지하고 목표를 달성하는 데 필수적이며, 개인과 조직이 원활하게 운영되기 위한 필수 요소이다. 효과적인 커뮤니케이션을 위해서는 명확한 메시지 전달, 피드백 활용, 문화적 감수성 등을 고려해야 한다. 또한, 디지털 환경에 적응하여 새로운 커뮤니케이션 방식도 적극 활용하는 것이 중요하다.

1) 커뮤니케이션의 개념

커뮤니케이션(Communication)은 정보, 감정, 생각 등을 전달하고 공유하는 과정이다. 이는 언어적 요소뿐만 아니라 비언어적 요소(몸짓, 표정, 목소리 톤 등)까지 포함하며, 개인과 조직, 사회의 원활한 상호작용을 가능하게 한다. 커뮤니케이션은 개인, 조직, 사회 전반에서 필수적인 요소로 작용한다. 효과적인 커뮤니케이션을 통해 관계를 형성하고, 협력을 강화하며, 문제를 해결할 수 있다. 따라서 우리는 올바른 커뮤니케이션 기술을 습득하고 실천함으로써 더 나은 사회적, 직업적, 개인적 성장을 이룰 수 있어야 한다.

원활한 인간관계 형성: 효과적인 커뮤니케이션은 타인과의 신뢰를 구축하고 갈등을 해결하는 데 중요한 역할을 하며, 가족, 친구, 동료 간 원활한 의사소통을 통해 긍정적인 관계를 유지할 수 있다.

자기표현 및 이해 증진: 자신의 의견을 명확하게 전달하는 것은 중요한 자기계발 요소이며, 타인의 의견을 이해하고 공감하는 능력을 키울 수 있다.

문제 해결 및 의사결정 능력 향상: 다양한 관점을 수용하며 논리적으로 사고할 수 있도록 돕고, 협력을 통해 더 나은 해결책을 도출할 수 있다.

조직 및 비즈니스에서 커뮤니케이션의 중요성
효율적인 업무 수행: 조직 내 원활한 커뮤니케이션은 업무의 방향성을 명확하게 하고 협업을 촉진하며, 상사와 부하 직원 간의 효과적인 소통은 업무 생산성을 높인다.

팀워크 강화 및 조직 문화 형성: 팀원 간 신뢰와 협력을 증진시키며, 긍정적인 조직 문화를 형성할 수 있으며, 명확한 커뮤니케이션이 이루어지지 않으면 오해와 갈등이 발생할 가능성이 높아진다.

객 및 외부 관계 관리: 기업과 고객 간의 신뢰를 구축하는 중요한 요소이며,
효과적인 커뮤니케이션 전략을 통해 브랜드 이미지와 마케팅 효과를 극대화할 수 있다.

사회적 측면에서 커뮤니케이션의 중요성
회적 갈등 해소 및 협력 증진: 원활한 커뮤니케이션을 통해 갈등을 조정하고 합의를 도출할 수 있으며, 정치, 경제, 문화 등 다양한 분야에서 협력을 강화할 수 있다.

정보의 원활한 공유 및 발전: 미디어, 인터넷 등을 통한 커뮤니케이션이 현대 사회 발전의 핵심 요소로 작용할 수 있으며, 다양한 의견과 지식을 공유함으로써 사회적 발전을 이끌 수 있다.

효과적인 커뮤니케이션을 위한 방법
명확하고 간결한 메시지 전달: 핵심 내용을 정리하여 불필요한 오해를 방지해야 한다.

경청과 피드백 제공: 상대방의 말을 경청하고 적절한 피드백을 제공하여 상호 이해를 증진할 수 있다.

비언어적 커뮤니케이션 활용: 표정, 제스처, 목소리 톤 등을 활용하여 메시지를 효과적으로 전달할 수 있다.

상황에 맞는 커뮤니케이션 방식 선택: 공식적/비공식적 상황에 따라 적절한 언어 및 매체를 선택해야 한다.

2) 커뮤니케이션의 주요 요소

송신자(Sender): 정보를 제공하는 사람 또는 단체

메시지(Message): 전달되는 정보, 의견, 감정

매체(Channel): 메시지를 전달하는 수단 (구두, 문자, 영상, 인터넷 등)

수신자(Receiver): 메시지를 받아들이는 사람 또는 그룹

피드백(Feedback): 수신자가 메시지를 이해하고 반응하는 과정

노이즈(Noise): 메시지 전달을 방해하는 요소 (기술적 장애, 언어적 오해 등)

커뮤니케이션의 유형

구두 커뮤니케이션: 대화, 전화, 연설 등 음성을 이용한 전달

비언어적 커뮤니케이션: 몸짓, 표정, 손짓, 공간 활용 등

매체통한 커뮤니케이션: 신문, TV, 라디오, 인터넷, SNS 등

일방향 vs. 쌍방향 커뮤니케이션: 일방향(One-way): 송신자가 정보를 전달하고 피드백이 없는 형태 (예: 뉴스 방송)

쌍방향(Two-way): 송신자와 수신자가 상호작용하며 의미를 공유
(예: 대화, SNS 댓글)

커뮤니케이션의 중요성

개인적 차원: 인간관계 형성과 감정 표현의 필수 요소

조직적 차원: 조직 내 협업, 의사결정, 업무 효율성 증대

사회적 차원: 정보 확산, 문화 형성, 정치·경제 활동 촉진

효과적인 커뮤니케이션을 위한 원칙

명확성(Clarity): 메시지가 쉽게 이해될 수 있도록 명확하게 표현해야 한다.

일관성(Consistency): 메시지의 내용이 논리적이며 모순되지 않아야 한다.

경청(Listening): 수신자의 반응을 고려하고 피드백을 반영해야 한다.

적절한 매체선택(Appropriate Medium Selection): 상황에 맞는 커뮤니케이션 채널을 활용해야 한다.

문화적 이해(Cultural Awareness): 상대방의 문화적 배경을 고려한 커뮤니케이션이 필요하다.

커뮤니케이션의 구성 요소

커뮤니케이션은 여러 구성 요소로 이루어진다.

발신자(Sender): 정보를 전달하는 사람

메시지(Message): 전달되는 정보, 생각, 감정 등

수신자(Receiver): 메시지를 받는 사람

매체(Channel): 메시지를 전달하는 방법(예: 말, 글, 그림, 영상 등)

피드백(Feedback): 수신자가 발신자에게 주는 반응

잡음(Noise): 메시지전달 과정에서 발생하는 방해요소(물리적, 심리적, 언어적 잡음)

커뮤니케이션의 유형

전달 방식에 따른 유형

언어적 커뮤니케이션(Verbal Communication): 말이나 글을 이용한 전달

비언어적 커뮤니케이션(Non-verbal Communication): 표정, 몸짓, 시선, 목소리 톤 등

방향성에 따른 유형

수직적 커뮤니케이션(Vertical Communication): 상사와 부하 간 위계적 소통

하향식(Top-down): 상사가 부하에게 지시

상향식(Bottom-up): 부하가 상사에게 보고

수평적 커뮤니케이션(Horizontal Communication): 동등한 위치의 구성원 간 소통

대각선적 커뮤니케이션(Diagonal Communication): 부서 간 교차적 소통

공식성과 비공식성에 따른 유형

공식적 커뮤니케이션(Formal Communication): 조직 내 규칙과 절차에 따른 공식적인 소통

비공식적 커뮤니케이션(Informal Communication): 사적인 대화나 네트워크를 통한 소통

2 효과적인 커뮤니케이션 전략

효과적인 커뮤니케이션을 위해 다음과 같은 전략을 사용할 수 있다.

명확한 메시지 전달: 불필요한 정보 제거, 핵심 내용을 강조
적절한 피드백 제공: 상대방의 반응을 확인하고 소통을 조정
비언어적 요소 활용: 눈맞춤, 표정, 제스처 등으로 신뢰감 형성
경청(Supportive Listening): 적극적으로 상대방의 말을 듣고 공감하는 태도
매체 선택의 적절성: 상황에 맞는 커뮤니케이션 도구 활용(예: 이메일, 회의, 프레젠테이션 등)
문화적 감수성 고려: 다양한 문화적 배경을 존중하는 소통 방식

1) 커뮤니케이션의 장애 요소 및 해결 방안

커뮤니케이션 과정에서 다양한 장애 요소가 발생할 수 있으며, 이를 극복하는 방법이 필요하다.

장애 요소
물리적 장애(Physical Barriers): 거리, 소음, 기술적 문제
심리적 장애(Psychological Barriers): 선입견, 감정, 스트레스
언어적 장애(Language Barriers): 전문 용어, 문화적 차이
조직적 장애(Organizational Barriers): 위계구조, 부서 간 장벽

해결 방안
직접적이고 명확한 의사소통
적극적 경청과 피드백 강화
비언어적 요소 활용하여 의사 전달 향상
기술을 활용한 효율적 커뮤니케이션(예: 화상 회의, 협업 도구 활용)

2) 디지털 시대의 커뮤니케이션 변화

기술 발전으로 인해 커뮤니케이션 방식이 변화하고 있다.
소셜 미디어 커뮤니케이션: 빠른 정보 공유 및 네트워크 확장
비대면 커뮤니케이션 증가: 이메일, 화상 회의, 메신저 등의 활용 증가
인공지능 기반 커뮤니케이션: 챗봇, 자동 번역 기술 등
빅데이터와 커뮤니케이션 분석: 데이터 기반 의사 결정 강화

3 커뮤니케이션의 원칙과 의사소통

1) 커뮤니케이션의 개념

커뮤니케이션(Communication)은 정보, 생각, 감정 등을 전달하고 공유하는 과정이며, 개인과 개인, 조직과 조직, 사회와 사회 간의 원활한 상호작용을 위해 필수적인요소이고, 개인 및 조직의 성공적인 관계 형성을 위한 중요한 요소이다. 효과적인 커뮤니케이션을 위해서는 명확성, 간결성, 정확성, 경청, 피드백 등의 원칙을 준수해야하며, 다양한 의사소통 전략을 적절히 활용해야 한다.

2) 커뮤니케이션의 원칙

효과적인 커뮤니케이션을 위해서는 다음과 같은 원칙을 준수해야 한다.
명확성(Clarity): 메시지가 수신자에게 분명하게 전달되어야 하며, 애매모호한 표현을 피하고 구체적인 단어를 사용해야 한다.

간결성(Brevity): 불필요한 정보를 줄이고 핵심 내용만 전달해야 하며, 짧고 간결한 문장으로 커뮤니케이션해야 한다.

정확성(Accuracy): 사실에 기반한 정보를 제공해야 하며, 오류가 없어야 되고, 잘못된 정보는 신뢰도를 저하시킬 수 있다.

적절성(Relevance): 대상과 상황에 맞는 적절한 메시지를 전달해야 하며, 수신자의 배경과 관심사를 고려해야 한다.

경청(Listening): 효과적인커뮤니케이션은 단순한전달이 아니라 상호작용을 포함해야 하며, 적극적인 경청(Active Listening)을 통해 상대방의 의견을 존중해야 한다.

피드백(Feedback): 메시지가 올바르게 전달되었는지 확인하기위해 피드백을 주고받아주며, 수신자는 이해한내용을 말하거나 행동으로 보여줌으로써 피드백을 제공할 수 있다.

공감(Empathy): 상대방의 감정과 입장을 이해하고 존중해야 하며, 감정을 고려한 커뮤니케이션이 신뢰를 형성하는 데 도움을 준다.

일관성(Consistency): 동일한 메시지를 전달할 때 일관성을 유지해야 하며, 메시지가 자주 바뀌면 신뢰가 떨어질 수 있다.

3) 의사소통의 과정

의사소통은 발신자(Sender)와 수신자(Receiver) 간의 정보 교환을 의미하며, 기본적인 과정은 다음과 같다.

발신자(Sender): 정보를 전달하고자 하는 사람 또는 조직

메시지(Message): 발신자가 전달하고자 하는 내용

부호화(Encoding): 메시지를 언어, 그림, 신호 등으로 변환하는 과정

매체(Channel): 메시지를 전달하는 수단(예: 대화, 이메일, 전화 등)

수신자(Receiver): 메시지를 받는 사람 또는 조직

해독(Decoding): 수신자가 메시지를 이해하는 과정

피드백(Feedback): 메시지를 제대로 이해했는지 확인하는 과정

잡음(Noise): 메시지 전달을 방해하는 요소(예: 소음, 문화 차이, 오해 등)

효과적인 의사소통을 위한 전략

효과적인 의사소통을 위해 다음과 같은 전략을 활용할 수 있습니다.

청중 분석(Audience Analysis): 수신자의 지식, 관심사, 문화적 배경을 고려하여 메시지를 설계한다.

언어와 비언어적 요소의 조화: 언어적 요소(말, 글)와 비언어적 요소(표정, 몸짓, 억양 등)를 적절히 조합하여 전달력을 높인다.

적극적 경청: 상대방 말을 끝까지 듣고, 이해했음을 표현하며, 반응을 보인다. 효과적인 피드백 제공: 긍정적이고 건설적인 피드백을 주고받으며, 명확한 응답을 제공한다.

기술 활용: 이메일, SNS, 프레젠테이션 도구 등 다양한 기술을 활용하여 커뮤니케이션의 효율성을 높인다.

4 커뮤니케이션의 유형

커뮤니케이션은 다양한 방식으로 이루어지며, 목적, 매체, 방향 등에 따라 여러 유형으로 분류할 수 있습니다. 아래는 대표적인 커뮤니케이션 유형이며, 목적과 상황에 따라 다양한 방식으로 이루어지며, 효과적인 커뮤니케이션을 위해서는 적절한 유형을 선택하는 것이 중요하다. 특히 현대 사회에서는 디지털 매체의 발전으로 다양한 형태의 커뮤니케이션이 융합되면서 더욱 효율적인 소통 방식이 요구된다.

전달 방식에 따른 분류

가. 언어적 커뮤니케이션 (Verbal Communication)

말이나 글과 같은 언어를 사용하여 이루어지는 커뮤니케이션

〈예: 대화, 연설, 이메일, 문자 메시지, 보고서〉

나. 비언어적 커뮤니케이션 (Non-Verbal Communication)

몸짓, 표정, 제스처, 시선, 음성 톤 등을 활용하는 커뮤니케이션

〈예: 미소, 고개 끄덕임, 팔짱 끼기, 눈맞춤, 목소리의 높낮이〉

방향성에 따른 분류

가. 일방향 커뮤니케이션 (One-Way Communication)

송신자가 정보를 일방적으로 전달하고, 수신자가 피드백을 제공하지 않는 방식

〈예: 뉴스 방송, 강연, 포스터, 광고〉

나. 쌍방향 커뮤니케이션 (Two-Way Communication)

송신자와 수신자가 서로 상호작용하며 피드백을 주고받는 방식

〈예: 대화, 면접, 토론, 고객 서비스 상담〉

매체에 따른 분류

가. 대면 커뮤니케이션 (Face-to-Face Communication)

직접 만나서 이루어지는 커뮤니케이션으로, 언어적·비언어적 요소가 모두 포함됨

〈예: 회의, 면접, 상담〉

나. 비대면 커뮤니케이션 (Remote Communication)

직접 대면하지 않고 이루어지는 커뮤니케이션

〈예: 전화, 이메일, SNS, 화상회의〉

참여자 수에 따른 분류

가. 개인 간 커뮤니케이션 (Interpersonal Communication)

두 사람 간의 커뮤니케이션

〈예: 친구와의 대화, 면담〉

나. 집단 커뮤니케이션 (Group Communication)

소수의 그룹 내에서 이루어지는 커뮤니케이션

〈예: 팀 회의, 프로젝트 브레인스토밍〉

다. 대중 커뮤니케이션 (Mass Communication)

다수의 사람들에게 정보를 전달하는 커뮤니케이션

〈예: 방송, 신문, SNS 홍보〉

조직 내 커뮤니케이션 유형

가. 수직적 커뮤니케이션 (Vertical Communication)

조직 내 위계질서에 따라 위에서 아래(하향) 또는 아래에서 위(상향)로 이루어지는 커뮤니케이션 하향 커뮤니케이션: 경영진 → 직원 (예: 지시, 업무 공지)

상향 커뮤니케이션: 직원 → 경영진 (예: 보고, 제안)

나. 수평적 커뮤니케이션 (Horizontal Communication)

같은 직급 또는 유사한 역할을 수행하는 사람들 간의 커뮤니케이션

〈예: 부서 간 협업, 팀 내 회의〉

다. 대각선 커뮤니케이션 (Diagonal Communication)

조직 내 다른 부서나 직급 간의 커뮤니케이션

〈예: 마케팅 부서 직원이 연구개발 부서 직원과 직접 소통〉

공식성과 비공식성에 따른 분류

공식적 커뮤니케이션 (Formal Communication)

가. 조직의 구조나 규칙에 따라 공식적으로 이루어지는 커뮤니케이션

〈예: 보고서, 공문서, 회의〉

나. 비공식적 커뮤니케이션 (Informal Communication)

개인적인 친분이나 사적인 관계에서 이루어지는 커뮤니케이션

〈예: 사내 소문, 동료 간 대화〉

기술 매개 여부에 따른 분류

가. 직접 커뮤니케이션 (Direct Communication)

〈물리적으로 같은 공간에서 이루어지는 커뮤니케이션〉

〈예: 대면 회의, 강의〉

나. 매개된 커뮤니케이션 (Mediated Communication)

기술이나 매체를 활용하여 이루어지는 커뮤니케이션

〈예: 전화, 이메일, SNS, 영상 회의〉

1) 커뮤니케이션의 네트워크

커뮤니케이션 네트워크 개념

커뮤니케이션 네트워크란 정보와 메시지가 개인, 그룹, 조직, 또는 시스템 내에서 어떻게 흐르는지를 설명하는 개념이며, 이는 조직 내 또는 사회적 환경에서 효과적인 정보 교환을 가능하게 하며, 네트워크의 구조에 따라 커뮤니케이션의 효율성과 효과가 달라질 수 있다.

결론적으론 커뮤니케이션 네트워크는 개인, 조직, 사회 전반에서 중요한 역할을 하며, 그 구조와 특성에 따라 정보의 흐름과 협업 방식이 달라지며, 디지털 시대에는 기술을 적극 활용하여 보다 효율적이고 개방적인 네트워크를 구축하는 것이 매우 중요하다.

커뮤니케이션 네트워크 유형

커뮤니케이션 네트워크는 구조에 따라 여러 유형으로 분류될 수 있다.

중앙집중형 네트워크 (Centralized Network): 특정 노드(중심 인물 또는 조직)가 정보

의 흐름을 통제하는 방식이며, 빠른 의사결정이 가능하지만 정보의 독점과 과부하가 발생할 수 있다.

분산형 네트워크 (Decentralized Network): 여러 노드가 정보를 공유하며, 특정 노드가 독점적으로 통제하지 않으며, 민주적이고 협력적인 환경에서 효과적이지만, 의사결정 속도가 느릴 수 있다.

계층적 네트워크 (Hierarchical Network): 위계 구조에 따라 정보가 흐르는 방식이며, 상위 계층에서 하위 계층으로 명령이 전달되며, 하위 계층의 정보는 상위 계층으로 보고된다.

연결형 네트워크 (Connected Network): 모든 노드가 서로 직접적으로 연결되어 있어 자유로운 정보 교환이 가능하며, 개방적이고 수평적인 조직에서 사용되며, 혁신과 협업을 촉진한다.

클러스터형 네트워크 (Clustered Network): 여러 개의 소규모 그룹이 존재하며, 각 그룹 간에는 일부 연결점이 있으며, 효율적인 협업이 가능하지만, 그룹 간 정보 교환이 원활하지 않을 수 있다.

커뮤니케이션 네트워크의 역할

정보 전달의 효율성 증가: 네트워크 구조에 따라 정보의 이동 속도와 신뢰도가 달라진다.

조직의 의사결정 과정에 영향: 중앙집중형 네트워크는 빠른 의사결정을, 분산형 네트워크는 협력적 의사결정을 촉진한다.

사회적 관계 및 협업 강화: 네트워크의 특성에 따라 구성원 간의 상호작용이 활발해질 수 있다.

위기 대응력 향상: 정보가 신속하고 정확하게 공유될 경우, 위기 상황에서 더 나은 대응이 가능하며, 4.4 디지털 시대의 커뮤니케이션 디지털 기술의 발전으로 인해 전통적인 커뮤니케이션 네트워크에 큰 변화가 나타났다.

온라인 네트워크: SNS, 이메일, 메신저 등을 통한 실시간 커뮤니케이션.

가상 팀과 원격 근무: 지리적 한계를 뛰어넘어 글로벌 협업이 가능.

빅데이터와 AI를 활용한 커뮤니케이션: 조직 내에서 효율적인정보 관리와 분석이 가능.
효과적인 커뮤니케이션 네트워크 구축 방안

목적에 맞는 네트워크구조선택: 조직목표와 성격 따라 적절한네트워크를 설계. 기술 활용: 디지털 플랫폼과 커뮤니케이션 도구를 효과적으로 활용.

개방성과 투명성 유지: 구성원 간 신뢰를 구축하여 원활한 정보 공유 가능.

정기적인 피드백과 개선: 네트워크의 효율성을 지속적으로 평가하고 최적화.

2) 커뮤니케이션의 효과적 기법

효과적인 커뮤니케이션은 메시지를 명확하고 정확하게 전달하며, 상대방과 원활한 상호작용을 가능하게 하는 중요한 요소이다. 효과적인 커뮤니케이션을 위한 기법에는 여러 가지가 있으며, 단순한 정보 전달을 넘어, 상대방과의 신뢰를 구축하고 원활한 상호작용을 이루는 데 중요한 역할을 한다. 적극적인 경청, 명확한 표현, 피드백 교환, 공감, 비언어적 요소 활용 등의 기법을 적절히 적용하면 보다 효과적이고 원활한 커뮤니케이션을 실현할 수 있다.

경청(Active Listening)

상대방의 말을 주의 깊게 듣고 이해하려는 태도를 가지는 것이 중요하다. 단순히 듣는 것이 아니라, 상대방의 감정과 의도를 파악하려는 노력이 필요하며, 눈을 맞추며 관심을 표현하고, 적절한 반응을 보이는 것이 효과적이다. 고개를 끄덕이거나 미소를 짓는 등의 비언어적 표현도 상대방에게 신뢰감을 줄 수 있고, 상대방이 말하는 내용을 요약하거나 반복하여 확인하는 기법(예: “즉, 당신의 말은 ~라는 뜻인가요?”)을 활용하면 오해를 줄일 수 있다. 이를 통해 상대방은 자신의 의견이 정확하게 전달되었다는 확신을 가질 수 있으며, 대화의 흐름이 더욱 원활해진다.

공감하는 표현을 적극적으로 사용하여 상대방이 존중받고 있다는 느낌을 받을 수 있도록 한다. 예를 들어, “그렇게 느끼셨군요.”, “그 부분이 정말 어려웠겠어요.”와 같은 표현이 도움이 된다. 대화 중에 끼어들지 않고 끝까지 경청하는 태도를 유지하는 것이 중요하다. 상대방의 말을 중간에 가로막으면 의견을 온전히 전달받지 못할 뿐만 아니라, 불필요한 오해를 일으킬 수 있으며, 상대방의 말에 대한 판단이나 조언을 너무 빨리 하지 않고, 충분히 듣고 난 후 질문을 통해 더 깊이 이해하려는 노력이 필요하다. “그 부분에 대해 조금 더 설명해 주실 수 있을까요?”와 같은 개방형 질문을 활용하면 대화를 더욱 풍부하게 만들 수 있다.

명확하고 간결한 표현(Clarity and Conciseness)

명확하고 간결한 표현은 효과적인 의사소통의 핵심 요소로, 메시지를 전달할 때 반드시 고려해야 할 원칙이다. 이를 위해 다음과 같은 점을 유념해야 한다.

가. **불필요한 장황함을 피한다:** 문장을 불필요하게 길게 만들거나 반복적인 표현을 사용하면 독자가 핵심 내용을 파악하기 어려워진다. 짧고 간결한 문장 구조를 유지하며, 핵심적인 정보만을 전달하는 것이 중요하다.

나. **모호한 표현을 지양한다:** 추상적이거나 애매한 표현 대신, 구체적이고 직관적인 용어를 사용하여 의미를 명확히 해야 한다. 수신자가 다르게 해석할 가능성이 있는 단어나 문장을 피하는 것이 좋다.

다. **핵심 메시지를 강조한다:** 전달하고자 하는 주요 내용을 문장의 앞부분에 배치하거나 굵은 글씨, 리스트 등을 활용하여 강조하면 더욱 효과적이다.

라. **전달 대상에 맞춘 적절한 표현을 사용 한다:** 대상의 배경지식과 이해도를 고려하여 메시지를 조정하면, 의사소통의 효과를 극대화할 수 있다.

마. **피드백을 활용한다:** 상대방이 메시지를 올바르게 이해했는지 확인하고, 필요한 경우 추가설명을 덧붙이는 것이 좋다. 이를 통해 오해를 방지하고 의사소통의 명확성을 높일 수 있다. 명확하고 간결한 표현을 유지하는 것은 단순히 문장을 짧게 하는 것이 아니라, 핵심 메시지를 효과적으로 전달하여 상대방이 빠르고 정확하게 이해하도록 돕는 데 목적이 있다.

3) 비언어적 커뮤니케이션(Non-verbal Communication)

비언어적 커뮤니케이션은 말로 표현되지 않는 신호를 통해 의사소통하는 방식으로, 표정, 몸짓, 목소리 톤, 시선, 공간 활용, 접촉 등의 요소를 포함한다. 이러한 비언어적 요소는 커뮤니케이션의 효과를 극대화하고, 메시지의 신뢰성을 높이는 중요한 역할을 한다.

* **표정**(Expression): 얼굴 표정은 감정과 의도를 직접적으로 전달하는 중요한 요소이다. 예를 들어, 미소는 친근함과 긍정적인 태도를 나타내며, 찡그린 얼굴은 불만이나 불편함을 표현할 수 있다. 상대방과의 원활한 소통을 위해 적절한 표정을 유지하는 것이 중요하다.

* **몸짓**(Gestures): 손짓, 몸의 움직임, 자세 등은 말보다 더 강한 메시지를 전달할 수 있다. 개방적인 자세는 상대방에게 신뢰감을 주는 반면, 팔짱을 끼거나 몸을 뒤로 젖히는 동작은 방어적이거나 거리를 두려는 의도로 해석될 수 있다.

* **목소리 톤**(Tone of Voice): 같은 말을 하더라도 목소리의 높낮이, 속도, 강세 등에 따라 의미가 달라질 수 있다. 차분한 목소리는 신뢰감을 주고, 단호한 목소리는 결단력과 확신을 전달하는 반면, 지나치게 빠르거나 떨리는 목소리는 긴장과 불안감을 드러낼 수 있다.

* **시선**(Eye Contact): 눈 맞춤은 관심과 집중을 나타내며, 신뢰를 형성하는 데 중요한 역할을 한다. 적절한 눈맞춤은 상대방에게 진지하게 듣고 있음을 전달할 수 있지만, 지나치게 응시하면 부담을 줄 수도 있으므로 자연스럽게 조절하는 것이 필요하다.

* **공간 활용**(Proxemics): 상대방과의 물리적 거리는 친밀도와 관계의 성격을 반영한다. 예를 들어, 너무 가까운 거리는 불편함을 줄 수 있으며, 지나치게 먼 거리는 거리감을 조성할 수 있다. 상황과 문화적 차이를 고려하여 적절한 거리 유지가 필요하다.

* **접촉**(Haptics): 악수, 어깨를 두드리는 행동 등은 관계의 친밀도를 높이거나 지지를 표현하는 데 활용될 수 있다. 하지만 개인이나 문화에 따라 신체 접촉에 대한 선호도가 다르므로 주의가 필요하다. 효과적인 비언어적 커뮤니케이션을 위한 팁 상대방의 비언어적 신호를 주의 깊게 관찰하고 그 의미를 파악하는 것이 중요하다. 언어적 메시

지와 비언어적 표현이 일치할 때 신뢰도가 높아진다. 자연스럽고 일관된 비언어적 표현을 사용하여 상대방에게 안정감과 신뢰감을 주는 것이 바람직하다. 상대방의 문화적 배경을 고려하여 적절한 비언어적 커뮤니케이션 방식을 선택하는 것이 필요하다. 비언어적 커뮤니케이션을 효과적으로 활용하면 감정과 의도를 보다 정확하게 전달할 수 있으며, 대인관계를 더욱 원활하게 유지할 수 있다.

5 피드백(Feedback) 제공과 수용

피드백은 원활한 의사소통을 위해 필수적인 요소로, 피드백을 주고받음으로써 서로의 의견을 명확히 이해하고 개선할 수 있는 기회를 제공한다. 효과적인 피드백을 주고받는 과정은 개인과 조직의 성장에도 중요한 역할을 한다. 결론적으로, 피드백은 단순한 평가가 아니라 상호 발전을 위한 중요한 도구이다. 효과적인 피드백 제공과 수용을 통해 더 나은 의사소통과 협업이 가능해진다.

피드백을 주고받음으로써 의사소통이제대로이루어지고 있는지 확인할 수 있다.

피드백은 단순한 의견 교환이 아니라, 상호 이해를 도울 수 있는 중요한 수단 이다. 피드백을 통해 전달된 메시지가 올바르게 이해되었는지 확인할 수 있 으 며, 오해를 방지하고 원활한 협력을 가능하게 한다.

긍정적인 피드백은 상대방의 동기 부여에 도움이 된다.

긍정적인 피드백은 상대방의 성과를 인정하고, 계속해서 좋은 성과를 내도록 동기를 부여하는 역할을 한다. 단순한 칭찬이 아니라, 구체적인 행동이나 성과를 언급하면서 긍정적인 피드백을 제공하면 더욱 효과적이다. 예를 들어, “이번 프로젝트에서 창의적인 아이디어를 제시해줘서 정말 도움이 되었어”와 같은 피드백은 상대방이 자신의 기여도를 더욱 실감할 수 있도록 한다.

비판적인 피드백을 줄 때는 비난이 아니라 개선점을 제시하는 방식으로 전달하는 것이 중요하다.

비판적인 피드백을 할 때는 감정적으로 접근하기보다는 논리적으로 개선할 수 있는 방법을 제안하는 것이 중요하다. 단순히 “이 부분이 잘못되었다”라고 지적하는 것이 아니라, "이 부분을 이렇게 수정하면 더 효과적일 것 같아"와 같은 구체적인 해결책을 제시하는 것이 바람직하다. 또한, 피드백을 받을 사람 이 수용할 수 있도록 존중하는 태도로 전달하는 것이 중요하다.

피드백을 효과적으로 수용하는 태도도 중요하다.

피드백을 받는 사람도 열린 마음으로 피드백을 받아들이는 태도를 가져야 한다. 방어적인 반응을 보이는 것이 아니라, 피드백을 성장의 기회로 삼는 것이 중요하다. 자신이 놓쳤던 부분을 돌아보고, 피드백을 반영해 개선하려는 자세가 필요하다.

구체적이고 건설적인 피드백이 효과적이다.

효과적인 피드백은 모호한 평가가 아니라, 구체적인 사례와 함께 제공되는 것이 중요하다. "좀 더 잘해야 해"보다는 "보고서의 논리적 흐름을 보강하면 더 설득력이 있을 것 같아"와 같이 구체적으로 제시하는 것이 피드백을 받는 사람이 개선하기 용이하다.

1) 공감(Empathy)과 감정 조절

- 상대방의 감정을 이해하고 공감하는 태도를 보이면 신뢰를 형성할 수 있다. 특히, 비언어적 표현(표정, 몸짓, 어조 등)까지 세심하게 살펴보며 반응하면 더욱 깊이 있는 공감을 표현할 수 있다.

- 논쟁이 발생할 경우 감정을 조절하며 차분하게 대화하는 것이 중요하다. 순간적인 감정에 휩쓸려 언성을 높이거나 공격적인 태도를 보이면 갈등이 심화될 수 있으므로, 호흡을 가다듬고 논리적으로 의견을 전달하는 자세가 필요하다.

- 상대방의 입장을 고려하며 대화하면 효과적인 문제 해결이 가능하다. 자신의 관점에서만 상황을 해석하는 것이 아니라 상대방의 경험과 배경을 이해하려는 노력이 중요하며, 이를 통해 보다 창의적이고 균형 잡힌 해결책을 도출할 수 있다.

- 감정적 공감을 표현하는 동시에 해결 중심적인 태도를 유지하는 것이 필요하다. "그럴 수도 있겠다" 또는 "이해해"와 같은 말로 상대방의 감정을 인정하면서도, "어떻게 하면 더 나은 방향으로 해결할 수 있을까?"와 같이 문제 해결을 위한 대화를 유도하는 것이 효과적이다.

- 적극적인 경청을 통해 상대방의 감정을 존중하는 태도를 보이면 신뢰가 더욱 강화된다. 상대의 말을 끊지 않고 끝까지 듣고, 고개를 끄덕이거나 "그렇군요"와 같은 피드백을 주면 상대방이 더욱 편안하게 자신의 감정을 표현할 수 있다.

2) 질문 기술(Effective Questioning)

질문 기술은 효과적인 의사소통을 촉진하고, 상대방의 생각을 깊이 있게 탐색하는 중요한 방법 중 하나이며, 질문을 적절하게 활용하면 상대방의 이해도를 높이고, 보다 풍부한 대화를 이끌어낼 수 있다. 질문의 유형에는 다양한 방식이 있으며, 대표적으로 열린 질문과 닫힌 질문이 있다. 결론적으론 효과적인 질문 기술은 단순한 정보 수집을 넘어, 상대방의 사고를 확장하고 깊이 있는 대화를 가능하게 만듭니다. 열린 질문과 닫힌 질문을 적절히 조합하여 사용하면, 의사소통의 질을 높이고 보다 효과적인 협업을 이끌어낼 수 있다.

열린 질문 (Open-ended Question)

열린 질문은 상대방이 자신의 생각을 자유롭게 표현할 수 있도록 유도하는 질문입니다. 단순한 예/아니오 대답이 아닌, 경험, 의견, 감정, 아이디어 등을 풍부하게 설명할 수 있는 기회를 제공합니다.

특징:

답변의 범위가 넓고 자유롭다.

상대방의 사고를 확장하고 창의적인 답변을 이끌어낸다.

대화를 보다 깊고 풍부하게 만든다.

예시:

"이번 프로젝트에서 가장 어려웠던 점은 무엇인가요?"

"이 문제에 대해 어떻게 생각하시나요?"

"어떤 방식으로 이 문제를 해결하는 것이 가장 효과적이라고 보시나요?"

3) 닫힌 질문 (Closed-ended Question)

닫힌 질문은 상대방이 예/아니오 또는 짧은 대답으로 응답할 수 있도록 하는 질문입니다. 특정한 정보나 사실을 확인할 때 유용하며, 신속하게 답변을 얻고 싶을 때 효과적입니다.

특징:
간결하고 명확한 답변을 얻을 수 있다.
대화의 방향을 신속하게 정리할 수 있다.
깊이 있는 사고보다는 사실 확인에 적합하다.

예시:
"이 프로젝트를 마감 기한 내에 완료할 수 있습니까?"
"회의에 참석하셨나요?"
"이 기능이 기존 시스템과 호환되나요?"

명확한 질문의 중요성
질문의 명확성이 높을수록 상대방이 자신의 생각을 구체적으로 표현하는 데 도움이 됩니다. 불분명하거나 모호한 질문은 상대방을 혼란스럽게 하거나 원하는 정보를 얻는 데 어려움을 줄 수 있습니다.

명확한 질문을 위한 전략:
질문의 목적을 분명히 한다.
핵심 내용을 포함하되, 지나치게 복잡하지 않게 구성한다.
상대방의 관점과 배경을 고려하여 적절한 질문을 선택한다.
필요에 따라 후속 질문을 통해 더 깊이 있는 답변을 유도한다.

예시:
모호한 질문: "이 문제를 어떻게 해결하면 좋을까요?"
(너무 광범위하여 답변이 어려울 수 있음)

명확한 질문: "이 문제를 해결하기 위해 우리가 사용할 수 있는 두 가지 방안은 무엇인가요?"

4) 상황에 맞는 커뮤니케이션 방식 선택

효과적인 커뮤니케이션을 위해서는 대면 대화, 전화, 이메일, 메시지 등 다양한 커뮤니케이션 도구 중 상황에 가장 적합한 방식을 선택하는 것이 중요하다.

가. **긴급한 상황**: 즉각적인 대응이 필요한 경우, 전화나 직접 대면 대화를 통해 신속하게 전달하는 것이 가장 효과적이다. 예를 들어, 프로젝트 진행 중 긴급한 오류가 발생했거나 중요한 의사 결정을 빠르게 내려야 하는 경우에는 직접 만나거나 전화를 걸어 즉각적인 피드백을 주고받는 것이 좋다.

나. **공식적인 내용**: 문서로 남겨야 하거나 공식적인 의사소통이 필요한 경우에는 이메일을 활용하는 것이 적절하다. 계약 관련 내용, 보고서 제출, 정책 변경 사항 전달 등은 이메일을 통해 정확하고 체계적으로 전달해야 한다.

다. **일상적인 업무 공유**: 가벼운 논의나 비공식적인 업무 조율은 메시지나 사내 메신저를 활용하는 것이 효율적이다. 예를 들어, 일정 조율, 간단한 업무 진행 상황 공유 등은 채팅 도구를 사용하면 신속하게 해결할 수 있다.

라. **토론 및 협의가 필요한 경우**: 복잡한 논의가 필요하거나 의견을 조율해야 하는 경우에는 화상 회의나 대면 회의가 적절하다. 예를 들어, 팀 내 브레인스토밍, 프로젝트 방향성 논의, 이해관계자가 많은 의사결정 과정에서는 회의를 통해 효과적인 커뮤니케이션을 할 수 있다.

마. **고객 또는 외부 협력사와의 커뮤니케이션**: 신뢰를 구축해야 하는 상황에서는 대면 미팅이나 화상 회의가 도움이 될 수 있으며, 협업 관계를 유지하기 위해 정기적인 이메일 업데이트나 보고서 공유도 필요하다.

이처럼 상황에 따라 적절한 커뮤니케이션 방식을 선택하면 업무의 효율성을 높이고, 오해나 정보 누락을 방지할 수 있다.

5) 갈등 관리 및 해결(Conflict Resolution)

가. 의견 충돌이 발생할 경우 감정적으로 대응하기보다는 문제 해결 중심의 접근이 필요하다. 감정이 격해질 경우 잠시 휴식을 취하고 상황을 객관적으로 바라보는 자세가 중요하다.

나. 적극적으로 상대방의 의견을 듣고 공감하며, 중립적인 해결책을 모색하는 것이 중요하다. 경청을 통해 상대방의 입장을 이해하고 존중하는 태도를 가지면, 신뢰를

형성하고 원활한 대화를 이어나갈 수 있다.

다. 해결 방법을 찾기 위해 협상 기술을 활용할 수도 있다. 서로의 입장을 고려한 윈-윈(win-win) 전략을 통해 모두가 만족할 수 있는 해결책을 도출하는 것이 바람직하다. 이를 위해 타협과 양보의 자세를 유지하면서도 핵심 가치를 지킬 수 있도록 전략적으로 접근해야 한다.

라. 객관적인 데이터를 활용하거나 제3자의 중재를 요청하는 것도 효과적인 갈등 해결 방법이 될 수 있다. 논리적인 근거를 제시하면 감정적인 대립을 줄일 수 있으며, 공정한 입장에서 중재자가 개입하면 원만한 합의에 도달하는 데 도움이 된다.

마. 갈등을 해결한 후에는 재발 방지를 위해 명확한 의사소통 채널을 구축하고, 피드백을 주고받는 문화를 형성하는 것이 중요하다. 갈등이 반복되지 않도록 근본적인 원인을 분석하고 개선점을 도출하는 노력이 필요하다.

제5부

사회복지행정의 국제적 평가

제14장 사회복지행정의 연구와 평가

사회복지행정의 연구와 평가는 사회복지 정책과 프로그램의 효과성과 효율성을 높이는 데 핵심적인 역할을 한다. 체계적이고 과학적인 연구는 이론적 기초를 강화하며, 평가 결과는 실천 현장의 문제 해결과 정책 개선에 실질적인 기여를 할 수 있다. 향후 사회복지행정 분야에서는 연구와 평가의 객관성과 신뢰성을 강화하고, 증거기반 실천을 도입하며, 빅데이터와 인공지능을 활용한 혁신적 방법론을 도입하는 방향으로 발전해야 할 것이다.

1 사회복지행정 연구의 필요성과 역할

1) **필요성**: 사회복지 정책과 프로그램의 효과성을 검증하고 개선하기 위해 연구는 필수적이며, 사회복지 행정의 이론적 기초를 강화하고, 실천 현장에서의 문제해결 능력을 높이기 위해 과학적 연구가 요구된다.

역 할: 정책 결정 및 개입 전략 수립에 근거 자료 제공
실천현장의 문제를 과학적으로 분석하여 실질적인 해결 방안 모색
사회복지 서비스의 효율성과 효과성을 검증 및 개선

2) 사회복지행정 연구의 주요 내용과 방법론

〈주요 내용〉
정책 연구: 사회복지 정책의 형성과 집행 과정, 정책 효과 분석
프로그램 평가 연구: 사회복지 프로그램의 설계, 실행 및 성과 평가
조직 연구: 사회복지 기관의 구조, 운영 및 리더십 분석
서비스 연구: 클라이언트의 욕구 파악 및 서비스 제공 과정 분석

〈방법론〉

양적 연구: 설문조사, 실험연구, 통계분석 등을 통해 객관적 데이터를 수집하고 분석
질적 연구: 심층 인터뷰, 사례 연구, 참여 관찰 등을 통해 현상에 대한 심층적인 이해 도모
혼합 연구(Mixed Method): 양적 및 질적 방법을 병행하여 종합적 분석

3) 사회복지행정 평가의 필요성과 목적

필요성: 프로그램 및 정책의 효과성과 효율성을 검증하여 자원의 낭비를 방지하고, 수혜자의 만족도를 높이기 위해 필요하며, 책임성과 투명성을 확보하여 공공성과 신뢰도를 증진시킬 수 있다.

목　적: **성과 평가:** 목표 달성 정도 및 프로그램 효과성 검증
과정 평가: 프로그램 시행 과정에서의 문제점 파악 및 개선
효율성 평가: 투입 자원 대비 산출물의 효율성 검토
책임성 평가: 프로그램 시행에 대한 윤리적 책임 및 공공성 확인

4) 사회복지행정 평가의 유형과 방법

형성평가(Formative Evaluation): 프로그램기획 및 실행초기단계에서 문제점 및 개선점 도출
총괄평가(Summative Evaluation): 프로그램 종료 후 성과와 효과성 평가

〈평가 방법〉

실험설계(Experimental Design): 실험군과 통제군을 두어 프로그램 효과검증
비교집단 설계(Quasi-Experimental Design): 통제군 없이 유사 집단 비교
사례 연구(Case Study): 특정 프로그램이나 정책의 사례 분석
메타분석(Meta-Analysis): 다수 연구 결과를 종합하여 효과성 분석

5) 사회복지행정 연구와 평가의 과제와 발전 방향

과제: 연구와 평가의 객관성 및 신뢰성 확보
연구 결과의 실천 현장 적용 및 정책 반영 미흡 문제
평가 결과의 피드백 및 활용 부족

발전 방향: 증거기반 실천 강화: 연구결과를 바탕으로 한 과학적 근거중심의 실천 도입
참여형평가확대: 클라이언트 및 이해관계자의 참여를 통한평가의 실효성 제고
빅데이터 및 인공지능 활용: 데이터 기반 분석 및 예측 모델 도입
연구-실천연계강화: 학계와 현장의 협력네트워크 구축 및 연구결과의정책화

〈결론〉
사회복지행정의 연구와 평가는 사회복지 정책과 프로그램의 효과성과 효율성을 높이는 데 핵심적인 역할을 한다. 체계적이고 과학적인 연구는 이론적 기초를 강화하며, 평가 결과는 실천 현장의 문제 해결과 정책 개선에 실질적인 기여를 할 수 있다. 향후 사회복지행정 분야에서는 연구와 평가의 객관성과 신뢰성을 강화하고, 증거기반 실천을 도입하며, 빅데이터와 인공지능을 활용한 혁신적 방법론을 도입하는 방향으로 발전해야 할 것이다.

2 사회복지행정 연구의 개념 및 중요성

사회복지행정 연구는 사회복지 조직의 운영과 정책 집행 과정에서 발생하는 다양한 문제를 체계적으로 분석하고 해결하기 위한 학문적 접근이며, 연구를 통해 효과적인 서비스 전달 체계를 구축하고, 복지 조직의 효율성과 효과성을 높이는 데 기여하며, 연구와 평가는 복지 서비스의 질적 향상과 지속적인 개선을 위한 필수적인 과정이다. 효과적인 연구와 평가를 통해 행정의 투명성을 높이고, 복지 정책의 효과성을 극대화할 수 있다. 앞으로 연구와 평가의 실천적 연계를 강화하고, 보다 과학적이고 객관적인 방법을 개발하는 것이 중요하다.

가. 연구의 목적

사회복지 행정의 이론과 실제 간의 간극을 줄이고 실증적 근거를 마련하며, 조직 운영의 효율성을 높이고 서비스 품질을 향상시키며, 정책의 타당성과 효과성을 평가하여 지속적인 개선을 유도한다.

나. 연구의 주요 영역

· 조직 구조 및 운영 방식 연구
· 인적 자원 관리 및 리더십 연구

· 재정 및 예산 관리 연구
· 서비스 전달 체계 연구
· 정책 집행 및 효과 분석

1) 사회복지행정 연구의 방법론

사회복지행정 연구에서는 다양한 연구 방법이 활용되며, 실증적 연구와 이론적 연구가 혼합되어 사용된다.

가. 양적 연구

· 설문 조사, 실험 연구, 2차 자료 분석 등을 통해 통계적 방법으로 연구를 수행.
· 변수 간의 관계를 분석하고 패턴을 발견하는 데 유용함.

나. 질적 연구

· 면담, 사례 연구, 참여 관찰 등을 통해 심층적인 정보를 수집.
· 복지 행정 현장의 구체적인 맥락을 파악하는 데 효과적임.

다. 혼합 연구 방법

· 양적 연구와 질적 연구를 결합하여 복합적인 문제를 보다 심층적으로 분석함.
· 정책 결정 과정이나 서비스 만족도 평가 등에 활용됨.

2) 사회복지행정의 평가 개념 및 필요성

사회복지행정의 평가는 복지 서비스와 프로그램이 목표를 효과적으로 달성하고 있는지를 확인하는 과정이다. 평가는 정책 및 프로그램의 개선을 위한 중요한 도구로 활용된다.

가. 평가의 목적

· 복지 행정의 효과성과 효율성을 검토하여 정책 개선 방향을 제시함.
· 복지 서비스의 질적 수준을 유지하고 향상시킴.
· 예산 집행의 합리성을 확보하고 책임성을 강화함.

나. 평가의 유형

· **형성 평가**(Formative Evaluation): 프로그램이 실행되는 과정에서 발생하는 문제를

파악하고 개선점을 도출.
- **총괄 평가**(Summative Evaluation): 프로그램이 종료된 후 성과와 영향을 분석.
- **비교 평가**(Comparative Evaluation): 유사한 프로그램 간의 효과성을 비교하여 최적의 대안을 도출.
- **영향 평가**(Impact Evaluation): 프로그램이 대상 집단과 사회에 미친 장기적 영향을 분석.

사회복지행정 평가의 방법
사회복지행정 평가는 다양한 연구 방법을 통해 이루어진다.

가. 실험 연구(Experimental Research)
- 통제 집단과 실험 집단을 설정하여 프로그램 효과를 비교함.
- 객관적인 결과를 도출할 수 있지만 윤리적 문제나 실행의 어려움이 있을 수 있음.

나. 사례 연구(Case Study)
- 특정 기관이나 프로그램을 심층적으로 분석하여 성과와 문제점을 파악함.
- 질적 연구 방법과 결합하여 현실적인 개선점을 제시하는 데 유용함.

다. 만족도 조사 및 인터뷰
- 서비스 이용자의 만족도를 조사하여 프로그램의 성과를 평가함.
- 정책 결정자, 실무자, 서비스 이용자를 대상으로 인터뷰를 진행하여 종합적인 평가를 수행함.

사회복지행정 연구와 평가의 과제
사회복지행정 연구와 평가를 효과적으로 수행하기 위해 해결해야 할 과제들이 있다.

가. 연구와 평가의 실천적 연계 부족
- 연구 결과가 정책 결정과 실무에 효과적으로 반영되지 않는 경우가 많음.
- 실무자와 연구자 간의 협력이 필요함.

나. 평가 체계의 지속적인 개선 필요

· 기존 평가 방법이 서비스의 실제 효과를 충분히 반영하지 못하는 경우가 있음.
· 보다 정교한 평가 지표와 방법이 개발되어야 함.

다. 연구 윤리 및 객관성 확보

· 연구 및 평가 과정에서 객관성을 유지하고 윤리적 기준을 준수하는 것이 중요함.
· 특정 이해관계자에게 편향되지 않도록 연구 설계를 신중히 해야 함.

3 사회복지행정의 연구 방법론

사회복지행정의 연구 방법론은 사회과학적 연구 방법을 바탕으로 사회복지 행정의 효과성과 효율성을 분석하고, 정책 및 프로그램 개선을 위한 증거를 제공하는 데 초점을 맞추며, 이를 위해 다양한 `연구 접근법이 사용되며, 양적 연구와 질적 연구를 포함하여 혼합 연구 방법까지 활용되며, 사회과학적 연구 방법을 바탕으로 사회복지 행정의 효과성과 효율성을 분석하고 정책 및 프로그램 개선을 위한 증거를 제공하는 데 초점을 맞추며, 이를 위해 다양한 연구 접근법이 사용된다.

1) 사회복지행정 연구의 목적

사회복지행정 연구는 다음과 같은 주요 목적을 가지고 있다.

· 사회복지 서비스 전달 체계의 효과성과 효율성을 평가
· 정책 및 프로그램의 개선 방향 제시
· 사회복지 조직의 운영 및 관리 방안 연구
· 클라이언트 및 이해관계자의 요구 파악
· 사회복지 실천 현장의 문제 해결을 위한 과학적 근거 제공

주요 연구 방법론 (양적 연구 방법)

· **설문조사**(Survey Research): 다양한 사회복지 기관 및 서비스 이용자를 대상으로 질문지를 통해 데이터를 수집합니다.
· **실험 및 준실험 연구**(Experimental &Quasi-Experimental Research): 특정 개입

(program or policy)의 효과를 검증하기 위해 실험군과 통제군을 비교하는 방법입니다.

- **2차 데이터 분석**(Secondary Data Analysis): 기존에 수집된 행정 데이터나 국가 통계를 활용하여 연구를 수행합니다.
- **회귀 분석**(Regression Analysis): 변수 간 관계를 정량적으로 분석하여 정책 및 서비스의 영향을 측정합니다.

질적 연구 방법

질적 연구 방법은 사회복지 조직과 정책의 의미를 깊이 있게 탐색하고, 현장의 실태를 분석하는 데 활용됩니다. 주요 방법론은 다음과 같습니다:

- **사례 연구**(Case Study): 특정 사회복지 기관이나 정책의 운영 사례를 심층적으로 분석합니다.
- **면접**(Interview): 정책 결정자, 실무자, 클라이언트 등과의 심층 인터뷰를 통해 현장의 목소리를 반영합니다.
- **참여 관찰**(Participant Observation): 연구자가 현장에서 직접 관찰하여 실무 환경과 서비스 제공 과정을 기록합니다.
- **내용 분석**(Content Analysis): 사회복지 행정과 관련된 문서, 보고서, 법률 등의 내용을 체계적으로 분석합니다.

혼합 연구 방법

혼합 연구 방법(Mixed Methods Research)은 양적 연구와 질적 연구를 결합하여 보다 종합적인 분석을 가능하게 합니다. 예를 들어, 설문조사 후 심층 인터뷰를 수행하여 수집된 데이터를 보다 깊이 있게 해석할 수 있습니다.

2) 연구 설계 및 절차

사회복지행정 연구를 수행하기 위해서는 체계적인 연구 설계가 필요합니다. 일반적인 연구 절차는 다음과 같다.

연구 문제 정의: 연구하고자 하는 주제를 명확히 설정한다.

문헌 검토: 기존 연구를 검토하여 연구의 이론적 근거를 마련한다.

연구방법 결정: 연구목적에 맞는 방법론(양적, 질적, 혼합 연구)을 선택한다.

자료 수집: 설문, 인터뷰, 관찰 등을 통해 데이터를 수집한다.

자료 분석: 통계적 분석, 질적 분석 등을 수행하여 연구 결과를 도출한다.

결과 해석 및 보고: 연구 결과를 정책 개선과 실천 현장에 적용할 수 있도록 해석하고 보고서를 작성한다.

연구 방법론의 활용 예시

사회복지 프로그램 평가 연구: 특정 프로그램이 클라이언트에게 미치는 영향을 측정하기 위해 실험 연구 및 사례 연구를 병행함.

사회복지 기관의 운영 실태 분석: 설문조사와 심층 인터뷰를 조합하여 기관 운영의 강점과 개선점을 도출함.

사회복지 정책의 효과성 분석: 행정 데이터를 활용한 통계적 분석과 정책 결정자의 인터뷰를 결합하여 정책 개선 방향을 제시함.

3) 사회복지행정 연구에서의 주요 분석 기법

- **프로그램 평가**(Program Evaluation): 행정 프로그램의 효과성을 평가하는 데 사용되며, 형성평가(Formative Evaluation)와 총괄평가(Summative Evaluation)로 구분됨.
- **비용-편익 분석**(Cost-Benefit Analysis, CBA): 특정 행정 정책이나 프로그램의 경제적 효과를 분석하여 비용 대비 효과성을 평가.
- **네트워크 분석**(Social Network Analysis, SNA): 사회복지 조직 간 협력 관계를 분석하여 조직 간 연계성과 협업 수준을 평가.

사회복지행정 연구의 최신 동향

- **빅데이터 및 인공지능 활용**: 행정 데이터, 서비스 이용 데이터 등을 분석하여 정책 수립 및 의사결정 지원.
- **참여형 연구**(Participatory Research): 사회복지 실무자 및 서비스 이용자와 협력하여 연구 수행.
- **사회적 영향 평가**(Social Impact Assessment, SIA): 정책 및 프로그램이 지역사회와 사회복지 체계에 미치는 영향을 분석.

사회복지행정 연구의 과제

- 실무와 연구 간의 격차 해소
- 연구 윤리 강화(개인정보 보호, 연구 참여자의 권리 보장)
- 연구 결과의 실무 적용성 증대
- 프로그램 평가와 품질 관리

4 프로그램 평가의 정의

프로그램 평가는 특정 프로그램의 목표 달성 여부와 효과성을 측정하고 개선 방향을 도출하는 과정이다. 이를 통해 프로그램의 강점과 약점을 파악하고, 지속적인 발전을 도모할 수 있으며, 효과적인 프로그램 평가와 품질 관리는 프로그램의 성공을 결정짓는 중요한 요소이다. 평가를 통해 문제점을 식별하고, 품질 관리를 통해 지속적인 개선을 실현함으로써 최적의 프로그램 운영이 가능해진다.

1) 프로그램 평가의 목적

- 프로그램의 효과성 및 효율성 분석
- 성과 기반 의사 결정 지원
- 자원 배분 최적화
- 프로그램 개선을 위한 피드백 제공
- 프로그램 지속 가능성 확보

프로그램 평가의 유형

형성적 평가(Formative Evaluation):

프로그램이 진행되는 동안 피드백을 제공하여 개선점을 도출하는 평가

총괄적 평가(Summative Evaluation):

프로그램이 완료된 후 성과를 측정하는 평가

과정 평가(Process Evaluation):

프로그램이 계획대로 실행되고 있는지 확인하는 평가

결과 평가(Outcome Evaluation):
프로그램이 기대한 목표를 달성했는지 평가하는 과정

영향 평가(Impact Evaluation):
프로그램이 장기적으로 미친 영향을 분석하는 평가

프로그램 평가의 주요 요소
평가 기준(Standards)
효과성(Effectiveness)
효율성(Efficiency)
실행 가능성(Feasibility)
지속 가능성(Sustainability)
만족도(Satisfaction)

평가 방법(Methodology)
정량적 평가(설문조사, 데이터 분석)
정성적 평가(인터뷰, 포커스 그룹)

평가 도구(Evaluation Tools)
KPI(Key Performance Indicators)
논리 모델(Logical Model)
벤치마킹(Benchmarking)
대조군 연구(Experimental and Quasi-Experimental Designs)

품질 관리 개요
품질 관리의 정의
품질 관리는 프로그램이 일정 수준 이상의 품질을 유지하고, 지속적으로 개선할 수 있도록 체계적으로 관리하는 활동이다.

품질 관리의 목적
프로그램의 일관성과 신뢰성 유지

프로그램 참여자의 만족도 향상
오류 및 문제 최소화
지속적인 개선과 혁신 촉진
품질 관리의 핵심 개념

품질 보증(Quality Assurance, QA):
프로그램이 일정 기준을 충족하도록 사전 예방하는 활동

품질 통제(Quality Control, QC):
프로그램 운영 중 발생하는 문제를 해결하기 위한 조치

프로그램 평가와 품질 관리의 관계
프로그램 평가와 품질 관리는 상호 보완적인 관계를 가지며, 효과적인 프로그램 운영을 위해 함께 사용될 필요가 있다.

평가 결과를 바탕으로 품질 관리 전략을 수립
품질 관리 데이터를 활용하여 평가의 신뢰성 향상
두 접근법을 병행하여 지속적인 프로그램 개선 유도

2) 실무 사례 연구(Practical Case Study)

실무 사례 연구의 정의

실무 사례 연구(Practical Case Study)란 특정 조직, 산업, 프로젝트, 또는 비즈니스 환경에서 실제 발생한 문제와 이를 해결하기 위한 과정 및 결과를 분석하는 연구 방법이다. 이는 이론적 개념을 실무에 적용하여 효과를 검증하고, 실질적인 교훈을 얻기 위한 목적으로 수행된다.

결론적으론 이론과 실무를 연결하고, 실제 문제 해결에 기여하는 중요한 연구 방법이며, 기업, 정부, 학계 모두 실무 사례 연구를 통해 보다 나은 전략을 수립하고 의사결정을 개선할 수 있다.

실무 사례 연구의 목적

문제 해결 능력 향상:
조직이 직면한 실제 문제를 분석하고 해결하는 방법을 연구한다.

실제 적용 가능성 탐색:
이론이 실무에서 어떻게 적용되는지 평가한다.

의사결정 과정 개선:
다양한 사례를 분석하여 최적의 의사결정 방안을 도출한다.

최고 사례(Best Practice) 도출:
성공적인 사례를 발굴하고 다른 조직이 벤치마킹할 수 있도록 제공한다.

실무 사례 연구의 주요 특징

현장 중심적 접근: 실제 기업이나 기관에서 발생한 문제를 다룬다.
다양한 자료 활용: 보고서, 인터뷰, 설문조사, 실무 문서 등을 포함한다.
맥락(Context) 고려: 사례가 발생한 조직의 특성과 외부 환경을 반영한다.
질적 및 양적 방법 병행: 데이터를 수집하고 분석하여 문제 해결에 활용한다.

실무 사례 연구의 수행 과정

연구 대상 선정: 연구할 기업, 프로젝트, 또는 사례를 결정한다.
문제 정의 및 연구 목표 설정: 연구의 초점을 정하고 해결해야 할 주요 문제를 도출한다.
데이터 수집: 기업 내부 자료, 인터뷰, 설문조사, 문헌 조사 등을 활용한다.
사례 분석: 이론과 실무를 접목하여 문제의 원인과 해결 과정을 분석한다.
결과 도출 및 시사점 제공: 연구 결과를 바탕으로 실무적 시사점과 정책적 제안을 도출한다.

실무 사례 연구의 예시

기업 경영 사례: 스타벅스의 글로벌 브랜드 전략 분석
기술 혁신 사례: 테슬라의 전기차 산업에서의 혁신적 전략 연구
공공 정책 사례: 한국 정부의 코로나19 방역 정책 및 효과 분석

인적 자원 관리 사례: 구글의 창의적인 조직 문화와 인사 관리 전략

실무 사례 연구의 한계 및 극복 방안

한계점: 특정 조직 및 환경에 국한되어 일반화가 어려울 수 있으며, 연구자의 주관이 개입될 가능성이 있고, 충분한 데이터 확보가 어려울 수 있다.

극복 방안: 다양한 사례를 비교 분석하여 일반화가능성을 높이고, 연구방법론을 객관적 설정하여 신뢰성을 강화하고, 공개된 자료뿐만 아니라 전문가 인터뷰 등을 활용하여 데이터의 신뢰성을 확보한다.

연구개요

· 연구의 목적 및 배경
· 연구의 필요성
· 연구 대상 및 범위

이론적 배경

· 관련 개념 및 이론 정리
· 기존 연구 사례 검토
· 사례 연구 방법론
· 연구 방법 (정량적/정성적)
· 데이터 수집 방법 (인터뷰, 설문, 문헌 조사 등)
· 분석 기법

실제 사례 분석

· 사례 개요 및 배경
· 문제 상황 및 해결 과정
· 주요 성과 및 시사점

결론 및 시사점

· 연구 결과 요약
· 실무적 적용 가능성
· 향후 연구 방향

5 글로벌 사회복지행정의 개념

글로벌 사회복지행정은 국제적인 복지 격차를 해소하고 인류 공동의 번영을 위한 필수적인 행정 영역이다. 이를 위해 국제기구, 정부, NGO 등의 협력이 필수적이며, 지속적인 재정 지원과 정책 조정이 필요하다. 국제 협력을 통해 보편적 복지를 실현하고, 보다 지속 가능한 사회를 만들어가는 것이 중요하며, 이는 단순히 한 국가 내에서의 복지 행정이 아니라, 국제기구, 비정부기구(NGO), 다국적 협력체 등이 참여하여 전 세계적으로 복지 문제를 해결하려는 노력을 포함한다.

1) 글로벌 사회복지행정의 주요 기관

국제 연합(UN): 유엔난민기구(UNHCR), 유엔아동기금(UNICEF), 세계보건기구(WHO) 등 다양한 기구를 통해 글로벌 복지를 지원.

세계은행(WB) 및 국제통화기금(IMF): 개발도상국의 빈곤 문제 해결과 경제 안정화를 위한 재정 지원 제공.

경제협력개발기구(OECD): 선진국 중심의 사회복지 정책 연구 및 지원.

국제 비정부기구(NGO): 국경없는 의사회(MSF), 세이브더칠드런(Save the Children), 옥스팜(Oxfam) 등 다양한 NGO들이 국제 복지 서비스 제공.

국제 협력의 형태

공적개발원조(ODA, Official Development Assistance): 진국이 개발도상국에 재정적, 기술적 지원을 제공하는 공식적인 원조이며, 양자 원조(국가 간 지원)와 다자 원조(국제기구를 통한 지원)로 구분된다.

국제공동프로젝트: 국제기구 및 여러 국가가 협력하여 진행하는 복 프로젝트.

〈예: WHO의 글로벌 백신 프로젝트(COVAX).〉

글로벌 캠페인 및 네트워크 구축: 국제적 복지 캠페인(예: UN의 'No Poverty' 캠페인) 및 국가 간 정책 공유를 위한 네트워크 형성.

글로벌 사회복지행정의 과제

국가 간 정책 조정의 어려움: 각국의 정치· 경제적 상황이 다르므로 일관된 복지 정책 추진이 어려움이다.

재정적 한계: 국제기구 및 NGO의 예산이 충분하지 않아 지속적인 지원이 어려운 경우가 많음.
문화적 차이와 가치관 차이: 각국의 문화 및 복지에 대한 인식이 달라 동일한 방식의 복지 정책을 적용하는 데 한계가 있다.
정치적 이해관계 충돌: 국제사회에서 강대국과 약소국 간의 이해관계가 복잡하게 얽혀 협력에 걸림돌이 될 수 있다.

2) 글러벌 사회복지행정의 필요성

국경을 초월한 사회문제의 증가: 글로벌화로 인해 빈곤, 기아, 난민, 인신매매, 질병 확산 등과 같은 사회문제가 특정 국가에 국한되지 않고 국제적 이슈로 확대되고 있으며, 기후 변화, 전염병(예: COVID-19), 환경오염 등도 국가 간 협력을 통해 해결해야 할 주요 사회복지 이슈다.

국제 사회복지 기준 마련 및 공조 필요: 국제 사회는 사회복지의 보편적 기준을 수립하고 이를 실천하기 위한 행정적 조치가 필요하며, 국제기구 및 다국적 협력체가 이러한 기준을 설정하고, 각국의 정책과 프로그램을 조정하는 역할을 담당한다.

개발도상국의 복지 향상과 지속 가능한 발전 목표(SDGs) 달성: 선진국과 개발도상국 간의 복지 격차 해소를 위해 원조와 협력이 필요하다. UN의 지속 가능한 발전 목표(Sustainable Development Goals, SDGs) 달성을 위해 국제적 차원의 사회복지행정이 필수적이다.

재난 및 위기 대응 역량 강화: 자연재해, 전쟁, 전염병 등의 위기에 신속하게 대응하기 위해 국제적 복지 네트워크가 필수적이U, 국제 사회복지행정을 통해 인도적 지원과 긴급 구호 체계를 구축하고 실행할 수 있다.

문화 사회 및 이주 문제 대응: 국제 이주민, 난민, 노동자 등의 증가로 인해 다문화 사회에서의 복지 행정이 중요해지고 있으며, 국가 간 협력을 통해 이주민의 복지 및 사회통합 정책을 마련해야 한다.

글로벌 복지 정책 연구 및 적용: 선진국의 복지 모델을 개발도상국에 적용하거나, 각국의 성공적인 복지정책을 공유함으로써 보다 효과적인 복지 행정이 가능해지고 있으며, 국가별 사회복지 정책과 실행 전략을 비교하고 조정하는 연구 및 행정적 노력이 필요하다.

6 주요 국제기구와 사회복지 행정

국제사회는 전 세계적인 사회복지 문제를 해결하기 위해 다양한 국제기구를 운영하고 있으며, 이러한 국제기구들은 빈곤, 건강, 교육, 노동, 인권 등 다양한 분야에서 활동하며, 각국의 사회복지 행정에 영향을 미친다. 결론적으로 국제기구들은 전 세계적인 사회복지 문제를 해결하기 위해 다양한 역할을 수행하고 있으며, 각국의 사회복지 행정과 밀접한 관계를 맺고 있다. 특히 UN, WHO, ILO, UNICEF, WB 등은 보건, 노동, 아동복지, 경제개발 등의 영역에서 지속적으로 활동하며, 글로벌 복지 향상에 기여하고 있다. 앞으로도 국제기구와 각국 정부 간의 협력이 더욱 강화되어야 하며, 디를 통해 지속 가능한 사회복지 시스템이 구축될 필요가 있다.

1) 주요 국제기구와 사회복지 행정

가. **국제연합(UN, United Nations) 역할**: UN은 전 세계적인 평화와 안보를 유지하는 동시에 인권 보호 및 사회발전을 위해 노력하는 국제기구이다. 특히 사회복지와 관련된 다양한 전문 기구를 운영하여 각국의 복지 정책에 영향을 미친다.

나. **사회복지 행정 관련 활동**: 지속가능발전목표(SDGs)를 통해 빈곤 퇴치, 양질의 교육 보장, 건강 증진 등을 추진하며, 개발도상국에 대한 사회복지 프로그램 지원 과 인권 보호 및 사회적 불평등 해소를 위한 정책 권고.

다. **세계보건기구(WHO, World Health Organization) 역할**: 전 세계 보건 문제 해결과 건강 증진을 목표로 하는 국제기구이면, 각국의 보건의료 정책에 대한 연구와 권고를 수행하며, 감염병 예방 및 보건 시스템 강화에 기여한다.

라. **사회복지 행정 관련 활동**: 보건 시스템 개선을 위한 기술 지원 및 재정 지원과 감염병 예방 및 백신 보급 사업으로 보편적 건강 보장(Universal Health Coverage) 정책 추진한다.

마. **국제노동기구(ILO, International Labour Organization)역할:** 노동권 보호 및 근로자의 삶의 질 향상을 목표로 하는 국제기구이며, 노동자 보호 및 고용 안정성을 위한 기준을 마련하고, 국제 노동 기준을 제정한다.

바. **사회복지 행정 관련 활동:** 노동자의 권리 보호 및 아동 노동 금지를 위한 정책 제안과 사회보장제도 강화 및 일자리 창출 지원하며, 취약계층을 위한 노동시장 참여 기회 확대한다.

사. **유엔아동기금(UNICEF, United Nations Children's Fund)역할:** 전 세계 아동의 생존, 보호, 발달, 교육 등을 지원하는 기구이며, 개발도상국을 중심으로 아동 복지를 위한 다양한 지원 프로그램을 운영한다.

아. **사회복지 행정 관련 활동:** 아동 교육 및 영양 지원 프로그램 운영과 아동권리 보호 및 아동 착취 근절 캠페인, 그리고 각국 정부와 협력하여 아동 복지 정책 개발 및 실행한다.

자. **세계은행(WB, World Bank)역할:** 경제 개발과 빈곤 퇴치를 위한 재정 지원을 담당하는 국제 금융기구이며, 개발도상국의 사회복지 인프라 구축을 위한 자금 지원과 정책 자문을 제공한다.

차. **사회복지 행정 관련 활동:** 개발도상국의 보건 및 교육 사업 지원과 사회보장제도 강화 및 빈곤 감소 프로젝트 시행하며, 사회적 취약계층을 위한 경제적 지원한다.

카. **국제기구와 각국의 사회복지 행정 연계:** 국제기구들은 각국의 사회복지 정책 수립과 실행에 중요한 영향을 미친다. 국제적인 사회복지 기준을 설정하고, 재정 및 기술 지원을 제공하여 복지제도 발전을 촉진한다. 개발도상국은 이러한 국제기구의 지원을 바탕으로 사회복지 시스템을 구축하고 개선할 수 있다.

〈국제 협력과 네트워크 구축〉

국제기구	주요 역할	사회복지 행정 관련 활동
국제연합(UN)	평화, 안보 유지, 인권 보호, 사회발전	- 지속가능발전목표(SDGs) 추진 - 개발도상국 사회복지 지원 - 인권 보호 및 사회적 불평등 해소 정책권고
세계보건기구 (WHO)	전 세계보건문제해결, 건강 증진	- 보건 시스템 개선 지원 - 감염병 예방 및 백신 보급 - 보편적 건강 보장 정책 추진
국제노동기구 (ILO)	노동권 보호, 근로자의 삶의 질 향상	- 노동자 권리 보호 및 아동 노동 금지 - 사회보장제도 강화 - 일자리 창출 지원
유엔아동기금 (UNICEF)	아동의 생존, 보호, 발달, 교육 지원	- 아동 교육 및 영양 지원 - 아동권리 보호 및 아동 착취 근절 - 아동 복지 정책 개발
세계은행(WB)	경제 개발, 빈곤 퇴치, 재정 지원	- 보건, 교육 사업 지원 - 사회보장제도 강화 - 빈곤 감소 프로젝트 시행

2) 국제 협력의 정의

국제 협력(international cooperation)은 국가, 기관, 기업, 학계, 시민 사회 등이 공동 목표를 달성하기 위해 경계를 넘어 협력하는 활동을 의미한다. 이는 정치, 경제, 사회, 문화, 환경, 기술 등 다양한 분야에서 이루어진다.

국제 협력은 단순한 교류를 넘어 상호 이익을 추구하고, 지속 가능한 발전을 이루기 위한 필수적인 과정이다. 협력 방식에는 공식적인 조약 및 협정 체결, 다자 간 회의 및 포럼 개최, 인도적 지원 및 개발 협력, 기술 및 정보 교환 등이 포함될 수 있다.

또한, 국제 협력은 글로벌 문제 해결에 중요한 역할을 한다. 기후 변화, 전염병 대응, 경제 위기, 인권 보호, 평화 유지 등과 같은 초국가적 과제들은 개별 국가의 노력만으로 해결하기 어려우므로, 국제 사회의 협력이 필수적이다. 이를 위해 유엔(UN), 세계무역기구(WTO), 경제협력개발기구(OECD), 세계은행(World Bank)과 같은 국제기구들이 다양한 협력 플랫폼을 제공하며, 민간 부문과 시민 사회도 점점 더 중요한 역할을 맡고 있다.

현대의 국제 협력은 디지털 기술과 글로벌 네트워크의 발전으로 더욱 활발하게 이루어지고 있으며, 협력의 형태도 다양해지고 있다. 따라서 효과적인 국제 협력을 위해서는 상호 신뢰, 공정성, 포용성을 바탕으로 한 협력 구조가 마련되어야 한다.

3) 국제 협력의 필요성

- **글로벌 문제 해결:** 기후 변화, 인권 보호, 전염병 대응 등 개별 국가가 해결하기 어려운 문제에 공동 대응하여 지속 가능한 발전과 인류 공동의 번영을 도모. 국제 협력을 통해 자원과 기술을 공유하고 효과적인 해결책을 모색.

- **경제적 상호 의존성 증가:** 무역, 투자, 기술 협력을 통해 경제적 이익을 극대화하며, 글로벌 공급망의 안정성을 확보. 자유무역협정(FTA), 경제 협력 기구 등을 통한 국제 협력은 경제 성장을 촉진하고 새로운 시장 기회를 창출.

- **기술 및 학문적 교류:** 연구 및 혁신 촉진을 위한 국제적 네트워크를 형성하고, 과학기술의 발전을 가속화. 국가 간 공동 연구 프로젝트, 학술 교류 프로그램, 국제 학술회의 등을 통해 지식의 공유와 발전을 도모.

- **문화 교류 및 이해 증진:** 글로벌 사회에서 상호 존중과 평화를 구축하기 위해 다양한 문화적 배경을 이해하고 수용하는 것이 중요. 국제 문화 교류 프로그램, 예술 및 스포츠 행사, 교육 교류를 통해 국가 간 우호 관계를 증진.

- **국제 안보 및 평화 유지:** 군사적 충돌 방지 및 평화 정착을 위해 국제 협력이 필수적. 유엔(UN), 북대서양조약기구(NATO) 등 국제 기구를 통한 협력은 국제 사회의 안정과 안보를 강화하는 데 기여.

- **자연재해 및 인도적 지원 협력:** 지진, 홍수, 허리케인 등 대규모 자연재해 발생 시 국제적 협력을 통해 신속한 인도적 지원과 복구 작업 진행. 난민 지원, 기아 문제 해결 등 글로벌 차원의 인도적 대응을 위한 협력 필요.

- **디지털 및 사이버 보안 협력:** 4차 산업혁명 시대에서 사이버 공격, 데이터 보호, 인공지능(AI) 윤리 문제 등은 국제적인 공동 대응이 필요. 사이버 보안 협력, 국제 규범 수립 등을 통해 글로벌 디지털 환경의 안전성을 확보.

4) 국제 협력의 주요 유형

가. 정부 간 협력 (Intergovernmental Cooperation)

· UN, WTO, WHO, OECD 등 국제기구를 통한 협력
· 국가 간 양자·다자 협약 및 조약 체결
· 외교적, 경제적 지원 및 협력 사업 수행

나. 민간 부문 협력 (Private Sector Cooperation)

· 글로벌 기업 간 파트너십 및 해외 진출
· 다국적 기업과 현지 기업 간 기술 이전 및 협력
· 국제 사회적 기업 및 NGO 협업

다. 학술 및 연구 협력 (Academic and Research Cooperation)

· 대학 간 교류 프로그램 및 공동 연구 프로젝트
· 국제 학술 대회 및 학술지 논문 협력
· 연구기관 간 기술 공유 및 협업

라. 비정부기구(NGO) 및 시민사회 협력

· 인권, 개발, 환경 보호 등을 위한 NGO 활동
· 지역 사회 발전 및 자선 단체 협력
· 국제 봉사 활동 및 원조 프로그램

5) 국제 네트워크 구축 전략

국제 네트워크 구축은 글로벌 환경에서의 경쟁력을 강화하고 지속 가능한 성장을 이루기 위한 필수적인 전략이다. 이를 위해 다음과 같은 요소를 중심으로 네트워크를 구축하고 활용해야 되며, 결론적으론 국제 네트워크 구축 전략을 성공적으로 실행하기 위해서는 조직의 유연성과 적응력을 강화하고, 장기적인 관점에서 협력을 지속할 수 있는 기반을 마련해야 한다.

가. 글로벌 협력 기회 확보

국제적인 연구 기관, 기업, 정부 기관 및 비정부 기구(NGO)와의 협력을 통해 공동 프

로젝트를 추진하고 시너지 효과를 극대화한다. 이를 위해 해외 컨퍼런스, 포럼, 박람회 등에 적극 참여하고 전략적 파트너십을 구축해야 한다.

나. 최신 동향 및 정보 공유

급변하는 글로벌 시장과 기술 변화에 대응하기 위해 최신 트렌드와 정보를 신속하게 수집하고 공유하는 것이 중요하다. 이를 위해 국제 학술지, 산업 보고서, 전문가 네트워크 등을 적극 활용하며, 온라인 플랫폼을 통한 실시간 정보 교류 체계를 마련해야 한다.

다. 인적·물적 자원 활용 극대화

국제 협력을 통해 각국의 우수한 인적·물적 자원을 효과적으로 활용하여 프로젝트의 성과를 극대화한다. 글로벌 인재를 유치하고 현지 인프라 및 연구시설을 공유함으로써 효율성을 높일 수 있다. 또한, 기술 이전 및 공동 연구 개발(R&D) 등을 통해 혁신을 촉진할 수 있다.

라. 지속 가능한 협력 관계 유지

단기적인 이익을 넘어 장기적인 파트너십을 유지하는 것이 중요하다. 이를 위해 상호 신뢰를 바탕으로 정기적인 교류를 유지하고, 상생할 수 있는 협력 모델을 개발해야 한다. 협력 기관 간 명확한 역할 분담과 상호 이익을 고려한 협약을 체결하는 것이 효과적인 전략이 될 수 있다.

6) 네트워크 구축 방법

공식적 네트워크 구축

· 정부 기관 및 국제기구 가입 및 협력

· 국제 회의, 포럼, 박람회 참석

· 국제 협약 및 MOU 체결

비공식적 네트워크 구축

· 전문가 및 연구자 간 교류
· 글로벌 기업 및 스타트업과의 연계
· SNS, 온라인 플랫폼을 통한 네트워킹

디지털 네트워크 활용

· 온라인 협력 플랫폼 구축 (Slack, LinkedIn, ResearchGate 등)
· 가상 회의 및 웹 세미나 활용
· 빅데이터 및 AI 기반 협력 모델 적용

7) 국제 협력과 네트워크 구축을 위한 제언

협력의 제도화: 지속 가능한 협력 구조 마련 (정책적 지원, 협약 체결 등)
디지털 기술 활용: 온라인 협력 플랫폼 강화 및 빅데이터 활용
지역적·분야별 맞춤형 협력: 특정 지역 및 산업에 특화된 협력 모델 개발
공공·민간 협력 확대: 정부와 기업, 학계, 시민사회 간 연계 강화
장기적 파트너십 구축: 단기적 성과보다 지속적인 협력 관계 유지

제15장 정보기술과 사회복지행정

현대 사회는 정보기술(IT)의 발전에 따라 행정 전반에서 큰 변화를 겪고 있으며, 사회복지행정 역시 정보기술의 도입과 발전으로 효율성이 증대되고, 서비스의 접근성이 향상되는 등 다양한 영향을 받고 있다. 또한 정보기술이 사회복지행정에 미치는 영향과 이를 통한 기대효과, 그리고 발생할 수 있는 문제점과 해결방안은 정보기술의 발전으로 사회복지행정의 효율성을 높이고, 보다 공정하고 투명한 복지 서비스를 제공하는 데 기여할 수 있다. 그러나, 디지털 격차와 개인정보 보호 문제 등의 과제가 존재하며, 이를 해결하기 위한 정책적 노력이 병행되어야 한다. 앞으로 정보기술을 활용한 사회복지행정이 지속적으로 발전할 수 있도록 제도적 보완과 연구가 필요하다. 정보기술의 사회복지행정 적용 시스템의 구축은 정보기술의 발전으로 인해 사회복지행정 의 디지털화를 가속화하였다. 대표적인 예로, 사회복지정보 시스템(Social Welfare Information System, SWIS)은 대상자 관리, 복지 서비스 신청 및 지급, 데이터 분석을 지원하는 중요한 도구로 자리 잡았으며, 이를 통해 행정 의 투명성과 신속성이 강화되었으며, 복지 서비스의 중복 지급이나 누락을 방지할 수 있게 되어있으며, 빅데이터와 인공지능의 활용으로, 빅데이터와 인공지능(AI)의 발전은 사회복지행정의 패러다임을 변화시키고 있다. AI 기반 상담 챗봇은 복지 수혜자의 문의를 자동으로 응대하고, 데이터 분석을 통해 대상자의 욕구를 보다 정밀하게 파악할 수 있도록 돕는다. 또한, 빅데이터 분석을 통해 복지 수요를 예측하고, 맞춤형 정책을 수립하는 데 기여할 수 있고, 클라우드 및 모바일 기술의 활용으로, 사회복지행정에서 데이터 관리의 효율성을 높이는 데 기여한다. 복지 행정기관 간 데이터 공유를 원활하게 하여 협업을 촉진하고, 모바일 기술을 활용한 복지 서비스 신청 및 상담 기능은 이용자 편의성을 증대시키며, 정보기술 도입의 접근성 향상 기대효과로 사회복지 행정업무의 자동화가 가능하여 업무의 효율성이 증대된다. 복지 수혜자들은 온라인을 통해 언제 어디서나 서비스를 신청할 수 있으며, 신속한 피드백을 받을 수 있고, 디지털 시스템을 활용한 복지 행정은 수혜자의 자격 심사를 보다 정확하게 수행할 수 있도록 하며, 부정 수급을 방지하는 데 기여한다. 또한, 공공 데이터 개방을 통해 복지 정책의 신뢰성을 높일 수 있다. 또한, 빅데이터와 AI 기술을 활용하면 개인별 맞춤형 복지 서비스를 제공할 수 있다. 예를 들어, 사회적 취약계층이 놓칠 수 있는 복지 혜택을 자동으로 추천해 주는 시스템을 운영할 수 있다.

정보기술 도입의 문제점과 해결방안으로 정보기술의 활용이 확대될수록, 디지털 접근성이 낮은 계층은 소외될 가능성이 있다. 이를 해결하기 위해 오프라인 지원 센터 운영, 디지털 리터러시 교육 확대 등이 필요하며, 개인정보 보호 문제는 복지 행정에서 다루는 정보는 민감한 개인정보를 포함하고 있어 보안 문제가 중요하다. 이를 위해 강력한 데이터 보호 정책, 암호화 기술 적용, 철저한 관리 감독이 필요하다. 행정 조직의 변화와 적응 문제점은 정보기술이 도입되면서 공무원의 역할 변화가 불가피하다. 이에 따라, IT 교육을 강화하고 조직 내부의 변화 관리를 위한 전략적 접근이 매우필요하다.

1 정보기술(IT)의 개념

정보기술(Information Technology, IT)은 컴퓨터, 소프트웨어, 네트워크, 데이터베이스 등의 기술을 활용하여 정보를 수집, 저장, 처리, 분석 및 전송하는 기술을 의미한다. IT의 발전은 기업, 정부, 교육, 의료 등 다양한 분야에서 혁신을 촉진하며, 효율성과 생산성을 높이는 데 기여하고 있으며, 정보기술의 도입과 활용은 현대 사회에서 필수적인 요소로 자리 잡았다. 기업과 기관은 IT를 전략적으로 활용하여 효율성과 생산성을 높이고, 빠르게 변화하는 환경에 적응해야 한다. 앞으로 인공지능, 클라우드, 사물인터넷, 블록체인 등의 기술이 더욱 발전하면서 IT의 역할은 더욱 중요해질 것이다. 이를 효과적으로 도입하고 활용하는 것이 미래 경쟁력 확보의 핵심이 될 것이다.

1) 정보기술의 도입

정보기술의 도입은 조직이 업무 효율성을 높이고 경쟁력을 확보하기 위해 필수적으로 고려해야 하는 요소이다. IT 도입은 다음과 같은 과정으로 진행된다.

요구 사항 분석: 조직의 목표와 문제점을 파악하고, IT 도입을 통해 해결할 수 있는 부분을 분석한다.

적절한 기술 선정: 클라우드 컴퓨팅, 빅데이터, 인공지능(AI), IoT(사물인터넷) 등의 최신 기술을 고려하여 적합한 솔루션을 선택한다.

인프라 구축: 하드웨어(서버, 네트워크) 및 소프트웨어(운영체제, 데이터베이스) 환경을 조성한다.

보안 및 안정성 확보: 정보 보안 정책을 수립하고, 해킹 및 데이터 유출 방지 대책을 마련한다.

사용자 교육 및 운영: IT 시스템을 원활하게 운영하기 위해 사용자들에게 적절한 교육과 기술 지원을 제공한다.

2) 정보기술의 활용

정보기술의 활용은 다양한 산업과 조직에서 업무의 자동화, 데이터 분석, 커뮤니케이션 향상 등을 통해 효과적으로 이루어진다.

기업 분야: ERP(전사적 자원 관리) 시스템을 통해 경영 활동을 효율화한다. CRM(고객 관계 관리) 시스템을 활용하여 고객 데이터를 분석하고 맞춤형 서비스를 제공하고, 빅데이터 분석을 통해 시장 동향을 예측하고 의사 결정을 지원한다.

교육 분야: 온라인 교육 플랫폼과 e-러닝 시스템을 활용하여 학습 기회를 확대하고, 인공지능(AI) 기반의 맞춤형 학습 시스템을 도입하여 개별 학습자의 수준에 맞는 교육을 제공한다. 가상현실(VR), 증강현실(AR)을 이용한 실습 교육을 활성화한다.

의료 분야: 전자의료기록(EMR) 시스템을 도입하여 환자 정보를 체계적으로 관리하며, AI 진단 시스템을 활용하여 질병을 조기에 발견하고 정확도를 높이며, 원격 의료 시스템을 통해 의료 서비스 접근성을 확대한다.

공공 행정 분야: 전자정부 시스템을 구축하여 행정 서비스의 효율성을 높인다. 빅데이터와 AI를 활용한 스마트 시티(Smart City) 프로젝트를 진행하여 교통, 환경, 치안을 개선한다.

제조 및 물류 분야: 스마트 팩토리를 구축하여 생산 공정을 자동화하고 비용을 절감한다. IoT기술을 활용하여 실시간으로 물류 및 공급망을 관리한다.

3) 정보기술 도입 및 활용의 효과

정보기술을 효과적으로 도입하고 활용하면 다음과 같은 이점을 얻을 수 있다.

생산성향상: 업무자동화 및 프로세스 최적화를 통 생산성을 극대화할 수 있다.

비용절감: 운영비용 및 인건비절감하고 자원의 효율적 활용을 가능하게 한다.

의사결정지원: 데이터분석, 정확한 정보기반으로 의사결정을 내릴 수 있다.

고객 서비스 개선: 맞춤형 서비스 제공 및 고객 만족도를 높일 수 있다.
경쟁력 강화: 디지털 혁신을 통해 경쟁 우위를 확보할 수 있다.

2 사회복지행정의 디지털 전환

1) 디지털 전환의 개념

디지털 전환(Digital Transformation)은 정보통신기술(ICT)을 활용하여 기존의 행정 및 서비스 운영 방식을 혁신하는 과정을 의미한다. 사회복지행정에서 디지털 전환은 복지 서비스의 접근성을 높이고, 행정의 효율성을 극대화하며, 복지 대상자의 만족도를 향상시키는 데 중요한 역할을 하며, 결론적으론, 사회복지행정의 디지털 전환은 복지 서비스의 접근성과 효율성을 높이고, 복지 사각지대를 해소하는 데 중요한 역할을 한다. 그러나 디지털 격차, 개인정보 보호 문제 등 해결해야 할 과제가 존재하며, 지속적인 기술 발전과 정책적 지원이 필요하다. 정부와 민간이 협력하여 혁신적인 디지털 복지 시스템을 구축하는 것이 향후 중요한 과제가 될 것이다.

2) 사회복지행정의 디지털 전환 필요성

사회복지 행정의 디지털 전환이 필요한 이유는 다음과 같다.
복지 수요 증가: 고령화, 빈곤, 장애 등으로 인해 복지 수요가 급증하고 있으며, 이에 따른 효율적인 복지 행정 운영이 요구된다.
데이터 기반 행정 강화: 기존의 수작업 중심 복지 행정에서 벗어나 데이터를 기반으로 한 정책 수립과 의사결정이 중요해졌다.
서비스 접근성 향상: 비대면 서비스 확대와 함께, 디지털 기술을 활용하여 복지 대상자의 편의를 높일 필요가 있다.
행정의 효율성 증대: 자동화 및 인공지능(AI)을 활용하여 행정업무의 중복과 낭비를 줄이고, 보다 신속한 복지 서비스를 제공할 수 있다.

3) 사회복지행정에서의 디지털 기술 적용

디지털 기술을 활용한 사회복지행정의 주요 변화는 다음과 같다.

빅데이터 및 인공지능(AI) 활용

복지 대상자의 특성을 분석하고 맞춤형 복지 서비스를 제공

사회적 취약계층의 위기 상황을 조기에 감지하여 대응

챗봇(Chatbot)과 AI 기반 상담 서비스를 통해 24시간 상담 지원

블록체인(Blockchain) 기술 적용

복지급여 지급 과정에서의 투명성 및 보안 강화

중복수혜 및 부정수급 방지를 위한 신뢰 기반 시스템 구축

클라우드 컴퓨팅(Cloud Computing)

복지 데이터의 실시간 공유 및 통합 관리

사회복지 담당 공무원 및 기관 간 협업 강화

디지털 플랫폼 기반 서비스

모바일 및 온라인 복지 포털을 통해 복지 신청 및 서비스 연계 지원

비대면 원격 의료 및 상담 서비스 확대

사물인터넷(IoT) 및 스마트 케어

고령자 및 장애인을 위한 스마트홈 기술 도입 (예: 응급 호출 시스템, 원격 건강 모니터링) 돌봄 로봇 및 인공지능 스피커를 활용한 정서적 지원 제공

4) 사회복지행정 디지털 전환의 기대효과

복지 사각지대 해소: 데이터 분석을 통해 복지 사각지대를 줄이고, 보다 많은 대상자에게 적절한 서비스를 제공

서비스 접근성 개선: 온라인 및 모바일 환경을 통해 신속하고 간편한 복지 서비스 제공

행정업무 효율성 향상: 자동화 시스템 도입으로 행정 부담 경감 및 복지 예산의 효율적 운용 가능

정책 신뢰도 증대: 블록체인 등 기술을 활용한 투명한 행정 운영으로 국민 신뢰 확보

5) 사회복지행정 디지털 전환의 과제

디지털 전환을 성공적으로 추진하기위해 다음과 같은 과제가 해결되어야 한다.

디지털 소외 계층 지원: 고령자, 장애인, 저소득층의 디지털 접근성을 높이기 위한 교육 및 지원 정책 필요
개인정보보호 및 보안강화: 복지 데이터의 보호를 위한 강력한 보안 체계 마련
전문 인력양성: 디지털기술 이해하고 활용할 수 있는 복지행정인력의 역량강화
법·제도정비: 새로운 디지털 기술을 활용할 수 있도록 법적 · 제도적 기반 마련

3 데이터 관리와 개인정보 보호

1) 데이터 기반 의사결정

데이터 기반 의사결정은 객관성을 확보하여 주관적 판단이 아닌 사실과 근거를 바탕으로 결정을 내릴 수 있도록 하며, 반복적인 실험과 시행착오 없이 최적의 선택을 할 가능성을 높여 의사결정의 효율성을 극대화한다. 또한, 데이터 분석을 통해 문제 발생 가능성을 미리 파악하고 대비함으로써 리스크를 최소화할 수 있으며, 기업이 시장 변화에 빠르게 대응하고 고객의 요구를 충족할 수 있도록 지원하여 경쟁력을 강화하는 데 기여한다. 나아가 데이터 기반 의사결정은 그 효과를 추적하고 성과를 분석할 수 있도록 해 조직이 지속적으로 발전할 수 있는 기반을 마련해 준다.

2) 데이터 기반 의사결정 프로세스

데이터 기반 의사결정 프로세스는 체계적인 접근 방식을 통해 최적의 결정을 도출하는 과정이다. 먼저, **문제 정의** 단계에서는 해결해야 할 문제나 의사결정의 목표를 명확히 설정하여 방향성을 정한다. 이후 **데이터 수집**을 통해 내부 및 외부 소스에서 관련 데이터를 확보하며, 신뢰할 수 있는 데이터가 충분히 확보되는 것이 중요하다. 수집된 데이터는 **데이터 정제 및 분석** 단계를 거쳐 품질을 검토하고 정제하며, 이를 바탕으로 다양한 분석 기법을 활용하여 의미 있는 정보를 도출한다. 다음으로, **인사이트 도출** 과정에서 데이터의 패턴과 트렌드를 분석하여 유의미한 시사점을 찾고, 이를 바탕으로 최적의 의사결정을 내릴 수 있도록 준비한다. 이후 **의사결정 실행** 단계에서 분석 결과를 토대로 최적의 전략을 선택하고 실행에 옮기며, 마지막으로 **결과 평가 및 피드백** 단계를 통해 실행된 의사결정의 성과를 측정하고, 필요 시 추가적인 조정이나 개선을 진행한다. 이러한 프로세스를 반복함으로써 점진적으로 더 나은 의사결정을 내릴 수 있으며, 데이터 기반 접근 방식을

통해 객관성과 신뢰성을 확보할 수 있다.

데이터 기반 의사결정의 활용 사례

가. 비즈니스: 고객 행동 분석을 통한 마케팅 전략 수립, 수요 예측

나. 금융: 신용평가 및 리스크 관리

다. 헬스케어: 환자 데이터 분석을 통한 맞춤형 치료 제공

라. 공공 정책: 도시 계획 및 교통 시스템 최적화

마. 교육: 학생 성취도 분석을 통한 맞춤형 교육 제공

3) 데이터 기반 의사결정을 위한 핵심 기술

(Core Technologies for Data-Driven Decision Making)

데이터 기반 의사결정(Data-Driven Decision Making, DDDM)은 조직이 데이터를 활용하여 최적의 결정을 내리는 프로세스를 의미합니다. 이를 효과적으로 수행하기 위해서는 다양한 기술과 도구가 필수적으로 활용됩니다.

가. 빅데이터(Big Data) 분석

대용량 데이터를 효과적으로 수집, 저장, 처리하기 위해 Hadoop, Spark, NoSQL 데이터베이스(MongoDB, Cassandra 등) 등의 기술이 활용됩니다. 이를 통해 실시간 데이터 스트리밍 및 배치 분석을 수행하며, 트렌드 및 패턴을 도출하여 비즈니스 인사이트를 제공합니다.

나. AI 및 머신러닝(Machine Learning) 기반 분석

AI 및 머신러닝 알고리즘을 활용하여 자동화된 분석 및 예측을 수행할 수 있습니다. 이를 통해 수요 예측, 고객 이탈 방지, 이상 탐지, 추천 시스템 등 다양한 비즈니스 문제를 해결할 수 있으며, TensorFlow, PyTorch, Scikit-Learn 등의 프레임워크가 주로 사용됩니다.

BI(Business Intelligence) 및 데이터 시각화

Power BI, Tableau, Google Data Studio 등의 BI 도구를 활용하여 데이터를 직관적으로 시각화하고 대시보드를 생성할 수 있습니다. 이를 통해 의사결정자들이 데이터를 보다 쉽게 이해하고 활용할 수 있도록 돕습니다.

다. A/B 테스트 및 실험 설계

A/B 테스트를 통해 다양한 전략을 실험하고 최적의 옵션을 선택함으로써 성과를 극대화할 수 있습니다. 이를 위해 Google Optimize, Optimizely, VWO 등의 도구를 활용하여 데이터 기반 실험을 설계하고 분석할 수 있습니다.

라. 클라우드 컴퓨팅 기반 데이터 인프라 구축

AWS, Azure, Google Cloud 등의 클라우드 플랫폼을 활용하여 대규모 데이터를 저장하고 분석할 수 있는 유연한 인프라를 구축할 수 있습니다. 특히, 데이터 레이크(Data Lake) 및 서버리스 컴퓨팅(FaaS) 기술을 통해 확장성이 높은 분석 환경을 조성할 수 있습니다.

마. 데이터 거버넌스 및 품질 관리

데이터 기반 의사결정을 수행하기 위해서는 신뢰할 수 있는 데이터 품질이 중요합니다. 이를 위해 데이터 정제(Data Cleaning), 데이터 통합(Data Integration), 데이터 거버넌스(Data Governance) 전략을 수립해야 하며, 이를 지원하는 Data Catalog, ETL(Extract, Transform, Load) 툴 및 메타데이터 관리 시스템이 활용됩니다.

바. 실시간 데이터 분석 및 자동화

Kafka, Flink, Kinesis와 같은 실시간 데이터 스트리밍 기술을 활용하여 실시간 데이터 분석이 가능하며, 이를 통해 실시간 모니터링 및 인사이트 도출이 가능합니다. 또한, 데이터 파이프라인을 자동화하여 반복적인 데이터 분석 프로세스를 최적화할 수 있습니다.

4) 데이터 기반 의사결정의 도전 과제

데이터 기반 의사결정의 도전 과제는 여러 가지가 존재한다. **데이터 품질 문제**는 잘못된 데이터가 잘못된 결정을 초래할 수 있다는 점에서 중요하며, 데이터 정제 및 검증이 필수적이다. 또한, **해석 오류**의 가능성이 있는데, 데이터 분석이 반드시 인과 관계를 설명하는 것은 아니므로, 상관관계를 인과관계로 오해하지 않도록 주의해야 한다. **데이터 프라이버시 및 보안**도 중요한 요소로, 민감한 정보를 보호하기 위한 철저한 보안 정책과 규제가 필요하다. 더불어, **조직 내 문화 변화**도 필수적이다. 데이터 중심 의사결정 문화를 정착시키는 것은 쉽지 않으며, 기존의 경험과 직관 중심 의사결정 방식에서 벗어나 데이터 활용을 적극적으로 수용하는 조직 문화가 필요하다. 이와 함께, **데이터 활용 역량 부족**도 중요한 도전 과제 중 하나이다. 데이터 분석 도구와 기술을 효과적으로 활용할 수 있는 인재가 부족할 경우, 데이터 기반 의사결정의 효과성이 떨어질 수 있다. 또한, **기술적 한계** 역시 무시할 수 없으며, 다양한 데이터 소스에서 데이터를 수집·통합·분석하는 과정에서 적절한 인프라와 기술이 요구된다. 마지막으로, **의사결정 속도와 데이터 활용의 균형**도 중요한 과제이다. 신속한 의사결정이 필요한 상황에서 방대한 데이터를 분석하는 과정이 지연될 수 있으므로, 속도와 정확성 사이의 균형을 유지하는 전략이 필요하다.

가. 맞춤형 서비스 제공

현대 비즈니스 환경에서는 고객의 니즈를 정확하게 파악하고 이에 맞춘 맞춤형 서비스를 제공하는 것이 중요한 경쟁력으로 작용한다. 이를 위해 기업들은 **개인화된 마케팅 전략과 서비스 제공**을 통해 고객 만족도를 극대화하고 있다.

나. 개인화된 마케팅과 서비스

기존의 일률적인 마케팅과 서비스 방식에서 벗어나, 고객 개개인의 성향과 선호도에 맞춘 맞춤형 접근 방식이 점점 중요해지고 있다. 빅데이터 분석과 인공지능(AI) 기술을 활용하면 고객의 구매 패턴, 관심사, 행동 데이터를 분석하여 보다 정밀한 타겟 마케팅이 가능해진다. 예를 들어, 전자상거래 플랫폼에서는 고객이 자주 검색하는 상품군이나 구매 이력을 분석해 관련 상품을 추천하거나, 맞춤형 프로모션을 제공함으로써 **고객의 만족도를 높이고 충성도를 강화**할 수 있다.

다. AI 챗봇과 추천 알고리즘을 활용한 개인화 경험

AI 챗봇과 추천 알고리즘은 맞춤형 서비스 제공의 핵심 도구 중 하나다. **AI 챗봇**은 고객의 문의를 빠르게 응대하고, 고객의 과거 대화 데이터를 분석하여 보다 개인화된 답변을 제공할 수 있다. 이는 고객의 문제 해결 속도를 높이고, 기업의 고객 서비스 운영 비용을 절감하는 효과를 가져온다. **추천 알고리즘**은 고객의 행동 데이터를 학습하여 개별 고객에게 적합한 제품이나 콘텐츠를 추천하는 역할을 한다. 예를 들어, 온라인 스트리밍 플랫폼에서는 사용자의 시청 이력과 선호 장르를 분석하여 개인 맞춤형 콘텐츠를 추천함으로써 사용자의 몰입도를 높이고 서비스 이용 시간을 증가시킨다.

라. 맞춤형 서비스 제공의 효과

이러한 맞춤형 서비스 제공 방식은 기업과 고객 모두에게 긍정적인 영향을 미친다. 고객 입장에서는 **자신에게 적합한 정보와 서비스를 빠르게 받을 수 있어 만족도가 향상**되며, 기업 입장에서는 **고객의 재방문율과 브랜드 충성도를 높이는 효과**를 기대할 수 있다. 나아가, 데이터 기반의 개인화 전략은 마케팅 비용을 절감하고, 불필요한 광고 노출을 줄이는 데에도 기여한다.

결론적으로, AI와 빅데이터를 활용한 맞춤형 서비스는 고객 경험을 혁신하고, 기업의 경쟁력을 높이는 필수 요소로 자리 잡고 있다. 앞으로도 기술 발전과 함께 더욱 정교한 개인화 서비스가 도입될 것으로 예상되며, 이를 통해 고객과 기업 간의 관계는 더욱 긴밀해질 것이다.

마. 디지털 트랜스포메이션 가속화

디지털 트랜스포메이션의 가속화는 기업의 경쟁력을 높이는 핵심 전략으로, 특히 온라인 및 모바일 환경에서의 고객 경험을 강화하는 것이 필수적이다. 고객이 언제 어디서나 원활하게 서비스를 이용할 수 있도록 직관적이고 편리한 디지털 환경을 구축해야 하며, 이를 위해 맞춤형 콘텐츠 제공, 인공지능 기반의 개인화 서비스, 실시간 고객 지원 시스템 등을 적극 활용해야 한다. 또한, 옴니채널 전략을 통해 온·오프라인을 연계한 seamless한 경험을 제공함으로써 고객이 하나의 일관된 브랜드 경험을 느낄 수 있도록 해야 한다. 예를 들어, 온라인에서 제품을 탐색한 고객이 오프라인 매장에서 동일한 정보를 기반으로 구매를 이어갈 수 있도록 데이터 연동을 강화하고, 모바일을 활용한 간편 결제 및 맞춤형 프로모션을 제공하여 고객 만족도를 극대화해야 한다. 이를 통해 기업은 디지털 환경에 최적화된 고객 경험을 제공하며 지속적인 성장과 경쟁력 강화를 도모할 수 있다.

5) 데이터 관리(Data Management)

데이터 관리는 데이터를 수집, 저장, 유지, 보호 및 활용하는 일련의 프로세스를 의미하며, 효과적인 데이터 관리는 조직이 데이터를 효율적으로 활용하고 보안 위협으로부터 보호할 수 있도록 도와주며, 관리는 데이터의 효율적인 활용과 보안을 보장하는 핵심 요소이며, 개인정보 보호는 개인의 권리를 보호하고 법적 책임을 준수하기 위한 필수적인 과정이다. 조직과 기업은 데이터 보호 기술과 관리 전략을 적절히 활용하여 데이터 자산을 안전하게 보호하고, 법적 규정을 준수해야 한다.

가. 데이터 수집 및 저장

데이터 수집: 데이터를 수집할 때 목적을 명확히 하고, 필요한 최소한의 데이터를 확보해야 한다.

데이터 저장: 데이터베이스(DB), 클라우드, 온프레미스 서버 등 다양한 저장 방식을 사용할 수 있으며, 보안성과 접근성을 고려해야 한다.

나. 데이터 품질 관리

정확성(Accuracy): 데이터가 올바르게 입력되고 유지되어야 한다.

일관성(Consistency): 여러 시스템 간에 데이터가 일관되게 유지되어야 한다.

완전성(Completeness): 필요한 데이터가 빠짐없이 포함되어야 한다.

적시성(Timeliness): 최신 데이터를 유지하여 활용 가능해야 한다.

다. 데이터 활용

데이터 분석 및 보고를 통해 의사결정 지원

인공지능(AI) 및 머신러닝(ML) 모델 훈련을 위한 데이터 활용

비즈니스 인사이트 도출을 위한 데이터 시각화 적용

6) 개인정보 보호(Personal Data Protection)

개인정보 보호는 개인의 민감한 정보를 보호하고, 무단 접근, 유출 및 악용을 방지하는 것을 목표로 합니다. 이는 개인정보 보호법, GDPR(유럽 일반 데이터 보호 규정) 등 다양한 법률과 규정을 준수해야 한다.

가. 개인정보의 정의 및 중요성

개인정보란 특정 개인을 식별할 수 있는 정보를 의미한다.

〈예를 들어 이름, 전화번호, 주민등록번호, 이메일, 생체정보 등이 포함된다.〉

개인정보 유출 시 신원 도용, 금융사기, 프라이버시 침해 등의 심각한 문제가 발생할 수 있다.

나. 개인정보 보호 원칙

최소 수집 원칙: 필요한 최소한의 개인정보만 수집해야 한다.

목적제한원칙: 수집된 개인정보는 사전에 명시된 목적에서만 사용해야 한다.

보관제한원칙: 개인정보는 필요한 기간 동안만 보관, 이후안전하게 폐기 한다.

투명성 원칙: 데이터 수집 및 사용에 대한 정보를 명확히 공개하고, 이용자의 동의를 받아야 한다.

다. 개인정보 보호 조치

기술적 조치: 암호화, 접근 제어, 방화벽, 백업 등 보안 기술 적용

관리적 조치: 개인정보 보호 정책 수립, 내부 교육, 감사 및 모니터링 시행

법적 조치: 관련 법률(GDPR, CCPA, 국내 개인정보보호법 등) 준수 및 법적 책임이행

개인정보보호와 데이터 활용의 균형, 데이터 활용을 극대화 하면서도 개인정보를 보호하기 위해 **가명처리(데이터 익명화), 동의 기반 데이터 수집, 개인정보영향평가**(PIA: Privacy Impact Assessment)등의 방법이 사용 된다.기업과 기관은 프라이버시강화기술(PETs: Privacy EnhancingTechnologies) 등을 활용하여 데이터 보호를 더욱 강화할 수 있다.

7) 정보기술이 사회복지서비스에 미치는 영향

정보기술(Information Technology, IT)의 발전은 사회복지서비스의 질적·양적 향상에 중요한 역할을 하고 있다. 특히, 디지털 기술의 발전은 사회복지의 접근성을 확대하고, 효율성을 증대시키며, 서비스의 맞춤화를 가능하게 하고 있다. 이러한 영향은 크게 다음과 같은 측면에서 살펴볼 수 있으며, 결론적으론 정보기술은 사회복지서비스의 접근성을 확대하고, 행정 효율성을 높이며, 개인 맞춤형 복지서비스를 가능하게 만드는 중요한 도구로 자리 잡았다. 하지만 개인정보 보호 및 디지털 격차 해소 등의 문제를 해결해야 한다. 따라서, 기술을 활용한 사회복지서비스의 발전은 단순한 디지털화가 아닌 포용적이고 안전한 방식으로 이루어져야 할 것이다.

4 사회복지서비스 접근성 확대

정보기술은 사회복지서비스의 공간적·시간적 제약을 줄이고, 더 많은 사람들이 서비스를 이용할 수 있도록 한다.

온라인 플랫폼 및 모바일 앱: 정부 및 민간 기관에서는 온라인 복지 플랫폼과 모바일 애플리케이션을 통해 상담, 복지정보 제공, 신청 서비스를 제공하고 있다. 예를 들어, 복지 포털 사이트나 챗봇을 활용한 상담 서비스는 신체적·지리적 제약이 있는 사람들에게도 서비스를 제공할 수 있도록 돕는다.

비대면 서비스 제공: 원격 의료, 온라인 심리 상담, 화상 상담 서비스 등은 사회적 거리두기 상황에서도 취약 계층이 지속적으로 복지서비스를 받을 수 있도록 지원한다.

1) 사회복지 행정의 효율성 증대

정보기술은 행정 절차를 간소화하고 복지서비스 제공자의 업무 부담을 줄이는 데 기여한다.

전자정부 및 디지털 행정 시스템: 복지 행정의 디지털화로 인해 복지 대상자의 데이터 관리가 쉬워지고, 중복 지원을 방지할 수 있다. 예를 들어, 한국의 '행복e음' 시스템은 여러 기관의 복지정보를 통합하여 맞춤형 복지를 제공하는 데 기여하고 있다.

빅데이터 및 AI 활용: 빅데이터와 인공지능(AI)을 활용하여 사회복지 대상자를 선별하고, 맞춤형 복지정책을 설계할 수 있다. 예를 들어, 고령자나 저소득층의 생활 패턴을 분석하여 지원이 필요한 사람을 빠르게 찾아낼 수 있다.

맞춤형 서비스 제공

정보기술을 활용과 개인의 필요에 맞춘 맞춤형복지서비스 제공이 가능해진다.

AI 기반 상담 및 추천 시스템: AI 챗봇과 데이터 분석을 활용하여 개인의 요구에 맞는 복지서비스를 추천할 수 있다. 예를 들어, 개인의 건강 상태나 경제 상황을 분석하여 적절한 지원 프로그램을 제안하는 시스템이 개발되고 있다.

IoT 및 웨어러블 기기 활용: 노인이나 장애인을 위한 스마트 홈 기술과 웨어러블 기기를 활용하면 건강 상태를 실시간으로 모니터링하고, 위급 상황 시 신속하게 대응할 수 있다.

2) 사회적 연결 및 참여 기회 확대

정보기술은 사회적 고립을 줄이고, 복지 대상자의 사회적 참여를 촉진하는 데 기여한다.

SNS 및 온라인 커뮤니티 활용: 노인, 장애인, 저소득층 등 사회적 고립 위험이 높은 계층이 SNS나 온라인 커뮤니티를 활용하여 타인과 소통할 수 있도록 지원한다.

비대면 교육 및 자립 지원: 취약 계층을 위한 온라인 직업 교육, 금융 교육 프로그램 등이 활성화되면서 경제적 자립을 돕는 역할을 한다.

3) 윤리적 · 법적 과제

정보기술을 활용한 사회복지서비스가 확대됨에 따라 개인정보 보호 및 디지털 격차 문제도 해결해야 할 중요한 과제가 되고 있다.

개인정보 보호 문제: 복지 행정에서 수집하는 민감한 개인 데이터는 철저한 보안 대책이 필요하다. 데이터 유출 및 오남용을 방지하기 위한 법적 · 기술적 보호 조치가 필수적이다.

디지털 격차 해소 필요: 정보기술이 복지서비스에 적극 활용될수록 디지털 소외 계층(고령자, 장애인, 저소득층 등)의 접근성을 높이기 위한 교육 및 인프라 구축이 필요하다.

5 사회복지 디지털 기술의 활용

디지털 기술의 발전은 사회복지 서비스의 접근성과 효율성을 향상시키는 데 중요한 역할을 하고 있습니다. 다음은 사회복지 분야에서 디지털 기술이 활용되는 주요 방식이며, 결론적으론 디지털 기술은 사회복지의 접근성을 높이고 효율성을 극대화할 수 있는 중요한 도구이며. 앞으로도 빅데이터, 인공지능, IoT, 블록체인, 메타버스 등의 신기술을 활용한 혁신적인 복지 서비스가 확대될 것으로 예상된다. 이를 통해 더욱 효과적이고 포괄적인 사회복지 시스템을 구축할 수 있을 것이다.

1) 사회복지 서비스 제공의 디지털화

사회복지 서비스의 디지털화는 기술을 활용하여 보다 효율적이고 접근성이 높은 복지 서비스를 제공하는 과정이며. 이를 통해 대상자들은 보다 신속하고 편리하게 필요한 지원을 받을 수 있으며, 복지 행정의 효율성도 극대화된다.

가. 사회복지 서비스 디지털화의 필요성

고령화 및 복지 수요 증가: 고령화와 복지 수요 증가에 따라 기존 오프라인 중심의 복지 서비스 제공 방식으로는 한계가 존재한다.

디지털 기술 발전: AI, 빅데이터, IoT 등의 기술이 발전하면서 이를 활용한 맞춤형 복지 서비스 제공이 가능해졌다.

접근성 향상: 모바일 및 온라인 플랫폼을 활용하면 시간과 장소의 제약 없이 복지 서비스에 접근할 수 있다.

2) 디지털화가 적용되는 주요 영역

가. 온라인 복지 서비스 플랫폼 구축: 정부 및 지자체의 복지 서비스 포털을 통해 복지 혜택을 쉽게 조회하고 신청 가능하며, 민간기관과 협력하여 다양한 복지 정보를 통합 제공한다.

나. AI 및 빅데이터를 활용한 맞춤형복지제공: AI 챗봇을 이용한 상담서비스빅데이터 분석을 통해 개인 맞춤형 복지 서비스 추천한다.

다. 스마트 헬스케어 및 원격 지원: 고령자 및 장애인을 위한 원격 건강 모니터링 시스템과 IoT 기술을 활용한 돌봄 서비스 (예: 스마트 홈 케어)

라. 블록체인을 활용한 복지 행정 효율화: 복지 수급자의 개인정보 보호 및 안전한 데이터 관리하며, 복지 지원금의 투명한 관리 및 부정 수급 방지

마. 디지털 포용을 위한 교육 및 지원: 노년층 및 취약계층을 위한 디지털 리터러시 교육과 스마트 기기 및 인터넷 접근성을 높이기 위한 지원 정책.

3) 사회복지 서비스 디지털화의 과제

가. 디지털 소외계층지원: 고령층 및 저소득층의 디지털 격차해소가 필요하다.

나. 개인정보 보호문제: 민감한 복지정보가 포함된 만큼 철저한 보안관리 필수다.
기술 인프라 구축: 모든 지역에서 균등한 디지털 복지 서비스 이용을 위한 인프라 마련 필요하다.

① 온라인 상담 및 지원 시스템

화상 상담, 채팅 기반 상담, AI 챗봇을 활용한 24시간 상담 서비스 제공
심리 상담, 법률 지원, 재정 상담 등의 서비스 접근성 향상

② 원격 건강 및 재활 서비스

원격 의료(telemedicine) 및 원격 심리 상담을 통한 의료 서비스 지원
웨어러블 기기(스마트워치, 건강 모니터링 디바이스)를 활용한 건강 관리
인공지능(AI) 기반 건강 예측 및 맞춤형 재활 프로그램 제공

③ 모바일 및 웹 기반 복지 서비스 플랫폼

정부 및 지자체에서 제공하는 복지 혜택 안내 앱 및 웹사이트
복지 신청, 심사, 지급 과정을 자동화하여 효율성 증더
사용자의 필요에 맞춘 복지 서비스 추천 시스템 개발

다. 빅데이터 및 AI 기반 복지 행정 혁신

① 복지 대상자 선별 및 맞춤형 서비스 제공

AI 분석을 통해 소외 계층 및 취약 계층을 자동으로 식별
맞춤형 복지 서비스 추천 시스템 도입

② 빅데이터를 활용한 복지 정책 수립

복지 서비스 이용 데이터를 분석하여 효과적인 정책 수립
사회적 약자의 생활 패턴 분석을 통한 지원 전략 개선

③ AI 기반 행정 업무 자동화

복지 급여 심사 및 행정 절차 자동화
챗봇을 활용한 복지 정책 질의 응답 시스템 구축

라. 사물인터넷(IoT)과 스마트 복지 기술

① 스마트 돌봄 시스템

IoT 기반 스마트홈 기술을 활용한 노인 및 장애인 돌봄 서비스
응급 상황 감지 및 자동 알림 시스템(예: 낙상 감지 센서)

② 위치 기반 복지 서비스

GPS를 활용한 실종 노인 및 아동 보호 시스템

지역 기반 복지 지원 서비스 연결(예: 근처 무료 급식소, 쉼터 안내)

③ 스마트 휠체어 및 보조 기기

IoT 기반 스마트 휠체어, 로봇 보조 기기를 통한 이동 지원

AI 기반 음성 인식 시스템을 활용한 장애인 보조 기술

마. 블록체인과 보안 기술을 활용한 복지 투명성 강화

① 복지 급여 지급의 투명성 확보

블록체인 기반 복지 재정 관리 시스템 구축

부정 수급 방지를 위한 실시간 거래 기록 관리

② 개인 데이터 보호 및 보안 강화

AI 및 블록체인을 활용한 개인 정보 보호 시스템 도입

사회복지 서비스 이용자의 민감 정보 암호화 기술 적용

바. 메타버스와 VR/AR을 활용한 사회복지

① 메타버스 기반 복지 서비스 제공

가상 공간에서의 심리 상담 및 교육 프로그램 운영

장애인 및 고령자를 위한 가상 커뮤니티 제공

② VR/AR 기반 재활 및 교육 프로그램

가상현실(VR)을 활용한 인지 치료 및 재활 훈련

증강현실(AR)을 활용한 장애인 직업 훈련 및 복지 서비스 안내

6 AI와 빅데이터를 활용한 사회복지

현대 사회에서 인공지능(AI)과 빅데이터는 다양한 분야에서 혁신을 이끌고 있으며, 사

회복지 분야에서도 효과적인 복지 정책 개발, 취약계층 지원 강화, 복지 서비스의 효율성 증대를 위해 적극적으로 활용되고 있다. 본 글에서는 AI와 빅데이터가 사회복지에 미치는 영향과 실제 활용 사례, 그리고 향후 발전 가능성을 살펴보며, 결론적으론 AI와 빅데이터는 사회복지의 패러다임을 변화시키며, 복지 서비스의 효율성과 접근성을 크게 향상시키고 있다. 향후 AI 기반 복지 서비스의 확대를 위해서는 데이터 보안 강화, 윤리적 문제 해결, 그리고 기술 수혜자 확대를 위한 노력이 필요하다. 지속적인 연구와 정책 개선을 통해 더욱 효과적인 사회복지 시스템이 구축될 것으로 기대된다.

7 AI와 빅데이터의 사회복지 분야 적용

1) 복지 대상자 선별 및 맞춤형 지원

데이터 기반 취약계층 식별: AI는 소득, 건강 상태, 거주 환경 등의 데이터를 분석하여 복지 사각지대에 있는 취약계층을 식별하는 데 활용될 수 있다.

맞춤형 복지 서비스 제공: 빅데이터 분석을 통해 개인별 필요에 따라 맞춤형 복지 서비스를 추천하고 지원할 수 있다.

위기 감지 시스템: 독거노인, 아동 보호 대상 등을 실시간으로 모니터링하여 위기 상황 발생 시 즉각적인 대응이 가능하다.

2) 복지 행정 및 운영 효율화

복지 서비스 자동화: AI 챗봇을 활용하여 복지 상담 및 안내 서비스를 제공함으로써 민원 업무 부담을 줄일 수 있다.

예산 운영 최적화: 빅데이터 분석을 통해 복지 예산이 효과적으로 배분될 수 있도록 지원한다.

복지 사기 탐지: AI를 활용한 데이터 분석을 통해 부정수급 여부를 판별하고 복지 예산의 투명성을 높인다.

가. 사회 문제 예측 및 예방

아동 학대 및 가정폭력 예방: AI 분석을 통해 아동 학대 및 가정폭력 징후를 조기에 감지하고 대응할 수 있다.

노인 돌봄 시스템: 웨어러블 기기와 IoT 기술을 활용하여 노인의 건강 데이터를 분석하고 위급 상황 시 즉각적인 조치를 취할 수 있다.
정신건강 관리: AI 기반 감정 분석 및 상담 챗봇을 활용하여 정신건강 문제를 조기에 발견하고 치료할 수 있도록 돕는다.

3) AI와 빅데이터 활용 사례

가. 해외 사례

영국의 '프레딕티브 애널리틱스': 영국 일부 지방정부는 AI를 활용하여 아동 보호 및 가정폭력 위험을 예측하고 있다.
미국의 'FRAUD DETECTION AI': 복지 부정 수급을 감지하기 위해 빅데이터와 AI 기술을 활용하여 예산 낭비를 방지한다.

나. 국내 사례

독거노인 돌봄 AI 시스템: 한국에서는 AI 스피커와 IoT 센서를 활용하여 독거노인의 생활 패턴을 모니터링하고 위험 상황을 감지하는 서비스를 운영 중이다.
맞춤형 복지 상담 챗봇: AI 기반 복지 상담 시스템을 도입하여 민원인의 질문에 빠르고 정확하게 대응할 수 있도록 지원하고 있다.
지역 복지 빅데이터 플랫폼: 정부 및 지방자치단체에서 복지 데이터를 통합·분석하여 맞춤형 복지 정책을 개발하고 있다.

4) AI와 빅데이터 활용 시 고려사항

가. 개인정보 보호 및 윤리적 문제

복지 데이터에는 민감한 개인정보가 포함되어 있어 보안이 중요하다.
데이터 수집 및 활용 시 투명성을 확보하고 윤리적 문제를 고려해야 한다.

나. 디지털 격차 해소

기술 기반 복지 서비스가 취약계층에게 실질적으로 도움이 되도록 디지털 소외 문제를 해결해야 한다.

다. AI의 공정성 및 신뢰성 확보

AI 모델이 편향된 데이터를 학습하지 않도록 알고리즘의 공정성을 검증해야 한다.

부록

사회복지행정 관련 법령 및 규정

1 사회복지 관련 기본 법령

1) 헌법: 대한민국 헌법 제34조: 모든 국민이 인간다운 생활을 할 권리가 있으며, 국가는 사회보장·사회복지의 증진을 위해 노력해야 함.

2) 사회보장기본법: 사회보장의 기본 이념과 원칙을 규정하는 법률로, 사회보장제도의 기본 틀을 정함. 사회보장수급권, 국가 및 지방자치단체의 책임, 민간의 역할 등을 명시.

3) 사회복지사업법: 사회복지사업의 기본방향과 행정체계를 규정. 사회복지시설 및 사회복지사의 자격과 역할, 사회복지협의회 및 사회복지공동 모금 회 운영 등에 대한 규정 포함.

2 사회복지 행정 관련 주요 법령

1) 공공부문 사회복지행정 관련 법령

지방자치법: 지방자치단체의 역할과 책임을 규정, 지방자치단체의 사회복지서비스 제공과 관련.

정부조직법: 보건복지부, 고용노동부 등의 역할과 기능을 규정하여 국가 차원의 사회복지 행정 체계를 정립.

2) 사회복지시설 및 종사자 관련 법령

사회복지사업법: 사회복지시설의 운영, 사회복지사의 자격 요건, 복지시설 평가 등 규정.

노인복지법: 노인복지시설 설치 및 운영 기준, 장기요양서비스 제공 기준 등 포함.

장애인복지법: 장애인 복지시설의 설립 및 운영, 장애인 인권 보호 관련 조항 포함.

아동복지법: 아동복지시설 및 보호서비스 기준, 학대 예방 조치 등 규정.

한 부모 가족 지원 법: 한 부모가족의 자립 지원 및 복지 서비스 제공 규정.

3) 사회복지 서비스 제공 관련 법령

국민기초생활 보장법: 기초생활보장제도 운영 및 급여 기준 규정.

긴급복지지원법: 위기 상황에 처한 가구에 대한 긴급지원제도 운영 기준 포함.

기초연금법: 노인의 생활 안정을 위한 기초연금 지급 기준 및 절차 명시.

장애인연금법: 중증장애인의 생활 안정과 소득 보장을 위한 연금 지급 규정.

4) 사회보험 관련 법령

국민연금법: 국민연금제도의 운영 및 연금 지급 기준을 규정.

국민건강보험법: 건강보험제도의 운영, 가입자 및 수급자의 권리와 의무 등을 규정.

고용보험법: 실업급여, 직업훈련, 재취업 지원 등 고용보험제도 운영기준 포함.

산업재해보상보험법: 산업재해 발생 시 근로자 보호 및 보상 기준 규정.

5) 사회복지 재정 및 행정 지원 관련 법령

보조금 관리에 관한 법률: 사회복지 관련 국고보조금 지원 및 관리 기준 규정.

사회서비스 이용 및 이용권 관리에 관한 법률: 바우처 제도를 통한 복지서비스 제공 방식 규정.

3 사회복지 관련 규정 및 지침

사회복지시설 평가 지침: 시설 운영의 질적 향상을 위해 정기적인 평가 실시기준 마련.
사회복지법인 및 시설 재무회계 규칙: 사회복지기관의 회계 및 재무 운영 기준 규정.
사회복지전담공무원 운영지침: 지방자치단체 소속 사회복지 공무원의 업무 및 역할 기준 제시.
긴급복지지원 지침: 긴급복지지원 법에 따른 긴급생계, 의료, 주거지원 서비스 운영 기준 마련.

4 최근 개정 및 변화 동향

사회서비스 혁신: 돌봄 서비스, 장애인 활동 지원 서비스 등에서 민관 협력 및 디지털 기반 서비스 확대.
사회복지시설 공공성 강화: 투명한 재정 운영 및 서비스 질 관리 강화.
노인 및 장애인 복지 강화: 장기요양보험 확대, 장애인 이동권 보장 등 관련

〈법령 개정 추진〉

1. 법령 및 정부 자료
헌법 : 대한민국 헌법 (최신 개정판).

사회보장 관련 법률
보건복지부. (2024). 사회보장기본법. 국가법령정보센터.
보건복지부. (2024). 사회복지사업법. 국가법령정보센터.
보건복지부. (2024). 국민기초생활보장법. 국가법령정보센터.

사회보험 관련 법률
국민연금공단. (2024). *국민연금법.*
국민건강보험공단. (2024). *국민건강보험법.*

고용노동부. (2024). *고용보험법.*
고용노동부. (2024). *산업재해보상보험법.*

취약계층 지원 및 사회복지시설 관련 법률
보건복지부. (2024). *노인복지법.*
보건복지부. (2024). *장애인복지법.*
보건복지부. (2024). *아동복지법.*
여성가족부. (2024). *한부모가족지원법.*

사회복지행정 및 재정 관련 법률
행정안전부. (2024). *지방자치법.*
보건복지부. (2024). *사회서비스 이용 및 이용권 관리에 관한 법률.*
기획재정부. (2024). *보조금 관리에 관한 법률.*

2. 학술 및 연구 자료
김영종. (2022). 사회복지행정론. 학지사.
남기민. (2023). 사회복지정책과 행정. 나눔의집.
전광석. (2021). 사회복지법제론. 공동체.
이창호 외. (2022). 사회복지행정의 이해. 양서원.
신종곤. (2020). 한국 사회복지행정의 정책과 실천. 나눔의집.

3. 정부 및 공공기관 보고서
보건복지부. (2023). *사회복지시설 평가 지침.*
보건복지부. (2023). *사회복지법인 및 시설 재무회계 규칙 해설서.*
보건복지부. (2024). *긴급복지지원법 운영 매뉴얼.*
국민연금공단. (2023). *국민연금제도 운영현황 및 개정 방향.*
한국보건사회연구원. (2023). *사회복지정책 변화와 전망 보고서.*

4. 온라인 자료 및 웹사이트
국가법령정보센터 (https://www.law.go.kr)
보건복지부 (https://www.mohw.go.kr)

국민연금공단 (https://www.nps.or.kr)
국민건강보험공단 (https://www.nhis.or.kr)
고용노동부 (https://www.moel.go.kr)

〈주요 사회복지 행정기관 및 단체〉

1. 정부기관

① 중앙정부 기관

보건복지부: 사회복지정책을 총괄하며, 국민기초생활 보장, 장애인복지, 노인복지, 아동·청소년복지 등을 담당.
고용노동부: 근로자 보호, 고용안정, 실업급여 등 노동 관련 복지 정책 담당.
여성가족부: 여성, 가족, 다문화 가정, 청소년 복지 정책 수행.
국민건강보험공단: 건강보험 운영 및 관리.
국민연금공단: 국민연금 운영 및 관리.

② 지방정부 기관

시·도청복지부서: 각 지역의 복지정책을 집행하며, 지역사회복지관, 노인복지관 장애인복지관 등을 지원.
구청 및 읍·면·동 주민 센터: 기초생활보장 및 긴급복지 지원, 복지 상담 제공.

2. 공공 및 준 정부기관

한국사회복지협의회: 전국 사회복지 기관 및 단체의 협력·조정 역할 수행.
한국사회복지사협회: 사회복지사의 권익 보호 및 직무 교육 담당.
사회보장정보원: 복지 서비스 정보화 및 맞춤형 복지 전달체계 지원.
한국장애인개발원: 장애인 복지 정책 개발 및 연구 수행.

3. 민간 및 비영리단체 (NGO, NPO)

대한적십자사: 긴급구호, 취약계층 지원, 헌혈 사업 수행.
굿네이버스: 국내외 아동복지 및 교육 지원.
월드비전: 아동 후원 및 국제 구호 활동 수행.
초록우산 어린이재단: 국내 아동복지 지원 및 아동 권리 보호.

사회복지공동모금회(사랑의 열매): 기부금모금 및 배분을 통한 복지 사업 수행.

4. 종교 및 기업 기반 사회복지 단체

천주교 사회복지회: 천주교 기반의 사회복지 활동 수행.

기독교사회복지단체협의회: 기독교계 복지기관 간 협력 및 지원.

불교사회복지협의회: 불교계 복지활동 및 기관 운영.

기업사회공헌(CSR) 단체: 삼성사회공헌, LG복지재단, SK행복나눔재단 등 기업이 운영하는 사회복지지원 프로그램. 이러한 기관 및 단체들은 협력하여 사회복지정책을 수행하고, 다양한 복지 서비스를 제공하며, 취약 계층을 지원하는 역할을 하고 있습니다.

참고문헌

보건복지부. (2024). 보건복지백서. 보건복지부.

한국사회복지협의회. (2024). 한국사회복지현황 보고서. 한국사회복지협의회.

한국사회복지사협회. (2023). 사회복지사의 역할과 제도 발전 방향. 한국사회복지사협회.

사회보장정보원. (2023). 맞춤형 복지서비스전달체계 연구 보고서. 사회보장정보원.

고용노동부. (2024). 고용복지 정책 자료집. 고용노동부.

여성가족부. (2023). 여성 및 가족 복지 정책 보고서. 여성가족부.

대한적십자사. (2023). 긴급구호 및 사회복지 사업 연차보고서. 대한적십자사.

굿네이버스. (2023). 국내외 아동복지 지원 사업 보고서. 굿네이버스.

월드비전. (2023). 국제 구호 및 복지사업 활동 보고서. 월드비전.

사회복지공동모금회. (2024). 사랑의 열매 기부 및 배분 현황 보고서. 사회복지공동모금회.

1. 지역사회 복지관의 서비스 운영 개선

사례 개요

A 복지관에서는 취약계층 노인을 위한 식사 배달 서비스를 운영하고 있었으나, 예산 부족과 인력 부족으로 인해 배달 횟수가 줄어들고 있었다.

해결 과정

민·관 협력 강화: 지방자치단체와 협력하여 추가 예산을 확보하고, 지역 기업과 협약을 맺어 식품 기부를 받음.

자원봉사 활용: 대학생과 지역 주민을 모집하여 배달 봉사 활동을 확대.

효율적 배달 시스템 도입: 최적의 배달 경로를 설정하는 시스템을 도입하여 인력과 시간을 절약.

결과

배달 횟수가 증가하고, 노인들의 만족도가 상승했으며, 지역사회 참여율도 증가함.

2. 장애인 복지 서비스의 디지털 전환

사례 개요

B 시청에서는 장애인 대상 복지 서비스 신청이 오프라인 위주로 진행되어, 이동이 어려운 장애인들이 신청에 불편을 겪고 있었다.

해결 과정

온라인 신청 시스템 도입: 모바일 및 웹 기반 신청 시스템을 구축하여 서비스 접근성을 향상.

AI 챗봇 상담 도입: 장애 유형별 맞춤형 상담을 제공하는 AI 챗봇을 운영.

접근성 강화: 화면 낭독 기능, 쉬운 언어 사용 등을 적용하여 장애인들이 쉽게 이용할 수 있도록 함.

결과: 서비스 신청 건수가 50% 증가하고, 행정 업무 부담이 감소함.

3. 위기 아동을 위한 보호 시스템 구축

사례 개요: C 시에서는 아동 학대 사례가 증가하고 있었으나, 신고 후 신속한 대응이 어렵고 보호 체계가 미흡한 문제가 있었다.

해결 과정: 24시간 긴급 대응팀 구성: 경찰, 사회복지사, 상담사로 구성된 긴급 대응팀을 운영하여 신고 즉시 출동.

임시 보호소 운영 확대: 학대 피해 아동이 머물 수 있는 임시 보호소 확충.

아동 보호 네트워크 구축: 학교, 병원, 지역사회 단체와 협력하여 조기 발견 및 지원 강화.

결과

아동 학대 신고 접수 후 조치 시간이 단축되었고, 피해 아동 보호율이 증가함.

4. 노인 복지 시설의 서비스 품질 개선

사례 개요: D 노인 요양원에서는 입소자 증가로 인해 개별 맞춤 서비스 제공이 어려웠으며, 돌봄 서비스의 질 저하가 문제로 제기됨.

해결 과정: 돌봄 로봇 도입: 기본적인 대화 및 약 복용 알림이 가능한 돌봄 로봇을 도입

하여 간병인의 부담을 줄임.

1:1 맞춤형 케어 시스템 구축: 입소자의 건강 상태와 생활 패턴을 분석하여 개인별 돌봄 계획을 수립.

가족과의 소통 강화: 가족이 실시간으로 입소자의 건강 상태를 확인할 수 있는 모바일 앱 도입.

결과: 입소자 만족도가 상승하고, 직원들의 업무 효율성이 향상됨.

〈국내 문헌〉
김진수, 「사회복지행정론」, 나남출판, 2021.
박경일 외, 「사회복지 실천과 행정」, 학지사, 2020.
장인협, 「사회복지행정의 이해」, 서울대학교출판문화원, 2019.
보건복지부, 「2023년 사회복지 행정 서비스 운영 지침」, 2023.
한국사회복지협의회, 「사회복지행정 사례 연구」, 2022.
서울특별시 복지정책과, 「지역사회 복지관 운영 실태 및 개선방안」, 2021.
장애인복지법, 「장애인 복지 서비스 개선을 위한 디지털 행정 정책」, 2023.
아동권리보장원, 「아동학대 예방 및 보호 정책 보고서」, 2022.
대한노인회, 「노인 요양시설 서비스 품질 향상 방안 연구」, 2021.
강철희, 조흥식, 김형준. (2018). 사회복지행정론. 학지사
고수현. (2017). 사회복지조직관리와 행정. 공동체
김기환. (2016). 사회복지행정의 이해. 대왕사
김범수. (2019). 사회복지 정책과 행정의 이해. 학지사
김태성, 김진수. (2016). 사회복지정책론. 나남출판
박광덕. (2019). 사회복지행정의 이해. 공동체
배기효, 이진숙. (2021). 사회복지행정의 이론과 실천. 나눔의집
서병진. (2020). 사회복지조직과 리더십. 양서원
신복기. (2015). 사회복지정책과 행정의 기초. 학지사
신원우. (2018). 사회복지행정의 실제와 사례 연구. 대영문화사
양서원 편집부. (2018). 사회복지행정과 정책의 이론과 실제. 양서원
오세영. (2017). 사회복지행정의 실천적 이해. 학문사
이경렬. (2016). 사회복지행정론. 인간과복지
이윤로. (2020). 사회복지행정의 원리와 실제. 양서원
전재일, 이윤로. (2019). 사회복지행정론: 이론과 실제. 나눔의집
조흥식, 윤혜미. (2018). 사회복지정책과 행정의 이해. 나남출판
최일섭, 최성재. (2017). 사회복지개론. 서울대학교출판문화원
한국사회복지행정학회. (2021). 사회복지행정의 이론과 실천. 나눔의집
정무성, 조흥식, 김진수 외. (2021). 사회복지개론. 나눔의집
박차상, 김기환, 남기민 외. (2020). 사회복지학개론. 학지사
윤찬영, 유채영. (2019). 사회복지의 이해. 공동체

박병현. (2017). 사회복지행정론. 서울: 학지사

김영종. (2019). 사회복지행정. 서울: 대학출판사

윤찬영. (2020). 사회복지행정론: 이론과 실제. 서울: 나남출판

최일섭, 최성재. (2016). 사회복지개론. 서울: 나남출판

전재일, 노충래. (2020). 사회복지정책론. 서울: 공동체

남기민. (2018). 사회복지행정론. 서울: 나눔의집

조흥식, 김진수. (2017). 한국 사회복지정책의 이해. 서울: 나남출판

황성철, 이준우. (2016). 한국 사회복지행정의 발전과 과제. 서울: 양서원

정무성. (2015). 한국 사회복지 역사. 서울: 한국학술정보

김태성, 성경륭. (2018). 복지국가와 사회정책. 서울: 나남출판

최성재, 남기민. (2020). 사회복지행정론. 서울: 학지사

이영철. (2016). 사회복지 조직관리론. 서울: 나남출판

김진수. (2019). 사회복지 조직과 경영. 서울: 양서원

김경우. (2017). 사회복지 재무관리론. 서울: 학지사

이선화. (2020). 사회복지 기관의 재무 관리. 서울: 나남출판

정무성, 김태성. (2016). 사회복지 프로그램 개발과 평가. 서울: 양서원

박경일. (2018). 사회복지 프로그램 기획 및 평가. 서울: 학지사

김성수. (2008). 보건사회복지사업의 프로그램기획 성과측정 평가. 보문각

김성수, 황인경. (2016). 보건사회복지사업 성과측정 어떻게 하는가? (2판). 보문각

김성수 외. (2008). 의료서비스 기획 성과측정 및 평가 1, 2. 보문각

박순애 외. (2019). 공공부문의 성과측정과 관리. 문우사

지은구, 조성숙, 김민주. (2017). 사회서비스와 성과측정. 학지사

이원주. (2015). 노인요양시설과 성과측정. 학지사

한국사회복지행정학회 편. (2007). 사회복지 성과측정 기법. 학지사

강은숙 외. (2006). 정책평가와 성과관리. 대영문화사

김성수. (2008). 성과측정 및 평가 1. 보문각

김성수. (2008). 성과측정 및 평가 2. 보문각

고수현. (2022). 사회복지행정의 이해. 서울: 나눔출판

김영종. (2021). 사회복지행정론: 이론과 실천. 서울: 학지사

박광준. (2020). 사회복지 조직과 리더십: 변혁적 리더십과 조직 혁신. 서울: 양서원

이진영, 정광호. (2019). 사회복지 행정과 정책. 서울: 대영문화사

한국사회복지사협회. (2023). 사회복지사 윤리강령 및 실천지침. 서울: 한국사회복지사협회
한국보건사회연구원. (2021). 사회복지 서비스의 효과성 평가 연구. 세종: 보건사회연구원
조성한. (2018). 사회복지 조직관리와 리더십. 서울: 나남출판
최일섭, 최성재. (2017). 사회복지개론. 서울: 나남출판
김영종. (2020). 사회복지행정론. 서울: 학지사
박용순. (2019). 사회복지개론. 서울: 양서원
전광석. (2021). 사회복지정책론. 서울: 나남출판
이정서. (2022). 사회복지행정과 정책 평가. 서울: 학현사
조흥식 외. (2021). 사회복지행정의 이해. 서울: 나눔의 집
한국사회복지행정학회.(2020).사회복지행정의 이론과 실제. 서울: 인간과 복지
보건복지부. (2023). 사회복지서비스 지침. 서울: 보건복지부
한국사회복지협의회. (2022). 사회복지서비스 제공 실태 분석.

서울: 한국사회복지협의회
서울특별시. (2023). 서울형 복지서비스 및 행정의 디지털 전환 사례 연구. 서울: 서울특별시청
국가정보화전략위원회. (2021). 디지털 사회복지행정의 발전방향.

서울: 국가정보화전략위원회
김영종(2020). 사회복지행정론. 서울: 학지사.박용순(2019). 사회복지개론. 서울: 양서원. 전광석(2021). 사회복지정책론. 서울: 나남출판.이정서(2022). 사회복지행정과 정책 평가. 서울: 학현사.조흥식 외(2021). 사회복지행정의 이해. 서울: 나눔의 집.한국사회복지행정학회(2020). 사회복지행정의 이론과 실제. 서울: 인간과 복지.보건복지부(2023). 사회복지서비스 지침. 서울: 보건복지부.한국사회복지협의회(2022). 사회복지서비스 제공 실태 분석. 서울: 한국사회복지협의회.서울특별시(2023). 서울형 복지서비스 및 행정의 디지털 전환 사례 연구. 서울: 서울특별시청.국가정보화전략위원회(2021). 디지털 사회복지행정의 발전방향. 서울: 국가정보화전략위원회.

김영종(2020). 사회복지행정론. 서울: 학지사.
박용순(2019). 사회복지개론. 서울: 양서원.
전광석(2021). 사회복지정책론. 서울: 나남출판.

이정서(2022). 사회복지행정과 정책 평가. 서울: 학현사.
조흥식 외(2021). 사회복지행정의 이해. 서울: 나눔의 집.
한국사회복지행정학회(2020).사회복지행정의 이론과실제. 서울: 인간과 복지.
보건복지부(2023). 사회복지서비스 지침. 서울: 보건복지부.
한국사회복지협의회(2022). 사회복지서비스 제공 실태 분석.

서울: 한국사회복지협의회.
서울특별시(2023). 서울형 복지서비스 및 행정의 디지털 전환 사례 연구.

서울: 서울특별시청.
국가정보화전략위원회(2021). 디지털 사회복지행정의 발전방향.

서울: 국가정보화전략위원회.
김영모 (2021). *사회복지행정론.* 서울: 학지사.
박지영 (2020). *사회복지 연구방법론.* 서울: 나남출판.
조휘일, 이진영 (2019). *사회복지평가론.* 서울: 양서원.

〈국외 문헌〉

Brody, R. (2005). *Effectively Managing Human Service Organizations* (3rd ed.). Sage Publications.

Edwards, R. L., &Yankey, J. A. (2006). *Effectively Managing Nonprofit Organizations.* NASW Press.

Gilbert, N., &Terrell, P. (2013). *Dimensions of Social Welfare Policy* (8th ed.). Pearson.

Hasenfeld, Y. (2010). *Human Services as Complex Organizations* (2nd ed.). Sage Publications.

Karger, H. J., &Stoesz, D. (2018). *American Social Welfare Policy: A Pluralist Approach* (8th ed.). Pearson.

Kettner, P. M., Moroney, R. M., &Martin, L. L. (2017). *Designing and Managing Programs: An Effectiveness-Based Approach* (5th ed.). Sage Publications.

Lewis, J. A., Packard, T. R., &Lewis, M. D. (2012). *Management of Human Service Programs* (5th ed.). Brooks/Cole.

Midgley, J., &Livermore, M. (2009). *The Handbook of Social Policy.* SAGE Publications.

Netting, F. E., Kettner, P. M., McMurtry, S. L., &Thomas, M. L. (2011). *Social Work Macro Practice* (5th ed.). Pearson.

Salamon, L. M. (2002). *The Tools of Government: A Guide to the New Governance.* Oxford University Press.

Simon, H. A. (1997). *Administrative Behavior: A Study of Decision-Making*

Processes in Administrative Organizations (4th ed.). Free Press.

Tull, D. S., &Hawkins, D. I. (1993). *Marketing Research: Measurement and Method* (6th ed.). Macmillan.

Beveridge, W. (1942). *Social Insurance and Allied Services (Beveridge Report).* His Majesty's Stationery Office.

Esping-Andersen, G. (1990). *The Three Worlds of Welfare Capitalism.* Princeton University Press.

Mishra, R. (1999). *Globalization and the Welfare State. Edward* Elgar Publishing.

Gilbert, N., &Gilbert, B. (2002). *Transformation of the Welfare State: The Silent Surrender of Public Responsibility.* Oxford University Press.

Powell, M. (2008). *Modernising the Welfare State: The Blair Legacy.* Policy Press.

Pierson, P. (1994). *Dismantling the Welfare State? Reagan, Thatcher and the Politics of Retrenchment.* Cambridge University Press.

Midgley, J., &Tang, K. L. (2001). *Social Policy, Economic Growth and Developmental Welfare.* Palgrave Macmillan.

Hasenfeld, Y. (2010). *Human Services as Complex Organizations.* SAGE Publications.

Esping-Andersen, G. (1990). *The Three Worlds of Welfare Capitalism.* Princeton University Press.

Pierson, P. (2001). *The New Politics of the Welfare State.* Oxford University

Press.

Taylor-Gooby, P. (2004). *New Risks, New Welfare: The Transformation of the European Welfare State.* Oxford University Press.

Harvey, D. (2005). *A Brief History of Neoliberalism.* Oxford University Press.

Fraser, D. (2009). *The Evolution of the British Welfare State.* Palgrave Macmillan.

Thane, P. (1996). *Foundations of the Welfare State.* Longman.

Timmins, N. (2001). *The Five Giants: A Biography of the Welfare State.* HarperCollins.

Beveridge, W. (1942). Social *Insurance and Allied Services (Beveridge Report).* London: HMSO.

Harris, J. (2004). *The Welfare State in Britain Since 1945.* Palgrave Macmillan.

Hennock, E. P. (2007). *The Origin of the Welfare State in England and Germany, 1850-1914.* Cambridge University Press.

Kaufmann, F. (2013). *Variations of the Welfare State: Great Britain, Sweden, France and Germany Between Capitalism and Socialism.* Springer.

Esping-Andersen, G. &Korpi, W. (1986). *Social Policy and Distributional Conflict in the Capitalist Democracies.* Princeton University Press.

Leibfried, S. &Mau, S. (2008). *Welfare States: Construction, Deconstruction, Reconstruction.* Edward Elgar Publishing.

Trattner, W. I. (1999). *From Poor Law to Welfare State: A History of Social*

Welfare in America. Free Press.

Katz, M. B. (1996). *In the Shadow of the Poorhouse: A Social History of Welfare in America.* Basic Books.

Abramovitz, M. (2000). *Regulating the Lives of Women: Social Welfare Policy from Colonial Times to the Present.* Routledge.

Robbins, S. P., &Judge, T. A. (2021). *Organizational Behavior.* Pearson.

Parsons, T. (1951). *The Social System.* Free Press.

Weber, M. (1947). *The Theory of Social and Economic Organization.* Oxford University Press.

Mintzberg, H. (1983). *Structure in Fives: Designing Effective Organizations.* Prentice Hall.

Simon, H. A. (1997). *Administrative Behavior: A Study of Decision-Making Processes in Administrative Organizations.* Free Press.

Robbins, S. P., &Judge, T. A. (2021). *Organizational Behavior.* Pearson.

Parsons, T. (1951). *The Social System.* Free Press.

Weber, M. (1947). *The Theory of Social and Economic Organization.* Oxford University Press.

Mintzberg, H. (1983). *Structure in Fives: Designing Effective Organizations.* Prentice Hall.

Simon, H. A. (1997). *Administrative Behavior: A Study of Decision-Making*

Processes in Administrative Organizations. Free Press.

Kettner, P. M., Moroney, R. M., &Martin, L. L. (2017). *Designing and Managing Programs: An Effectiveness-Based Approach.* SAGE Publications.

McDavid, J. C., Huse, I., &Hawthorn, L. R. L. (2018). *Program Evaluation and Performance Measurement: An Introduction to Practice.* SAGE Publications.

Rossi, P. H., Lipsey, M. W., &Freeman, H. E. (2003). *Evaluation: A Systematic Approach.* SAGE Publications.

Kettner, P. M., Moroney, R. M., &Martin, L. L. (2017). *Designing and Managing Programs: An Effectiveness-Based Approach.* SAGE Publications.

McDavid, J. C., Huse, I., &Hawthorn, L. R. L. (2018). *Program Evaluation and Performance Measurement: An Introduction to Practice.* SAGE Publications.

Rossi, P. H., Lipsey, M. W., &Freeman, H. E. (2003). *Evaluation: A Systematic Approach.* SAGE Publications.

Bass, B. M. (1990). *From transactional to transformational leadership: Learning to share the vision.* Organizational Dynamics, 18(3), 19-31.

Drucker, P. (1993). *Post-capitalist society.* New York: HarperBusiness.

Kotter, J. P. (1996). *Leading change.* Boston: Harvard Business Review Press.

Northouse, P. G. (2018). *Leadership: Theory and practice* (8th ed.). Thousand Oaks, CA: Sage Publications.

Simon, H. A. (1947). *Administrative behavior: A study of decision-making*

processes in administrative organization. New York: Macmillan.

Tversky, A., &Kahneman, D. (1974). *Judgment under uncertainty: Heuristics and biases.* Science, 185(4157), 1124-1131.

Yukl, G. (2013). *Leadership in organizations* (8th ed.). New York: Pearson Education.

역자의 약력

김 기 상

중부대학교 일반대학원 사회복지학 박사
경기대학교 일반대학원 경호안전학 박사
전) 경기대, 용인대, 국제대학 등 강사
현) 주식회사 : 꿈해비타트 감사
현) 주식회사 : 행복한 인생 대표이사
현) 서대문구 복지관 강사
현) 사단법인: 세계경호협회 총재
현) 중부대학교 석, 박사 사회복지학과 주임교수
현) 경기대학교(평교원) 경호체육복지계열 주임교수

박 상 우

중부대학교 일반대학원 사회복지학 박사
전) 극동대학교 사회복지과 겸임교수
현) 브랜드가구백화점 누보떼 대표이사
현) 경기대학교(평교원)경호체육복지계열 교수
현) 중부대학교 석, 박사 사회복지학과 지도교수

김 석 건

동국대학교 일반대학원 법학박사
예명대학원대학교 사회복지학 박사
동방문화대학원대학교 교육학 박사
현) 서울사회복지대학원대학교 주임교수
현) 경기대학교(평교원)경호체육복지계열 교수

남궁 걸

중부대학교 일반대학원 사회복지학 박사

현) 주식회사 딥엔틱 대표이사

현) 한국재난안전교육협회 강사

현) 사단법인)세계경호협회 성폭력예방지도강사

현) 중부대학교 대학원 사회복지총동문회 회장

현) 경기대학교(평교원)경호체육복지계열 교수

박 길 준

용인대학교 대학원 경호학 박사

중부대학교 대학원 사회복지학 박사

전) 용인대학교(평교원) 경호학 강사

현) 아현노인복지관, 우리마포복지관 강사

현) 경기대학교(평교원)경호체육복지계열 교수

이 현 희

용인대학교 대학원 경호학 박사

중부대학교 대학원 사회복지학 박사

전) 이화여대, 용인대학, 한국외대 등 강사

현) 서대문구 복지관 강사

현) 한국의사상자협회 상임이사

현) 경기대학교(평교원)경호체육복지계열 주임교수

김 미 영

중부대학교 대학원 사회복지학 박사

현) 육아 종합지원센터 전문상담사

현) 극동대학교 사회복지과 겸임교수

현) 세한대학교 휴먼서비스학과 겸임교수

현) 서울시 강서구 환경교육센터 운영위원